専門家の責任と権能

―登記と公証―

小 野 秀 誠 著

信 山 社

まえがき

本書は、司法書士と公証人の責任と権限に関する私の論文を集めたものである。初期に公表したものは、すでに実質的に一〇年近くを経過しているが、収録したもののなかには比較的新しく執筆されたものも含まれている。

登記と公証という副題に現れているように、内容は必ずしも一貫したものではない。登記との関係では、最近の登記簿のコンピュータ化に関するもの（第三部一篇）、公証との関係では最近の公正証書遺言の方式の改正に関するもの（第二部二篇）が包含されている。

このような整理・集成にあたって、必ずしも意に添わない部分も多い。司法書士と行政書士との業際問題に関する論稿（第一部二篇）に関しては、最近の改正法案とのかかわりで、本格的に加筆するべき部分もあるが、紙数と時間の関係上省略した。また、業際問題に関するもののほかいくつかの論稿には、最近の司法改革、規制緩和あるいは法曹養成制度の改革などにも関連する論点が現れているが、本書において新たに本格的に言及するにはいたらなかった。

さらに、広く所有権のありかたを検討した論稿では、東ドイツ地域の所有権改革を扱っているが（第三部二篇）、これは、このテーマに関係する私の一連の論稿の一部をなすと同時に、登記簿の管理や登記に関する制度一般が、行政的に規制されるべきか、それとも司法的になされるべきかという根本的な理念とも関係するので、あわせて収録した。所有権改革そのものについては、いずれべつの形で整理することにしたい。

二〇〇〇年一月二七日

小野秀誠

目　次

序　説

一　はじめに

(1)　本書は、専門家の責任あるいは専門家の職域に関する私の論文を集成したものである。内容は、司法書士に関するものと、公証人に関するもの、公証、登記あるいは所有権のありかたに関するやや一般的なものに大別される。

第一部は、①「司法書士の責任」(『専門家の責任―川井健先生退官記念論文集―』一九九三年)、②「司法書士の業際問題に関する一考察―司法書士と行政書士の職域紛争について―」(NBL六一一号、六一二号・一九九七年)をもとにしている。

①は、副題にもあるように、一九九三年に一橋大学を停年退官された川井健先生に対する記念論文集の一部であり、各種の専門家の責任を論じた著作の一部を構成していたものである。経済のバブル期(一九九〇年前後)を契機として、多くの専門家の責任が注目され始めた時期の産物である。社会生活の複雑化に伴い、高度な専門家が種々の場面で求められるようになったことにもとづくものである。この「専門家の責任」は、その後、私法学会のテーマともなった(一九九四年・川井教授ほか報告)。

つぎの②は、一九九六年に、裁判資料として提出したものを若干縮小したものである。大きな枠組みでは、いわば「規制緩和と私法」とでもいうべき範疇に属するものであり、ほかに、私は売買代金額の決定の自由とその規制との関係で、関連する論文を好美清光先生古稀記念論文集に提出している(一九九九年三月脱稿。未刊・経済法令研究会)が、本書の副題との関係上、本書には収録しなかった。また、②には、最近の司法改革、規制緩和あるいは法曹養成制度の改革などにも関連する論点が現れているので、若干附記した。

①②ともに、掲載誌の制限との関係で、公表されたものはかなり縮小してあったので、これを元にもどした。また、①は、脱稿した一九九〇年以降すでにかなりの年月を経ており、他方、司法書士の責任に関する裁判例はその後もきわめて豊富なので、その補充を含めて、かなりの加筆を行ったが、基本的な骨格は維持されている。内容的には、資料（とくに裁判例）の追加以上のことはできなかった。

(2)　第二部は、③「公証人と公証人弁護士」（一橋大学研究年報・法学研究三三号・二〇〇〇年）、④「公正証書遺言と方式」（民商法雑誌一二一巻二号・一九九九年）をもとにする。

本書のうち、③以下は、おおむね一九九七年〜九八年のヨーロッパにおける再度の長期在外研究の成果である。ヨーロッパにおいて、公証人は、たんに公証だけではなく、登記手続にもかかわることが多いが、とくにドイツの公証人に関して特殊な形態が認められている。③は、④⑤にも関連する種々の公証人の職務を検討するうえで、その基礎研究とすることを意図して執筆されたものである。とくに③に関しては、在外研究の機会には、わが国では必ずしも入手が容易ではないような古写本や手稿本に接する機会があった。

④は、近時の遺言の方式に関する法改正との関わりで、ドイツ法と比較検討したものである。わが民法は、各種の遺言の方式を認めているが（普通方式として、自筆証書遺言、秘密証書遺言、公正証書遺言）、視覚障害者に対しては、伝統的にあつい保護がみられる（口頭主義）。これに対して、聴覚・言語障害者に対する保護は、比較的うすい。そこで、一九九九年の民法改正では、視覚障害者に対して公正証書遺言にみられる「口授」や「読み聞かせ」による方式に対応するものとして、「手話」を採用することにした。

しかし、ヨーロッパには、手話以外の方法による遺言の作成として、口頭主義のほかに書面主義を大幅に採用している例も多い。あるいは障害者に対する特則を比較的早くに設けた例もある。本稿は、これら各種の類型を概観し、多様な遺言の方式の可能性を探ることを目的としたものである。もっとも、現在のところ、いまだ各種の障害者用に特化した「介護遺言」というものを包括的に設けた例はみられない。

(3) 第三部は、⑤「ドイツにおける登記簿のコンピューター化」(国際商事法務二七巻一〇号、一一号・一九九九年)、⑥「共同所有権の私有化—その過程における所有権の金銭債権化—」(法文化特集号『混沌のなかの所有』・当初一九九九年予定・未刊・国際書院)をもとにする。

この第三部は、専門家の権能というよりは、広く登記あるいは所有権一般に関するものであるが、⑤は、近時のドイツのコンピュータ化とのかかわりで、おもに公証人の関与が問題とされるところから、③④の公証人の権能とあわせる意味で収録した(なお、形式的な点でも、第三部の論文はもともと横書きであったものを縦書きに改めている)。

⑥は、本書のなかではやや異質のものであり、東ドイツ地域の所有権の私有化に関する、私の一連の論稿の延長をなすものである(「東ドイツ地域における不動産所有権の返還問題」〔一橋大学研究年報・法学研究二四号・一九九三年〕三頁以下、Land Reform in Japan (1945-1951) and in the former East Germany (1945-1949), Hitotsubashi Journal of Law and Politics, vol. 22 (1994) p. 43、「財産権の返還と投資の保護」国際商事法務二七巻一号〔一九九九年〕)。⑥を本書に含めたのは、東ヨーロッパの政治・経済の自由化に伴う不動産法の新たな動向(本稿ではその金銭債権化)のなかで、登記事務に関する行政と司法とのかかわり(これは、②の論点の一部でもあった)に関するものが包含されていることによる。

登記事務は、ドイツ法では区裁判所の管轄の対象であり司法の一部をなすが、英米法的な三権分立のもとでは、行政事務の一部をなす。しかし、行政によると、関係利益団体の干渉や、また行政省庁間のなわばり争い、時々の政策が反映されやすく、これは、所有権の根幹に関係する制度には必ずしも適切ではないのではないか、との疑問がある。私有化の過程では、そのドイツにおいてさえも、かなり政策の反映がみられた。その意味では、マクロ的な観点を含む検討である。

二　本書に包含される一般的な視点

(1)　本書には、個々の論点のほか、近時のわが国における立法作業・態度に関する比較法的な検討が含まれていることが特徴である。

④は、後述の⑤とあわせて、近時のわが法の改正のさいの比較法のありかたをも問題意識に含んでいる。一九九九年の遺言規定の改正は、手話通訳を採用するという実際的な意図にもとづくものであり、おそらく比較法的にも斬新なものであった。また、近時の登記簿のコンピュータ化の動向も、先進各国と歩調をあわせるものであり、決して遅れをとるものではない(⑤参照)。したがって、外国法を参照することの意義は、従来に比して減少しているのであろうが、主要各国との比較検討はなお重要ではあるまいか。

ところが、近時の改正作業のプロセスで、立法担当者による検討や紹介は、少なくとも一般に提示された形におけるものは、比較的まれであったように思われる。時代も背景も異なるとはいえ、明治の立法者の外国法の参照は、情報の乏しい時代にしては画期的に、豊富かつ網羅的なものであった。とくに指摘するまでもなく、近時の民法の研究者であれば、法典調査会における豊富な外国法の引用に思いいたるはずである(Ono, Comparative Law and the Civil Code of Japan (2), Hitotsubashi Journal of Law and Politics, No. 25, 1997, p. 29)。

(2)　しかも、比較法の意義は、近時でもいささかも衰えるものではない。一九六四年のハーグ統一国際動産売買法、一九八〇年のウィーン統一国際動産売買法、あるいは一九九二年のドイツ債務法改定草案、一九九二年のオランダ新民法典の第六部〔債権総論〕(これらにつき、拙著『危険負担の研究』六二頁注(9)参照)。一九九四年には、Unidroit の国際商事契約の原則 (Principles of International Commercial Contracts, by the Council of Unidroit) が、一九九五年・九七年には、Principles of European Contract Law (European Union Commission on Contract Law, by Lando Commission) が発表されている。

そして、比較法の意義は、契約法に限られるものではない。長期的な視野において、ヨーロッパ法の統一には、不法行為法や物権法も視野にいれられている（その成果の一例として、von Bar, The Common European Law of Torts, 1998 ; Ranieri, Europaisches Obligationenrecht, 1999 ; von Bar (hrsg.), Sachenrecht in Europa, 1999. など）。たしかに、伝統的な物権法や親族法は、各国の固有法の性格が反映されやすい部分ではあるが、国際化や情報化の時代には、遺言や登記、公証といった分野にも、外国法を視野にいれることは不可欠であると思われる。これらの研究は、ささやかながら、比較法的な視野を補うことをも意図している。

(3) もう一つ、やや一般的な視点で指摘しておく必要があるのは、①に関してである。①は、司法書士の民事責任に関する検討であるが、下級審裁判例を中心に検討した。伝統的な民事責任の領域では、必ずしも上級審判決が豊富ではない場合でも、下級審判決は、上級審判決を先導し、いわば両者の連携といった現象がみられる。この場合には、両者の判断には価値的な相違がないから、下級審判決の整理をもって、来るべき上級審の判断をも予想することができるのである。同様の関係は、従来からも、銀行取引などの領域ではしばしばみられた。

もっとも、このような連携は、必ずしも普遍的なものではない。ときには、最高裁判決が、下級審判決を先導する場合がある。たとえば、昭和四〇年代の利息制限法一条二項に関する裁判例（最判昭三九・一一・一八民集一八巻九号一八六八頁、最判昭四三・一一・一三民集二二巻一二号二五二六頁）がそれである。しかし、貸金業法四三条によって、利息制限法一条二項に関する議論がふりだしにもどったことからすると、法文に反する判断が進展されるには時間を要することになる（昭和三九年あるいは昭和四三年の大法廷判決に比肩しうるものが出現するかどうかは、たんに時間的なものか、あるいはそれを時代的・例外的なものとみるかにもよろう）。その後の最高裁判決（最判平二・一・二二民集四四巻一号三三二頁）の立場からすれば、最高裁が、ただちに貸金業法四三条をまったく無視する、あるいはより制限的な解釈に与するとみることは困難であろう。それに反し、下級審裁判例は、信義則などを用いてより利息制限法一条一項に適合した判断を試みている。

そうすると、下級審判決と最高裁判決との乖離は、かなり継続するものと予想される。このような乖離は、労働法や行政法の分野のほか、民法でも消費者法の分野などに多くみられる。昭和四〇年代の利息制限法の進展は、最高裁判決が先行した面があったが、多くの消費者法的分野では、近時、下級審による、信義則や公序良俗規定を媒介とした法理論の進展がいちじるしい（これに関し、拙著『利息制限法と公序良俗』の第四章関係の裁判例の多くを参照されたい）。

なお、同書では、金融取引の分野を中心として、利息制限法による制限のかからない領域について、公序良俗による規制をより考慮するべき構成を述べた。同書に関する法律時報七一巻一三号六六頁の解説（本書が「利息制限法による規制と異なり、暴利の禁止（公序良俗）が個別のケースにおいては妥当な解決を導く反面、法的安定性を害することを明らかにする」）は誤解であり（もしくはただの一般的な公序良俗についての説明にすぎず、本来の趣旨はむしろ逆である）、同書ではむしろ、暴利の禁止に関する特別法である利息制限法が適用されない場合（げんみつな金銭消費貸借以外の場合、利息制限法の例外である貸金業規制法が適用され利息制限法が機能しない場合、特殊な契約形態において金融取引の規制を他の信用取引にも及ぼすべき場合など）に、公序良俗・信義則による利息制限をより活用することなどを述べているのである。

新しい分野が、下級審判決によって先鞭をつけられることは多くあることであるが、上級審は、そのような理論の開拓、進展をいたずらに妨げるべきではなく、大胆に受容する必要がある。近時、とくに一九九九年以降、司法制度改革が叫ばれているが（司法制度改革審議会設置法の施行期日は、一九九九年七月二七日）、たんに下級審や個々の制度の技術的な問題だけではなく、改革は、このような司法全体の構造的な柔軟性や寛容さといった本質そのものにまで向けられる必要があろう。また、変革や新たな理論の構築にあたっては、たんなる個々の解釈の再構成や対処的方法ではたらず、法解釈のマクロな側面をも考慮しておく必要が留意されるべきなのである（このような視点は、本書では第一部二篇所収の②に連なる観点である）。法解釈のこのような修正を伴うことがなければ、個々の解釈における修正も、それのみにとどまり、上級審にも影響を与える可能性は小さく、かつ遅々としたものとなろう。

三　文　献

①を中心に、裁判例の追加などかなりの情報の追加を行った（また、第一部一篇末尾に裁判例一覧を加えた）。その他の部分では、全面的な修正はなしえなかったので、本としての体裁を統一するために必要な最低限の作業（章・節の一致など）や個別的な追加・修正が行われているにとどまる。

なお、以下の拙稿は、〔　〕による略語で引用することがある（本書で追加した部分を中心として）。このうち、危険負担に関するものは、直接の対象はそう広いものではない。しかし、ときに指摘されるように、私の危険負担論は、半ば以上が実質的に解除論や不当利得論といえるものであり、また、分野にまたがる領域、方法論や基礎的文献の引用にあたっては、本書においても参考とするべきものを含んでいるからである。

〔研究〕　危険負担の研究（一九九五年・日本評論社）
〔Ⅰ〕　反対給付論の展開（一九九六年・信山社）
〔Ⅱ〕　給付障害と危険の法理（一九九六年・信山社）
〔判例〕　民法総合判例研究・危険負担（一九九九年・一粒社）
〔利息〕　利息制限法と公序良俗（一九九九年・信山社）

また、つぎのテキストの拙稿にも、ときにふれることがある。

遠藤浩＝倉田卓次＝山口和男編・逐条民法特別法講座⑥（一九八六年・ぎょうせい）の担当部分＝「契約―五二一条～五四八条」一頁～一一九頁、「売買・交換―五五五条～五八六条」一二四頁～二〇〇頁

本田純一＝小野秀誠・債権総論（一九九七年・二〇〇〇年増補・弘文堂）

第一部　司法書士の責任と職域

第一篇　司法書士の責任と権能

第一章　はじめに

第一節　概観・構成

⑴　契約の自由、過失責任主義と専門家の責任

民法は、契約自由の原則を採用している。この「契約の自由」は、きわめて広義の概念であって、その中には、方式の自由や契約締結の自由、契約内容の自由、相手方選択の自由など多様なものが包含されるが、その外縁には、契約当事者の平等性が前提とされている。すなわち、契約の当事者は対等なものと扱われ、その一方の地位に注目して、その者に特別の責任を課するような立場は、近代法では採用されていない。

しかし、そのことから生じる種々の弊害から、契約自由の原則が、近代法の展開プロセスにおいて変容をよぎなくされていることは、周知のとおりである。この場合に、附合契約や普通取引約款に関する議論は、正面からこのような当事者の力関係の不平等をとらえ、契約解釈の一側面において、契約の実質的正当性を確保しようとするものである。

これに反し、「専門家の責任」は、もっと契約の内在的基準において、契約の実質的確保を目ざすものである。

契約の中で、専門家も、委任あるいは請負契約上の義務を負担し、その義務の不履行は、契約上の責任を生じる。たとえば、委任では、六四四条の規定が適用されることから、受任者は、「委任ノ趣旨ニ従ヒ、善良ナル管理者ノ注意ヲ以テ、委任事務ヲ処理スル義務」を負担する。ここでいう「善良ナル管理者ノ注意」は、受任者の職業、地位にもとづいて一般的に要求される注意をさすから、専門家が契約の当事者である場合には、専門家としてのいわば重い責任が基準となる。その不履行は、善管注意義務違反となり、損害賠償責任を生じるのである。この基準は、同じ契約を、非定型的に素人が締結した場合の基準とは、おのずから異ならざるをえないであろう。

また、契約当事者以外の者に対しても、専門家であることにもとづきその行為について第三者に信頼を生じさせ、そのような信頼を生じさせた責任を果たすべき必要が生じることがある。過失責任主義は、伝統的には、当該の行為者の帰責事由をその能力によって判断してきたのであるが、種々の特殊専門領域における過失基準の不十分さは、しだいに一般人、あるいはその行為者の職業、地位にもとづいた能力を基準とする責任の客観化・厳格化をもたらしたからである。この現象も、公害などの無過失責任主義の議論においては、正面から当事者の力関係の不平等をとらえ、法解釈の一側面において実質的正当性を確保しようとしたのであるが、同様の必要性から、専門家に関する個別の有責性判断においても、不法行為の実質的確保をはかることが肯定できるのである。

専門家の責任は、古典的には、医師について検討されてきたが、近時では、それにとどまらず、弁護士、司法書士、公証人、公認会計士、税理士、建築士、土地家屋調査士、宅建業者などに、広く肯定される。本稿は、これらの専門家の責任のうち、司法書士の責任に限定して検討するものである。

⑵　司法書士の責任

司法書士は、他人の嘱託をうけて、①登記または供託に関する手続について代理すること、②裁判所、検察庁または法務局もしくは地方法務局に提出する書類の作成、③法務局または地方法務局の長に対する登記または供託に関する審査請求の手続について代理することを業とする（司書二条一項）。そこで、その責任に関しては、これらの委任をうけた事務の遂行過程で生じた業務の不適切に対する責任（契約責任＝後述第二章）があることはいうまでもないが、司法書士には登記を通じて、不動産の情報を対世的に伝える機能があることから、契約をした当事者以外の者に対する責任（不法行為責任＝後述第三章）が生じることも多い。以下では、これらを分けて検討する。

なお、司法書士の責任が追求される場合には、契約当事者間においても、債務不履行責任とあわせ、不法行為責任も主張されることが多い。しかし、本稿では、責任の類型を明確にするために、契約当事者間の責任の問題は、不法行為責任があわせて主張された場合でも、（重複をさけるため）債務不履行の問題とあわせて検討し、不法行為責任は、契約関係のない者に対し主張された場合に限定した。すなわち、以下の区別は、必ずしも形式的な当事者間の主張のみによって類型化されているものではない。

また、司法書士には、各種の行政的規制や監督が課せられており、あわせて公法上の責任とその違反の私法上の効果をも検討する必要がある（後述第四章）。たとえば、司法書士法二条二項が規定している「司法書士は、前項に規定する業務であっても、その業務を行うことが他の法律において制限されているものについては、これを行うことができない」とされることに関連する問題である。

本稿では、みぎの諸問題のうち、契約責任、不法行為責任を中心に民事上の責任を検討する。行政的あるいは取締的な問題については、それが司法書士の民事責任と関連する範囲で、また責任や職務の特質を解明するのに意味のある範囲で検討するにとどめる。

第二節　沿革・外国法

(1)　沿　革

今日の司法書士は、明治初頭の時期には代書人と呼ばれており、その呼称が法規に現れたのは、明治五年八月三日太政官布達「司法職務定制」、同六年七月一七日太政官布告二四七号「訴答文例」においてであった。また、大正八年四月一〇日、司法代書人法が公布され、さらに、昭和一〇年法律三六号によって、代書人は「司法書士」と改称された。

戦後、新憲法の施行にともない司法制度の全面的改革に応じて、司法代書人法の改正が企てられた。その成果が、昭和二五年五月二二日法律一九七号の現行司法書士法である。新法では、第一に司法書士への法務局長の全面的監督を廃し、認可・懲戒をするさいに運営上の監督をなすにとどめ、第二に、司法書士としての不認可への不服申立を認め、第三に、司法書士会とその内部的自治を認めることなどの改正が行われた(1)。

しかし、司法書士の専門家としての地位は、今日でもなお十分に確立されたものとはいえない。拡大しつつあるとはいえるものの、広範な説明・助言義務をともなう他の専門家の類型とは異なる面がある。専門家としての裁量のよちは比較的狭く、たんに当事者の指図に従った場合には責任をおわないとされることも多い。当事者のたんなる手足とみなされるためであろう。裁判例上の扱いにもこれを前提とするものが多い。

専門家の責任としての拡大に対する躊躇的傾向は、司法書士の理念的な職能像についての見解の一致が、その内部においてもみられないことによる（後述第五章）。専門家として特殊な民事責任の範囲が確立しつつある他の多くの類型においても、伝統的な民事責任の追及は、従来は一般的・抽象的な債務不履行責任を中心とするものであった。それが、近時新たに「専門家の責任」として、類型ごとに特化、ひいては重い責任を認める傾向に移行しつつあるが、そのような責任は、各領域における専門家としての権能の承認と拡大、他方におけるその責任の確立に対応したものである。

ところが、司法書士については、法文上、かなり厳格な職務上の制限が課せられ、その結果、司法書士団体の内部においてさえ、かなりの論争があるようにみうけられる。その専門家としての責任と権能の範囲を確定するには、この点についての解明が必要であると思われる。〔これについては、第二篇をも参照されたい。〕

(2) 外国法

外国法には、厳密には司法書士に相当する職種はない。公証人あるいは弁護士といった一般的な法曹資格者がその職責の一部として、あるいはそれらの資格者の一部の登記問題への特化といった形で、類似の職責が果たされていることが多い。そこで、当事者以外の専門家が登記にかかわることは共通してままみられる現象である。たとえば、登記に関係する文書の作成には、公証人がかかわることが多い。ドイツ民法では、不動産物権の変更には、物権的合意と登記とを必要とする（八七三条一項）。この合意は、公正証書または不動産登記法の定める登記承諾書を交付したとき、あるいは登記所で登記官に対して行われたときには、登記前でも撤回できなくなる（同条二項）[2]。〔近時の登記のコンピュータ化の作業のなかでも、官公庁以外で、おもにオンラインによる接続が予定されているのは、当面公証人役場である。これについては、本書第三部一篇参照。〕

フランス民法でも、五〇〇〇フラン以上の契約は、書面によって立証することが必要であり（フ民一三四一条＝一九八〇年七月一二日の法律五二五号、一九八〇年七月一五日のデクレ〔五三三号〕）、その場合には、公正証書が作成されることが多く、公証人の関与が前提とされている。スイス法でも、土地所有権の譲渡契約は、公正証書を必要とする（ス民六五七条、ス債二一六条）。

さらに、英米法、とくに不動産登記制度の立ち遅れたアメリカ法のもとでは、取得する不動産の権限を確認するために、事実上土地取引人（conveyancer）、調査人（abstractor）を必要とする場合が多い。伝統的なフランスの人的編成主義に類似したRecording Systemのもとでは、現存の登記と過去の登記との連続を確認するとの不動産法上の理由から、専門の調査が必要となり、わが国の司法書士と比較すると、登記取引はずっと大きな規模の専門業者を必要とする領域となっている。もっとも、イギリス、および部分的にはアメリカにおいても、物的編成主義に属するTorrens Systemやコンピュータ・システムが採用され、登記法そのものは、かなり簡素化されている。そして、具体的な登記手続の実行にあたっても、不動産取引に特化した弁護士が専門家として関与することが多いのである。

また、契約を裁判上、強制可能なものとするためには、やはり書面の作成が必要である。たとえば、イギリス法では、土地または土地に関する権利の処分がそうであるし（Law of Property Act, 1925, s. 40）、また、アメリカ法でも、土地に関する契約は、債務者の署名のある書類による立証がなければ訴をもって強制することはできないとされる（Statute of Frauds, s. 4. および第二次契約法リステイトメント〔一九八一年〕一一〇条以下）[3]。

第三節　司法書士の責任の特色

司法書士の業務は、大別すると登記手続に関するものと訴訟書類の作成に関するものとに分けることができるので[4]、その責任が問題となる場合も、この二つに準じて大別される。もっとも、従来の裁判例には、登記手続に関するものが圧倒的に多い。

そして、その責任追求の手段は、一般の専門家の責任の場合と同じく、債務不履行あるいは不法行為責任である。とくに他の専門家と異なる点は、直接には一方当事者から委託をうけながら、実質的には双方当事者から受任したのに近い地位に立つ場合があることである。これについては、双方代理との関係が問題となる（後述第二章二節）。

また、専門家の責任といっても、内容上二つに大別することができる。第一に、たんに登記申請手続の委託をうけた者との間で、契約上、不法行為上の責任が問題となる場合があり、第二に、いかなる意味においても契約関係あるいは社会的な接触関係に立たない場合でも、誤った登記を作出したことを理由として、責任を追及される場合がある。前者は、司法書士の職務と関連してはいるものの、一般の専門家の責任とも共通する問題を生じるが（後述第二章一節）、後者では、その責任の内容は、むしろ情報提供者の責任といえるものである（後述第三章）。

さらに、訴訟書類の作成に関するものは、たんに専門家としての責任にもとづくだけのものではない。すなわち、その責任の特色は、とくに訴訟委任の禁止の趣旨から、関連業務への関与がきびしく制限されていることにある（司書二条二項、一〇条）。その違反に関する裁判例はそう多くはないが（後述〔63〕）、裁判にならない場合を含めると、とくに弁護士の少ない地方では、実際にはかなり微妙なケースがままあるといわれ、関連業務への関与がそれほど厳格に制約されない、あるいはむしろ積極的に要請される他の種類の専門家とは、いちじるしく異なる（後述第五章）。

なお、司法書士と比較的類似の業務を行うものとして、行政書士がある。行政書士は、他人の依頼をうけ報酬をえて、官公署に提出する書類その他権利義務または事実証明に関する書類を作成すること、およびその書類を官公署に提出する手続を代わって行うことを業とする（行書一条一項、二条前段）。作成する書類の対象が異なるものの、他人の依頼をうけて書類を作成する点では、司法書士の場合と同様である。[5]

（1）　徳永秀雄・改正司法書士法概論（一九七九年、日本加除出版）一～六頁、一一八頁。徳永秀雄＝高見忠義・司法書士法解説（一九八七年、日本加除出版）三～一七頁。以上の二著を徳永①、②として引用する。また、林豊「司法書士の不法行為責任」山口和男編・裁判実務大系16・不法行為訴訟法2（一九八七年、青林書院）三六五頁以下。山崎敏彦「司法書士の職務上の民事責任について」青山法学論集二六巻三＝四号、二八巻四号（一九八五～八七年）、同「司法書士を受任者とする登記代理委任をめぐる若干の問題」法学五〇巻五号（一九八七年）（以下、①②として引用する）。同・登記代理委任契約論（一九八八年、一粒社）。矢野義宏「司法書士の民事責任―不法行為責任を中心として―」篠原弘志編・判例研究・取引と損害賠償（一九八九年、商事法務研究会）二九九頁以下。〔なお、沿革については、本書第一部二篇をも参照。〕

また、「専門家の責任」一般については、川井健編・専門家の責任（一九九三年・日本評論社）の「序論」である「『専門家の責任』と判例法の発展」三頁以下（川井執筆）参照。さらに、契約自由の原則については、遠藤浩＝倉田卓次＝山口和男編・逐条民法特別法講座⑥（一九八六年・ぎょうせい）一頁以下参照（小野執筆）。

本稿は、専門家の責任の詳細には立ちいらないから、その理論的基礎づけや沿革、他の専門家の領域については、以上の文献を参考とされたい。

（2）もっとも、伝統的な不動産所有権の移転の意思表示（Auflassung）の受領に関する民法の規定は、一九五三年以降、かなりの変更をうけている。

ドイツ民法典（BGB・一九〇〇年）八七三条一項によれば、不動産所有権の移転には、物権的合意（Einigung）と移転登記（Eintragung）が必要とされるが、同条二項によれば、移転登記の前に、当事者が物権的合意に拘束されるのは、意思表示が公証人によって認証されるか登記官に対して行われた場合のみである。

他方、同三一三条一文によれば、土地の所有権を移転する契約では、公証人による認証が必要である。もっとも、このような形式がなくても、登記官によって**Auflassung**が受領され登記簿に登記されれば、契約は有効となる（同条二文）。二文の場合には、必ずしも公証人の関与は必要とされない。プロイセンなど北ドイツの取引形態にそくしたものである。しかし、後者の場合には、同九二五条によれば、**Auflassung**のために、登記官の面前で、両当事者が物権的合意を表示しなければならない。

しかし、一九五三年に、ＢＧＢ九二五条が改正され、また九二五ａ条が追加された結果（**Gesetz zur Wiederherstellung der Gesetzeseinheit auf dem Gebiete des bürgerlichen Rechts, 1953. März 5; BGBl. I, S. 33**）、**Auflassung**の意思表示は、三一三条一文の文書が提出されたときにのみ受領されるとされた。そこで、同条二文による**Auflassung**（「当事者双方が同時に登記官の面前に出頭してする意思表示」）の受領はよちがなくなった。そこで、つねに公証人の認証が必要となり、また公証人も、**Auflassung**の受領が可能とされたから（九二五条一項二文新規定、「管轄権ある者の面前でする意思表示」、一九六九年八月二八日公証法（Beurkundungsgesetz, **BGBl. I, S. 1513**）による）、公証取引が一般的なものとされたのである。〔これにつき、第二部一篇一章三節参照〕

さらに、一九六一年七月二八日の不動産取引法二条は、法律行為による不動産の譲渡に各ラントの経済統制局または地区行政庁の認可を要求する。

（3）なお、以上の契約における書面や公正証書の必要性については、新版注釈民法・一三巻〔一九九六年、有斐閣〕五二一～五三二条前注（Ⅱ契約の方式）三一九頁以下〔谷口知平＝小野秀誠〕参照。契約の方式については、小野「契約の成立における方式と自由」商論五五巻三号〔一九八七年〕四四頁以下、四五頁をも参照。

（4）山崎・前掲書八五頁以下は、司法書士の義務について、⑴必要書類指示・持参督促義務、⑵登記必要書類保管義務、⑶意思の存否、書類の真否等についての調査・確認義務、⑷説明・告知・保護義務、⑸その他起案・作成義務など、⑹登記申請手続をなすべき義務、⑺処理、顛末の報告義務をあげる（⑴⑵⑸⑹⑺は委託の遂行に当然必要な義務であろう。また、本稿では、⑵は後述第二章二節で、⑶は後述第三章二節で扱う。⑷はとくに問題となるところである。後述〔17〕判決参照）。

（5） たとえば、行書二条後段参照。行政書士は、業務の範囲に属する書類の作成について相談に応ずることができる、とされる。行政書士は、司法書士と比較的類似の業務を行うものであり、他人の依頼をうけ報酬をえて、官公署に提出する書類その他権利義務または事実証明に関する書類を作成すること、およびその書類を官公署に提出する手続を代わってすることを業とする（行書一条一項、二条前段）。そこで、作成する書類の対象は異なるが、他人の依頼をうけて書類を作成する点では、司法書士の場合と同様である。

第二章　契約相手方への責任—業務遂行上の責任

第一節　債務不履行責任—専門家としての責任

⑴　契約の成立

専門家としての司法書士の責任が問題となったもっとも典型的な例は、委託された登記の申請手続につき不履行があり、当該物件につき優先権を確保できなかった場合である（後述⑵）。また、司法書士には、一方当事者だけではなく実質的に双方当事者から登記を委託される場合が多く、そのような場合には、一方当事者の指示に従うことが、相手方当事者に対する義務違反となることがある。この場合に責任を認めた一連の裁判例があるが、これは専門家の責任として特殊な類型にあたるから、べつに検討する（後述第二節）。

司法書士に対する登記申請手続嘱託の委任契約の成立時期は、嘱託者が必要書類を完備して司法書士に交付した時とするのが伝統的なとらえ方である。そこで、この時点以前の司法書士の債務不履行責任が否定された事例としては、〔1〕東京地判昭五二・六・二八判時八七三号六二頁がある（ほかに、契約成立を認めた〔9〕福岡地判昭六一・五・一六判時一二〇七号九三頁がある）。

〔1〕東京地判昭五二・六・二八判時八七三号六二頁

【事実】Ｂは、Ａ所有名義の土地を譲受し、さらにＸに譲渡した。Ａ、Ｂは、司法書士Ｙに、ＡからＸへの中間省略登記を委託し、Ａ、Ｂ、Ｘの印鑑証明書、白紙委任状をＸに交付し、登録免許税、手数料を支払ったが、Ａの登記済権利証を交付しなかった。Ａが同一の土地をＣに譲渡し、Ｙに委託して登記をすませてしまったので、ＸからＹに損害賠償を請求した。

【判決】判決は、司法書士が、嘱託の順序にしたがって事務を処理するべきこととしたが、事案においては、なお委任契約が成立していないとして、Ｘの請求を排斥した。

「一般に司法書士に対する登記事務の嘱託にあたっては、嘱託者において必要な書類を整備してこれを司法書士に交付するのが通例であるから、特段の事情のない限り右書類交付の時に嘱託（委任関係）が成立するものと解するのが相当であり、これによって定まる嘱託時期の先後関係が、司法書士の業務処理の順序を決定する基準となるものというべきである」。なお、本件について、司法書士が嘱託の順序にしたがって、事務処理をするべきものとした論点については、後述(2)(イ)で検討する。

しかし、裁判例は、必ずしも書類の完備を必要としないか、あるいはこれのみを契約成立の基準とはしていない。その趣旨のものとしては、〔3〕、〔4〕、〔27〕などがある（これらについては、(2)のそれぞれの部分を参照）。

また、情報提供に関する責任（後述第三章一節）、および契約締結上の過失が問題になる場合があるのは、べつの論点となる（後述第三章一節、三節参照）。さらに、後述〔27〕、〔28〕のように、契約の成立を否定したが、信義則上の注意義務を認めたケースもある。[6] すなわち、司法書士の責任を肯定するにあたり、形式的な必要書類の交付やそれに伴う契約の成立は、必ずしも基準たりうるものとはいえない。

他方、登記申請の委託をうけた司法書士は、特別の授権がなくとも瑕疵を補正するため申請の取下げをなすことができる。すなわち、「特別の授権がない限り任意に登記申請を撤回ないし取下げをすることはできない」が、瑕疵を補正するための取下は、当初の委任契約による授権の範囲内の行為であり、特別の授権を必要とせず、このような行為をしても債務不履行とはならない（〔2〕浦和地判昭四三・五・九判時五五四号五九頁）。瑕疵があれば登記手続が完了しえないことが予想され、瑕疵の補完は、依頼者の責任の一部であるからである（事案は、登記済証に代わる保証書による登記申請の場合であった。不動産登記法四四条の二第二項の、抵当権設定者の三週間内の申出がなかったことから、申請が却下されるものとなることから、登記官の勧告をうけて取下げたものである）。

もっとも、依頼者がそのような瑕疵を知りえないときに、場合によっては、さらに瑕疵を補完するように助言することも、専門知識を有する司法書士の責任の一部となるよちがある。また、再申請をせずに、申請書類を一方的に登記義務者に返還した結果、当初の登記が不可能になった場合には、書類の保管について債務不履行責任が生じるよちがある（〔2〕浦和地判昭和四三・五・九も後者を肯定。これについては、第二章二節をも参照されたい）。

(2)　債務不履行の諸類型

債務不履行の場合に、先例となる類型は、おもに四つに分類することができる（依頼者の責めに帰せられる場合、司法書士の責めに帰せられる場合、双方の責めに帰せられる場合、さらに広く助言義務を認める場合である）。また、司法書士が司法書士法一条などにより負担する善良なる管理者としての義務については、依頼者との関係を準委任とみるか、請負とみるかといった法的性質に関する論点があるが、司法書士との契約内容に立ちいることなく、契約の性質決定がただちに効果をも決定するべきものとはいえないので、むしろ個別的な基準を探ることが必要である。

第一の類型は、先順位の登記がなされたために、委託された登記をしても優先権をえられずに、依頼者が損害賠償を請求した場合にみられる（後述(ア)の〔3〕東京地判昭四一・一二・二六判タ二〇五号一五七頁、〔4〕東京高判昭五〇・九・八判タ三三五号二一六頁）。受任事務の処理にあたり生じた障害につき依頼者におもな原因があったケースである。第二は、合理的な期間をすぎてのちに登記したために、他人の登記に遅れたような場合である（後述(イ)の〔7〕仙台高判昭六二・四・二七金判七九二号一六頁）。この類型は、おもに司法書士に登記の不備につき責任がある場合である。第三は、依頼者の申請どおりの書類を作成したところ、二個の建物のうち一個しか競売できなかったという場合にみられる（後述(ウ)の〔14〕高松高判昭五九・四・一一判時一一二五号一二一頁）。この類型は、依頼の趣旨に外見上明白な誤りがある場合に、司法書士にも責任を認めるかが問題となる。第四は、これらと異なり、より広く実体法上の善管注意義務違反を原因とする責任が問題となった場合である（後述(エ)の〔17〕大阪地判昭六三・五・二五判時一三一六号一〇七頁）。以下、個別に検討しよう。

(ア)　(a)　第一は、〔3〕東京地判昭四一・一二・二六判タ二〇五号一五七頁の場合である。

【事実】　詳細は、必ずしも明確ではないが、Xが司法書士Yに建物の所有権保存の登記申請手続を委託したが、保存登記の前提となる、建物の家屋台帳への登録がされていなかったので、Yは、その登録のための書類の提出を求めた。しかし、Xがこれを持参しなかったので、Yも建物の登録、したがって所有権保存登記の申請をなしえなかった。XがYに対して、遅滞を理由に（優先権をえられないことから）損害賠償を請求したケースである。

【判決】　判決によれば、Yは、Xに登録のための書類の必要を指摘しその調整持参を促せば、受任事務処理としては懈怠がなく、「進んでその督促を繰返すが如きことまでは、上記受任事務の処理に関し、Yに要求される事柄でない」。そこで、登記の前提となる建物の家屋台帳への登録が依頼者によってされていないことによって、遅延が生じ、所有権保存登記手続のなされなかったことは、司法書士にその責任はないとされた。

なお、本件では、登記に必要な書類が完全には整っていなくても、契約の成立を認めたという点では、登記受託契約の成立に、必ずしも必要書類の完備が不可欠とはいえないことを前提としている（〔1〕参照）。もっとも、当事者間の争点となってもいない。

〔4〕東京高判昭五〇・九・八判タ三三五号二一六頁も、この類型に属する。契約上の注意義務違反があるとしてされた損害賠償の請求が否定されている。

【事実】　昭和四四年一〇月一三日、Xは、Yに対して、AからXへの山林の所有権移転登記を委託したが（登記済証の交付はなかった）、Yは、それに先だつ同月二日、AからBへの所有権移転登記申請の委託をうけて、すでに登記申請をしていた。Bへの移転登記がなされたので、Aへの移転登記は不可能となった。そこで、Xは、Yに対して、YとAの詐欺的行為があった、そうでなくても、司法書士の職務にあるYとしては、Xから登記申請を受託したうえは、登記関係を調査し、登記がすでにBに移転していることが判明したときには、Xに連絡し、Xに相当の善後措置を講じらせるべき委任契約上の注意義務があるのにこれを怠ったとして、Xの損害の賠償を求めた。

【判決】　判決は、YとAの詐欺的行為は認定しなかったが、注意義務については、YがXから登記申請を委託された山林について、すでにAからBへの移転登記がなされていることを知ったとしても、Yは、「不動産登記申請手続を適式に処理することを要請され、不動産についての実体上の権利義務の得喪変更に関与せず、またみだりに関与すべきでない司法書士として、〔中略〕本件山林についての前記登記関係等を登記申請手続の依頼者たるXに告げ、あるいは善後措置の助言をするなどの介入的行動に出なくとも、登記申請手続受託者たる司法書士の職にあるものとしての注意義務に欠けるところがあるということはできない」とした。

〔3〕事件は、明らかに依頼者に落ち度がある場合であり、〔4〕事件でも、司法書士には、委託された事務の処理という範囲では帰責事由がないとされている。前者において、登記必要書類の持参が遅れたことについて、司法書士に責任がないことはいうまでもないが、その場合には司法書士には督促を繰返す義務がないとしている。

後者は、契約の成立という観点からは、登記済証の交付がないのに契約の成立を認めた点でも注目される。もっとも、後者については、司法書士を依頼者のまったくの手足とみる考え方のもとではともかく、司法書士に少なくとも別個の登記手続があることを告げるべき義務のあることは肯定するべきであろう。受託した登記の実行が妨げられることは明白だからである。また、認定はされなかったものの、争いとなるような詐欺的行為を防止することにもなるからである。なお、このような義務を認めた場合でも、たとえば、受託してはじめて先順位の登記の存在を知ったようなときには、目的不動産を取得しえなかった損害がすべて司法書士の注意義務違反を理由とする損害の範囲に包含されるわけではない。

(b)　その後のケースである〔５〕東京高判平三・一〇・二三金法一三二一号二〇頁も、登記のできなかったことにつき、依頼者に原因があるとみることができる場合であり、司法書士の責任は否定されている。

Xは、Aに対し抵当権を有しているが、Aが根抵当権付第一不動産をBに（さらにBからYに）売却しその代金から抵当債権の半額を弁済し、残りの半額については新たに第二不動産に抵当権を設定する合意がなされたために、抵当権者Xは、司法書士Yに対し、根抵当権登記の抹消および新規の抵当権設定登記の手続を委任した。ところが、半額の支払がなされ根抵当権設定登記は抹消されたものの、抵当債務者Aが第二不動産の抵当権登記に必要な権利証を持参しなかったため、第二不動産上の抵当権設定登記がなされなかった。このさいに、抵当権者Xが登記原因証書の末尾に「権利書が到着次第手続き御願ひします」と記載していたなどの事情のあるときには、権利証が入手できなかった司法書士Yが第二不動産上の抵当権設定登記を行わず、根抵当権登記の抹消登記手続を先行させたことには委任契約上の義務違反はないとされた。

本件で、Xは、第一不動産上の抵当権登記の抹消と第二不動産上の抵当権設定が同時に行われることを期待したのであるが、この期待がYの義務として担保されていたかが問題である。本件において、第二不動産の登記手続に関し書類の不備があれば、抵当権の設定はできず、Xも権利証の不足によってこれを予期していたのであるから、その不履行を責めることは困難であろう。

もちろん、契約の趣旨によっては、第二不動産の登記ができないときには、第一不動産の抹消もするべきではないとする場合もありえようが、事案で、登記原因証書の末尾にXが記載した文言からみれば、Yの義務につき、たんに書類が完備したときの手続遂行が定められたにすぎないということになる。さらに、このような場合のありうることの説明義務をまったく否定することには疑問のよちもあるが、両方の登記に同時・一括処理を期待していたというYの主張からすれば、同時に処理しない場合の危険そのものは、とくに説明がなくてもあらかじめ予想されていたものともいえる。

なお、みぎの末尾文言も、権利証が到達しないかぎり、いつまでも第二不動産上の登記手続を延滞しうるとの趣旨に解するべきではなく、合理的な期間を経過すれば、権利証を督促し、登記手続を続行するべき義務を否定するものではない。少なくとも、司法書士Yが、みぎのXA間の取引の実体を把握している場合には、このような義務を肯定する必要がある。

(c)　直接には、司法書士の責任に関するものではないが、〔6〕広島地判昭五〇・五・一四判タ三二七号二四五頁は、山林の売買契約において売主Xが「地積がその一〇分の一であると考えて売買契約を締結したと認められ」、売買契約はその要素に錯誤があり無効であるが、売主が売る土地の範囲につき「現地で指示されながら注意して聞かず」、買主の代理人に売買を承諾する旨返事をしたさいにも同人から「説明をよく聞かず」、司法書士に地積を問合わせた時も地積の記載がよく読めないといい、「勝手に一人合点をして確かめずに取引をなしたものであ」るようなときには、不動産の売主として錯誤に重大な過失があるといわざるをえず、その無効を主張することができないとした。自己責任の限界事例としては、本類型と共通したものといえる。

(イ)　(a)　第二の類型は、司法書士に帰責事由がある場合である。〔7〕仙台高判昭六二・四・二七金判七九二号一六頁、判時一二三八号九三頁が典型的なケースである。

【事実】　Xは、昭和五三年三月一四日、Aとの間で、A所有の土地建物に極度額三〇〇〇万円の根抵当権設定契約を締結することとし、司法書士Yに、設定登記申請手続を委託し、一五日までに必要な書類を交付し、報酬を支払った。他方、Aは、昭和五三年三月末日ごろ、B金庫から極度額五億一三六六万円の根抵当権設定のうえ合計二億五〇〇〇万円を融資することを決定され、同じ土地建物に根抵当権を設定することとし、Yに対して、その登記申請手続が委託された。

Yは、Xから委託された根抵当権設定登記申請手続を進めることが可能であったが、Xの根抵当権設定登記は後回しにされ、昭和五三年七月一三日になって、Xの苦情の結果はじめて登記された。認定された事実によれば、その間に、B金庫ら四者の根抵当権または抵当権の設定登記がなされ（極度額合計五億一三六六万円）、Xの根抵当権登記に先立つ権利として登記されたのである。

昭和五六年に抵当権が実行され、土地建物は、三億二六〇〇万円で売却されたが、Xへの配当金はゼロであった。Xは、Yに対し、根抵当権が先順位でなされていれば、三〇〇〇万円の範囲で満足をえられたはずであるとして、委任契約につき債務不履行があったことを理由に損害賠償を請求した。

【判決】　判決は、①根抵当権設定登記申請登記の委任をうけたYは、手続のために必要とされる合理的な期間内に手続を進めるべきであり、その期間をはるかに過ぎた約四カ月後に、他の根抵当権登記に遅れて登記をしたことは、委任の趣旨に反する債務不履行があったというべきであり、Xに対して損害賠償の義務がある。②しかし、Xの側にも、自己の委任した登記申請手続の帰趨につき問い合わせ、調査などをしていれば、みぎの事情が早く判明していたはずであり、その場合には、その後の貸付を控えることにより損害の拡大を防止できたとして、四割の過失相殺をして、三〇〇〇万円の六割にあたる一八〇〇万円の損害を認め、既払分三〇〇万円を控除した一五〇〇万円の請求を認めた。司法書士に損害賠償義務を認めた判決である。

司法書士は、業務取扱の順序に従って、迅速に業務を処理しなければならない。嘱託の順序に従って、書類を作成しなければならないのは、業務の公正を維持するためである。さもないと、利害関係人の権利義務に重大な影響を及ぼすからである。依頼者から一括嘱託をうけ必要書類はすべて司法書士において整える場合には、その嘱託時、また必要書類を依頼者が整えて持参する場合には、書類を整えて持参した時が、嘱託をうけた時と解される。(7) これに違反したときには、債務不履行責任を生じる。

また、旧司法書士法施行規則には、司法書士が嘱託をうけた事件を一カ月以内に処理できないときには、遅滞なくその旨を所属の司法書士会を経由して法務局または地方法務局の長に届け出なければならず（同規則二二条）、また、司法書士が、業務取扱の順序に違反して業務を行ったとき、報告義務を怠ったときには、懲戒処分の対象となる（同二一条）、との規定があった（現在では、司法書士会会則基準七八条に嘱託事件の処理基準が定められている）。

前掲〔1〕東京地判昭五二・六・二八判時八七三号六二頁は、前述のように、司法書士に対する登記申請手続の嘱託契約の成立時期に関するケースであるが、嘱託の順序にしたがって事務を処理するべきことについてもふれている。A、B、ついでXと所有権が移転したが、AからXへの中間省略登記申請手続の嘱託をうけた司法書士Yが手続を行う前に、AからCに譲渡され移転登記もされてしまった。Xから移転登記をしたYに損害賠償を請求したのであるが、判決は、登記済証がXからYにいまだ交付されていなかったことから、契約の成立を認めなかったのである（前述(1)）。

事案認定と異なり、契約が成立しているとすれば、Yは、嘱託の順序によらずに事務を処理したことになるが、成立していないとすれば、事務処理としては当然のものということになる。事案でも、中間省略登記に必要な他の書類、A、B、Xの印鑑証明書、白紙委任状の交付はあり、登録免許税、手数料の支払があることからすると、登記済証の交付のないことには意味があったものといえるが、これだけの書類を受領しているのであるから、かかりに登記申請の時期を遅らせる事情があったとしても、契約関係がまったくないというべきではない。必ずしも一部書類の交付のみが契約の成立の基準時期になるわけではなく、依頼者が経験のない者である場合などに、司法書士の説明義務が発生することはありえるし、そのさいに、形式的な契約の成立だけが責任を左右するものでもない（いわゆる契約締結上の過失。これについては、後述第三章三節をも参照）。したがって、本件（〔1〕）は、特殊な事例的ケースとみて、一般化するべきではあるまい。

(b)　登記手続の遅滞に関するケースは、ほかにも多い。また、〔8〕名古屋地判平二・八・二一判時一三七四号八七頁は、司法書士の対第三者責任をも問題としたが（後述三章参照）、依頼者に対しては債務不履行責任をおうことを前提にしている。

(c)　〔9〕福岡地判昭六一・五・一六判時一二〇七号九三頁は、Aから土地を買ったXより、司法書士Yが、土地の所有権移転登記手続の委託をうけ、その後XがAに売買残代金の支払をしたことを知っていながら、その後第三者Bからその土地につき譲渡担保を目的とする所有権移転登記手続の委託をうけてこれを完了し、Xに損害をこうむらせたケースである。判決は、「Yは、登記手続に関する専門家の司法書士であるから、AがBに対し右借受金の弁済ができないときには、Xにおいて本件土地についての所有権移転登記を受けることができなくなることは容易に予想することができたはずである。そして、Yは、前記認定のとおり、停止条件付であるとはいえXとの間で本件土地の所有権移転登記手続について委任契約を締結し、しかも、Xから手数料も含めた登記手続費用を受けとっていた」とする。

「右事情からすると、Yは、Bへの所有権移転登記手続の委任を受けた際、Xに対し、その旨通知し、Xにおいて適切な措置を講じる機会を与えるべき注意義務があったというべきである」。そして、判決は、Yがこの注意義務に違背したとして、その損害賠償義務を肯定した。

司法書士は、事務処理上知りえた事項との関連でも、業務取扱の順序に従って処理しなければならない。業務の公正を維持するために、嘱託の順序に従って書類を作成しなければならないのと同様である。当初は移転登記に障害がある場合でも、その障害が除去された場合には、そのことの延長として本来の優先権を阻害しない方法で処理するべきである。本件では、Ｘへの移転登記の前提として、分筆登記も必要であったが（同種のケースとして、後述の〔27〕横浜地判昭五八・九・三〇判時一〇九二号八七頁がある）、たんなる技術的な問題は、優先権の先後という本質的な事項を左右する理由とはならない。同じ司法書士が、二重譲渡の手続を行う結果となる場合には、広く不履行責任を肯定することができる。

本件では、司法書士の義務のうち、具体的には通知義務が問題であり、前述〔3〕は、これにつきかなり否定的であった（通知を「繰返す」場合）。これと異なり、本件では不履行責任の一部として肯定している点が注目される。

また、〔10〕東京地判昭四二・一一・七判時五一九号六一頁は、破産法七四条、一二三条に関する判決である。破産管財人Ｘが破産会社所有の不動産に対するＹの抵当権設定登記の抹消を求め、第一に原因関係の不存在、第二に破産法七二条一号による原因関係の否認、第三に破産法七四条一項により登記の否認を主張した。Ｙは、第二の主張には善意を、第三の主張には、否認の対象は、登記権利者の意思にもとづく登記手続の遅延の場合に限られるものとし、本件では、Ｙおよび破産会社は、破産会社の支払停止前で設定契約後一五日以内に、司法書士に委任しており、そのときに七四条所定の対抗要件は具備したから、登記の遅延によらず、否認の対象にならないと主張した。

判決は、みぎのうち第三の主張を認め、Ｙの抗弁については、支払停止前に司法書士に登記申請を依頼していたとしても、司法書士が登記申請をしたのが支払停止後であるときは、支払停止後に対抗要件を具備したものというべきであるとした。司法書士の責任は問題となっていないが、相当な期間を超えて遅延したときには、その責任が生じることになろう（すなわち、実体法上は一般に、不動産の譲渡行為と詐害行為については、譲渡が取消債権者の被保全債権成立前にされ、登記が債権成立後にされた場合には、登記が詐害行為になることが否定されている。最判昭五五・一・二四民集三四巻一号一一〇頁参照。近時の裁判例である最判平一〇・六・一二民集五二巻四号一一二一頁は、同じ理を、債権譲渡の通知についても当てはめ、債権譲渡行為が詐害行為にならない場合には、譲渡通知のみが詐害行為となるわけではないとした。しかし、破産の場合には、対抗要件の具備が一般的に必要とされる。問題の破産法七四条はその例外となるが、本件の場合には、支払停止前に実際に登記申請手続はなされず、司法書士への委任がなされたにすぎないから、対抗要件不備をもたらした遅滞は、Ｙの側の理由にもとづくものとして、その危険に帰するとみる必要がある）。

なお、〔11〕東京地判昭三二・一二・二六下民集七巻一二号三八一五頁は、司法書士の誤解により抹消された仮登記の効力に関する事案である。仮登記にもとづいて本登記をすべき旨の委任をうけた司法書士が、効力に差異はないとの法律の誤解から仮登記を抹消して本登記をした場合に、誤解は動機ないし縁由の錯誤に過ぎず、要素の錯誤にもとづく無効のものとはいえないとしたものである。ここでも、司法書士の責任は直接には争いになっていないが、その責任を生じる可能性もあったケースである。

(d)　司法書士の履行補助者に対する責任、あるいは使用者責任については、つぎの裁判例がある。

〔12〕名古屋地判昭六一・五・八判時一二〇七号八九頁は、依頼者Ｘから不動産所有権移転のための登記申請手続の依頼をうけた司法書士Ｙが、Ｘの承諾をえて他の司法書士Ａに手続を委託し、Ａの従業員でもある娘Ｂが、不動産の固定資産評価証明書を改ざんして、Ｘから預かった登録免許税の一部を横領したケースである。

判決は、Ａの選任に関して、ＹはＡと同様に司法書士であり「同等の資格を有するものであるから、単なる履行補助者ではなく、Ｙから復委任を受けた履行代行者というべきである」とし、Ｙは「民法一〇四条に従い、適法な復代理人の選任をなしたというべきであり、そうである以上、民法一〇五条により、Ａの選任および監督につき過失がなければ債務不履行責任を負わない」とする。そして、Ａの従業員Ｂが過少に改ざんした固定資産評価証明書の土地評価額を基準とする登録免許税を納付することによりＸの預り金の一部を横領着服した行為については、「司法書士の補助者による横領着服なる事態は通常予想されるものではない」から、Ｂの選任および監督につきＡに過失があるとはいえないとした。

司法書士が、顧客の同意をえて他の司法書士に事務を委託する行為は、復代理の関係であり、先の司法書士Yは一方的に使用者責任をおうものではないから、その責任は、復代理人Aの選任の責任に限定される（民一〇四条参照）。もちろん、司法書士Aがその従業員Bの行為について使用者責任を負担するのは当然である。また、登記手続の委託は信頼関係にもとづくものであるから、承諾なくしては他に委託することはできず、承諾なくした場合に、当初の受託者Yは、復任したことから生じた責任を免れえない。

ちなみに、本件では、登記官の責任も追及されていたが、登記の申請にさいし、登記官が固定資産評価証明書中の評価額の改ざんを看過し、その結果登録免許税不足分をさらに納付せざるをえなくなっても登記官に責任はないとされた。

(e)　司法書士が依頼された登記を実行できなくなった理由が、直接には登記義務者の行為による場合でも、司法書士の責任を生じる場合がある。〔13〕千葉地判昭五六・六・一一判時一〇二四号一〇〇頁がそのようなケースである。

【事実】　司法書士Yが、根抵当権設定登記申請手続につき登記権利者（X・根抵当権者）・登記義務者（A・同設定者）の双方から委任をうけたが、Aの代表取締役Bによって、預り保管していた登記必要書類を盗取された。

【判決】　判決は、「司法書士としては、一旦委託を受けた登記手続に必要な書類は、上記担保変更の真偽の確認をしないまま、軽々にこれを登記義務者の手中下に置くような行為は慎しむべきであるところ」、「YはBの申出に応じてこれをBが自由に閲覧し得る状況におき、これをBが窃取されたものであるから、窃取されるについて過失があった」とし、これにより「Xに対し、対抗力ある登記を経由できなくなったことについては、その担保権の侵害として不法行為上の損害賠償義務を負わなければならない」とした。

もっとも、司法書士において損害の防止に極力つとめ、他方で、登記権利者においても、通常の取引活動を行うについて用いるべき注意を欠いており、盗取事件発生後においては自己の権利を擁護するについて怠慢があったなどの事情が認められ、「Xが損害をYの責任であるとして塡補を求めることは、一定額を除き、信義衡平の原則に反する」とした。具体的には、司法書士が委託をうけた登記手続に必要な書類を盗取されたが、債権者、警察、法務局へ働きかけてその損害の防止に極力つとめ、他方、債権者は防止を怠り、刑事上の措置にも出ず債務者に対する調査も行わず、通常の経済活動を行うについて用いるべき注意を欠いたことが考慮されている。

受領した書類の保管に関するケースであり、司法書士は、登記義務者だけから委託をうけているわけではなく、登記権利者との関係でも善良なる管理者の注意義務を負担しているからである。後述の第二節ともかかわる。

(ウ)　(a)　第三は、依頼者の申請どおりの書類を作成したところ、二個の建物のうち一個しか競売できなかったという場合である〔(14) 高松高判昭五九・四・一一判時一一二五号一二一頁〕。この類型は、第一と第二類型の延長にあるものであり、司法書士の責任のとらえ方により、責任の範囲が異なる可能性がある。つぎの第四の類型との接点をなすものといえる。

【事実】　司法書士Yは、A会社の代表者Xから、共同根抵当権の目的である甲建物とその敷地の競売申立書作成の嘱託をうけ、書類を作成した。ところで、甲建物は、乙建物と一棟の建物を構成しており、根抵当権設定時には一個の建物として所有権登記がされていたが、書類の作成時には、別個に乙の区分所有の登記がされていた。みぎ書面にもとづき競売手続が行われ、Xは、物件を競落し、保証金二八〇万円を納付したが、代金支払期日に競落代金を支払わなかったために〔乙建物を競落できなかったことによるものであろう〕、再競売となり、Xは、保証金の返還をうけられなかった。

Xは、最初からAが甲乙両物件につき申立書作成の嘱託をしたのに、Yが乙物件を脱落した申立書を作成したために乙物件につき競売がされなかったが、これは、Yが司法書士としておう注意義務を怠ったことによるものであるとして、保証金ほかの損害賠償を請求した。なお、事実認定によれば、再競売に先だち、Yは、Aからさらに乙建物についても競売申立書作成の嘱託をうけ書面を作成したが、当初の嘱託は甲建物についてのみであった―とされる。

【判決】判決は、競売申立を行う抵当権者にとっては、その被担保債権の満足がえられる限度で担保権を行使すればよく、「被担保債権の満足を得るためには担保物件全部につき抵当権を実行する必要があるのか、その一部で足りるかは、抵当権実行の本人が判断すべきものであって、その競売申立書類の作成と裁判所への申立手続を受託した司法書士において、競売申立人の右判断に関して積極的な助言、協力を行うべき責務はないといわなければならない」とした。

本件では、Ｙが当初Ａから作成の依頼をうけたのは、甲建物に関する書類だけであったが、関係書類から共同担保となっている乙建物の存在を容易に知りうることから、Ｙが、後者についても競売申立をするかの確認をする義務が問題となったのである。

判決は、Ｙは、甲乙に関する書類を「見比べればもとの一棟の登記が専有部分として二個の登記に分かれていることが判明し得たはずであるから、甲部分のみの競売申立をする理由ないしこれで大丈夫か否かにつき、Ｘの注意を喚起した方が親切であったとは認められる」としている。しかし、判決は、被担保債権の満足をえるために、担保物件全部につき抵当権を実行する必要があるかの判断は、抵当権者がみずから行うものであり、競売申請書類の作成をうけた司法書士にはその判断につき助言をする義務はないとする（「書類を作成したに過ぎないＹを責めるのは当を得ない」）。

いわば、判決は、司法書士を依頼者のたんなる手足としてとらえ、その責任をも限定する伝統的な観点に立脚している[8]。しかし、この類型は、司法書士の専門家としての説明・助言義務を広くとらえる場合には、その責任を生じる可能性を有している。

(b)　つぎに、依頼者と司法書士の双方に問題があるとされたケースとしては、〔15〕京都地判昭六二・一・三〇判時一二四六号一二二頁がある。ＡからＸへの所有権移転登記の申請手続を依頼された司法書士Ｙが、登録免許税の前払請求をしたにもかかわらず、依頼者がこれを持参しなかったことから、登記申請事務の処理を中止していたところ、Ａの債権者により仮差押がされ、Ｘがこれを解くために費用を要したことから、Ｙに対して損害賠償を請求したケースである。

判決は、このような場合に、「Ｙが本件登記申請事務の処理を中止したこと自体に違法性はない」としたが、「事務処理中止のまま二カ月余を経て登記義務者Ａの印鑑証明書の有効期限の末日が近づいた時点において、ＹがＸに対し、登記費用殊に登録免許税の前払がないため登記申請の事務処理が中止したままになっていること及びＡの印鑑証明書の有効期限の末日が近づいていることを説明報告しなかったことは、受任者の善良なる管理者としての注意義務にもとる違法な行為というべきである」とした。

もっとも、具体的には、登記手続の依頼者が不動産業および金融業という職業柄、登記申請手続に登録免許税が必要なこと、印鑑証明書に有効期限のあることなどを知っていたはずであるのに、委任後二カ月余にわたって登記手続の進捗状況につき何の問合せもせず、また、登記未了であることを知りながら処分禁止の仮処分を申請するなどの法的措置をとらないまま第三者の差押を招いて損害を被った場合には、依頼者のこれらの行為は損害の発生に寄与した過失行為と認められ、損害額の算定に当り七五％の割合で斟酌するのが相当であるとされた。

依頼者に事務手続の遅滞につき責任がある場合にも、なお司法書士に報告義務違反を認めた点が特徴である。専門家としての特質に着目したものといえる。説明義務に関する先例と位置づけられる（この系譜に属するものとしては、ほかに、後述〔19〕東京地判平三・一一・二一判時一四三三号八七頁がある。後述(3)参照）。前述の〔３〕東京地判昭四一・一二・二六判タ二〇五号一五七頁は、第三者に作成させる書類について、司法書士が一度持参を督促すれば、これを繰返す必要はないとしたが、近時の、説明義務に関する専門家の責任の厳格化の傾向からすれば、責任が生じるとするよちもないではない。

本件と〔14〕判決との相違は、〔14〕判決が、抵当権の実行対象という依頼者の判断に直接かかわっているのに対し、より手続的なプロセスに関するものであったことにも注目する必要があろう。

なお、〔15〕判決は、登記費用の立替えについては、一般論として、「委任契約が成立している以上、委任者でなければできない行為を除くその余の代替的事務の処理は、特段の事情のない限り、受任者であるＹにおいてこれをなすことを要する。そして右事務処理に必要な登記費用は、それが登録免許税であると否とを問わず、その代替可能性の故に、Ｙにおいて一時立替払をしてでも登記申請手続を完了させる義務がある（この費用は後日委任者に対しその支払を請求することになる）」と述べた。

もちろん、契約において、依頼者が費用を先払する（民法六四九条参照）こともあろう。しかし、一般に司法書士が登記費用の立替払をする例は少なくなく、また依頼者は、登記費用の種類や金額を知らないから、司法書士の費用前払請求に従うか、立替払のあとの費用請求に従うのであり、Ｙの立替払の合意がない場合にも、同様に解される（本〔15〕判決）。

(c)　同じく、登記費用の立替義務にふれたものとしては、ほかに、〔16〕東京地判平二・一一・二〇判時一三九三号一〇八頁がある。事案は、不動産の買主Ｘに対して融資をした銀行がＸの取得する不動産上に抵当権を設定する必要から、司法書士ＹがＸに代わって所有権移転登記手続をする場合に、司法書士が登記手続を遅滞したため、その間に第三者がその不動産を差押えたことにより、Ｘが差押登記を抹消するために代位弁済をよぎなくされたものである。Ｘは、Ｙに損害賠償を請求した。

判決は、早急な登記手続が必要であり、また、依頼の経緯からして登録免許税などの費用を立て替えても必ず取立ができるという信頼があるにもかかわらず遅滞した司法書士には、受任者としての善管注意義務の違反があるとした。「Ｙには、常に依頼者のために費用等を立て替える義務があるとまではいえず」、その限りでは依頼者に問題のある場合であるが（委任事務の処理の費用は、民法六四九条により事前の支払請求ができる）、司法書士も、依頼者に対して「事前に費用等の支払いがない場合は本件登記手続をしない旨明確に説明する等の措置をとらず」そのため手続が遅れたのであるとして、善管注意義務違反の責任が認められたのである。もっとも、費用の支払の請求をうけてもこれを放置したXにも過失を認めて、五割の過失相殺をした。

説明義務違反という客観的基準を挿入することにより司法書士の責任を認めた判決の一つであり、専門家の責任を拡大する傾向の一環に位置づけられる。

(エ)　(a)　第三類型と異なり、第四類型は、司法書士の実体法上の説明・助言義務、善管注意義務違反を広くとらえた場合であり、専門家の責任として注目される。

〔17〕大阪地判昭六三・五・二五判時一三一六号一〇七頁である。

【事実】　Xは、Y_1から土地建物を購入したが、これに抵当権および根抵当権の登記（登記①・②。債権額合計は、約一四〇〇万円）がされていたので、その抹消を経たうえでY_1からXへの所有権移転登記手続をするとの合意のもとに、代金全額をY_1に支払った。しかし、Y_1は、被担保債権を弁済して抵当権および根抵当権の登記の抹消をえたが、新たにその弁済資金の借入先であるAのために根抵当権（登記③。債権額約一七〇〇万円）を設定した。そのさいに、司法書士Y_2は、Xの同意なく権利証をY_1の求めに応じて返還した。

Xは、土地建物の所有権移転登記を取得したが、新たな根抵当権を抹消するために一七〇〇万円を要したので、これを売主Y_1に対して債務不履行および不法行為を理由として損害賠償請求し、また、当初の抵当権の抹消登記およびY_1からXへの所有権移転登記の手続の委任をXからうけて、取引に立ち会った司法書士Y_2に対し、債務不履行を理由として損害賠償を請求した。

【判決】　判決は、Y_1に対する請求を認容し、Y_2に対する請求をも一部認容した。判旨は、前半と後半とに分かれる。まず、Y_2が、Xの同意なく権利証をY_1の求めに応じて返還した点は債務不履行であるが、この不履行がなく③の登記がされなくても、①・②の登記が残る関係にあり、結局、ほぼ同額の被担保債権も生じるはずであるから、この不履行によってXに損害が生じたとはいえない、とした。

しかし、ついで、「売買当事者間において、その代金弁済と所有権移転登記手続き等の取引が司法書士立ち会いのもとになされることは、広く一般に行われているところである（公知の事実である）が、その理由は、司法書士が、単に登記手続きの専門家であるからというに止まらず、社会的に信用のおける人物であり、かつ一般の法的関係にも明るい準法律家として、右『取引』自体の円滑、適正に資するべくその役割が期待されているからにほかならない。そうだとすれば、右取引に立ち会った司法書士としては、『登記の手続きに関する諸条件』を形式的に審査するだけではなく、重要な事項に関しては、進んで右登記手続に関連する限度で実体関係に立ち入り、当事者に対し、その当時の権利関係における法律上、取引上の常識を説明、助言することにより、当事者の登記意思を実質的に確認する義務を負うことは当然の道理というべきである（右のように解することが司法書士法、弁護士法に反するとは思われず、かえって司法書士法一条所定の目的にかなうであろう）」。

本件で、「Y_2は、Xから報酬を得て本件取引に立ち会ったのであるから、右認定の権利関係、状況においては、Xに対し、売買代金額やその支払期日、支払条件等を聞き質し、かつ抵当権等の登記が抹消されないまま代金全額を支払う危険性についても説明、助言した上でXの登記意思を確認する義務があったにもかかわらず、右２の事実およびこれに関する証拠判断で述べた通り、本件売買契約の代金は後日支払われるものと即断し、Xに対し、右代金に関する事項についてなんらの質問をしないまま、Xが残代金全額を支払うのを漫然見過ごしたのであって、これは、Xから受任した右取引の立ち会いに関し、善管注意義務に違反した債務不履行というべきである」。そして、Xが抵当権登記の抹消と引替えでなく、全額支払ったために抵当権を抹消するために一七〇〇万円を要したので、これがXの損害となるとし、しかし、X自身にも過失があるので、Xの損害額から五割の過失相殺をするべきだとして、八五〇万円の損害賠償の支払を命じた。(9)

(b)　司法書士の業務上の不履行が問題とされた裁判例の多くは、従来、登記手続の遅滞（前述〔7〕仙台高裁昭和六二・四・二七）、登記手続書類の返還（後述〔28〕大阪地裁堺支昭和六〇・三・七判決）といった具体的な登記関連事項に関するものであり、本件のように、司法書士が依頼者に広範囲な説明・助言義務をおうとされた例は、従来比較的まれであった。その関与の義務を広く認めることは、逆に、司法書士の権限を限定する司法書士法九条、弁護士法七二条の制限とも関係してくるからである。(10)本件判決は、この制限を比較的消極的に解した。従来は、専門家としての権限を限定することから、逆にその責任をも限定的にとらえることが一般的であったと思われる。専門家の責任を拡張することが、近時の傾向であるが、それは必然的に、その権限とのバランスの問題を生じることになろう。

(3)　説明義務、立会と司法書士の責任

(ア)　広範囲な助言義務と専門家としての責任を認めることの延長にあるのが、〔18〕東京地判平三・三・二五判時一四〇三号四七頁である。この事件では、売買当事者間の取引、代金の支払に立会い、また所有権移転登記手続をするよう委任された司法書士が、取引前に付されていた仮差押登記を不知のまま取引をさせたことが委任契約上の不履行に当たるとして、その抹消に要した損害の賠償を命じられた。

すなわち、司法書士が登記の必要な取引の内容を告げられ立会うよう依頼された場合には、「依頼者は、単に登記手続のみならず、登記に関する限り、取引上支障無く、手続が終了するよう司法書士が注意してくれることを期待し、その期待の上に立って取引を行う」ので、司法書士としても、買主が登記簿上負担のない状態で物件を買うことを目的としていることを承知しているはずであり、「そのような負担が登記簿に記載されている場合には、その抹消の確実性について確認し」、当初は負担がなくても、取引の日までに負担が登記簿上現れないかについても留意する必要があるとした。司法書士の「専門家」としての性格を強調して積極的な義務を認めたものである。

司法書士法の文言からすると、広範囲な助言義務、あるいはこれに対応する司法書士の権限は比較的限定的に

解され、また、そのように限定的に解することが、弁護士法との関わりでも、司法書士の権限の範囲の決定にあたって望ましいものと解されてきたように思われる。これに対して、より一般的な方途で、書類作成の専門家の権限を肯定しているととらえることができるのが、行政書士法の文言である。もっとも、両者は、機能的にとらえるかぎり、それほど異質なものと解するべきものではないから、登記作成に関連する助言をすることや相談に応じることは否定されるべきではない。この点に関しては、弁護士法の制限に関する後述第四章一節を参照されたい。したがって、同じ基準をみたす場合には、立会も否定されるべきではないことになろう。

法律上の紛争は未然に防止することが望ましいのであり、これは、登記に関する問題についても同様である。当事者が完成させた取引につき、狭く手足として司法書士を利用することだけではなく、紛争を生じさせる可能性のある、当事者の登記に関する誤解や無知を解くことも必要といえよう。必ずしも一般的な法律相談の段階に達しないまでも、登記の技術的な誤解から生じる紛争も多いからである。

(イ)　(a)　しかし、このような積極的な責任や説明義務を認めることに消極的な裁判例も、なおみられる。

まず、登記義務者の申入れによって保証書を作成しなかった司法書士の債務不履行責任が否定された事例として、〔19〕東京地判平三・一一・二二判時一四三三号八七頁がある。Xは、Y_1への金融のさいに、Y_1所有の建物に関し、司法書士Y_2に保証書の作成を依頼し保証書により根抵当権設定登記申請手続をするように委任したが、Y_2の債務不履行により損害をこうむったとして、損害賠償を請求したケースである。Y_1が建物の権利証を所持しなかったので、XとY_1とがY_2に保証書の作成を依頼したが、Y_2は、Y_1から登記申請中止の申入れがあったので、保証書の作成と登記申請を中止し、Y_1が建物を贈与した結果、Xの登記申請は不可能となったというものである。

判決は、Y_1が保証書作成に必要な協力をしなければ、Y_2は、保証書の作成ができず、そこに過失も「責めに帰すべき事由があるものともいえない」とした。

また、司法書士の助言・説明義務についても否定し、「登記権利者が保証書による登記申請の方法を知り、その方法による登記申請手続を依頼している場合には、司法書士としては、保証書の作成につき必要な登記義務者の協力がないときには登記申請が不可能となる危険性があることまでを説明してその登記申請の原因となっている実体的な取引行為の安全性を再確認させる義務をその受任義務の一部として負担するものでない」とする。本件では、Ｘが「長年貸金業に携わり、保証書による登記申請の方法を知っており、かつＹに対し、その保証書の方法により本件根抵当権設定の登記申請手続をすることを依頼したのであるから、ＹがかかるＸに対し、その依頼を受任するに際し、登記義務者であるY_1が保証書の作成に必要な協力をしないときは登記申請が不可能になる等の説明をするべき義務を負担したものということはできない」としている。

本件は、第一の類型（前述(2)(ア)）と同様に、依頼者の責任が、専門家としての責任を凌駕する構成といえる。Y_1の翻意により保証書の作成が行えなかったのであるから、Y_2が作成手続を中止したことにつき帰責事由は否定されることになろう。もっとも、本件は、司法書士の助言・説明義務の限界にふれた判決としても意味のあるものである。

また、〔20〕大阪高判平四・三・二七判時一四四一号八二頁は、ＡからＸへの建物の売買契約締結にさいし立会った司法書士Y_1の責任が問題となっている。

【事実】　売主Ａは、司法書士Y_2を同道して契約締結にのぞんだ。Y_2は、建物の保存登記を申請中であり、遅れるが権利証は買主Ｘに交付する旨の説明をした。Ｘは、他の司法書士Y_1にその信用性を問いただし、Y_1がこれを肯定したので、ＸはＡに代金内金を支払った。しかし、Ａは、Ｘとの取引に先立って、債務を負担するＢに対し保存登記に必要な書類を交付し、この登記が先に行われた（さらにＣに移転登記）。Ｘの登記申請が却下されたので、Ｘから、Y_1、Y_2に対し損害賠償請求がされた。

【判決】　Ｘは、司法書士には、権利証が交付されないで代金を決済することの危険性を説明する義務があると主張したが、判決は、事案における立会の趣旨は、「売買契約の対象物件が区分所有の建物であって、Ｘとしては、このような建物についての取引の経験がなかったため、相手方の持参する書類が整っているかどうかを調べるため、及び、その後の登記手続を依頼するためであったと認められ、右依頼の趣旨及びこれに通常付随するものをこえて、X主張のように一般的に権利証の交付を受けることなく売買代金を支払うことの危険性を判定しこれをXに告知する義務をYが負ったとまで認めることはできない」とし、また「権利証の交付を受けないで取引することの一般的危険性について説明告知しなかったことがXに対する契約上の義務に違反する行為に当たるということは困難である」とされている。

具体的な結論は、立会を求めた個々の契約の趣旨に帰せられるものであるが、少なくとも一般論としては、司法書士の専門家としての責任につき消極的なものととらえることができる。しかし、買主Xが、司法書士を同道した趣旨は、登記の確実性の確保のためであるから、権利証の交付を受けないで取引することの一般的危険性を説示する必要はあろう。もっとも、その場合でも、事案のXは、不動産業者であり「Y_1は、以前からXの取引上の不動産登記手続等を多数扱っていた」とされるから、このような一般的危険性は既知であったともいえ、この面から説示の必要性が否定されたものとみるべきである。しかし、一面的にこの義務を否定するよりは、肯定したうえで、過失相殺をする構成がベターであろう。

ちなみに、判決が（原審＝判時一四四一号八五頁所収、も同様）、Y_1だけではなく、Y_2の責任をも否定している点は、事案の特殊性の点を除外すればきわめて不当なように思われる。Y_2は、Aの詐欺的行為ついて、必ずしも悪意ではなくても、その信用をもって寄与している。保存登記が遅れているのが登記所の事情によるものと説明したことは、遅滞が他の事情によるものであることを消極的には否定していることになり、Aの行為に加功しXの誤解を強める結果となっているからである。Y_2としては、他の遅滞の事情につき確信ができないのに、たやすくこのような誤信を強める言動をしたことにつき過失があろう（原審は、司法書士でも「登記簿登載前の先順位登記申請の存在を知ることはできない」として、注意義務を否定しているが、この場合に必要なのは、知らないというべきことであり、一般的な遅滞の指摘をして、危険がない旨を断言することではない）。なお、司法書士の責任は、たんに情報提供者としてだけではなく、当事者の詐欺的行為につき、司法書士が必ずしもこれに悪意ではなくても、その信用から寄与した場合としても生じるのである。

(b)　近時の消極例としては、〔21〕仙台高判平一〇・九・三〇判時一六八〇号九〇頁がある。

【事実】　Xは、Aに融資し、根抵当権の設定をうけたが、目的物件には先順位の抵当権、根抵当権、大蔵省の差押などがなされていた。具体的内容は不明であるが、融資が回収不能になったことから、Xは、根抵当権設定登記の嘱託をうけた司法書士Yに対して、「立ち会いに先立ち、本件各物件を事前に調査し、資金授受に関し、登記手続の障害になるような事実があった場合や将来根抵当権が抹消されてしまう危険があった場合にはそれを説明すべき義務があるのに、これを怠った」として債務不履行責任を、また、司法書士として、このような説明をしなかったことにつき不法行為責任があるとして、損害賠償を請求した。

【判決】　判決は、司法書士の説明義務につき、かなり消極的な把握をして、Xの請求を否定した。「登記手続の委任をうけた司法書士たる者が、一般的にXが主張するような説明義務を負うかについて判断するに、そもそも債務者側から提供された物件を担保に金銭消費貸借に応じるか否かは、最終的には、債権者の周到なる調査と情報収集の結果を踏まえたうえ、その判断と責任において決すべき事柄であって、債権者の判断を誤らせるような説明や情報を違法に提供したのでない限り、不法行為としての責任を問われることはないというべきである」。

この事件においては、司法書士は、消費貸借契約の立会まで依頼されたのではなく、たんに根抵当権設定手続、公正証書作成嘱託手続の依頼をうけたにすぎなかったことから、X主張のような説明義務が否定されたのである。また、司法書士が、債務者の無資力の担保責任をおうものでないことは、当然である。

(ウ)　他方で、近時、司法書士の説明義務を広範囲に肯定したものとしては、〔22〕東京地判平九・五・三〇判時一六三三号一〇二頁がある。

【事実】 Xは、Y_1に融資し（Y_2の土地を買うための融資）、その担保として、Y_2の農地に抵当権を設定する旨の登記を司法書士Y_3に依頼したが、そのおりに、Y_1は、Y_3に対し、他の所有権移転の仮登記を、抵当権の登記よりも先順位ですることを求めた。Y_3が、Xにその意味を説明することなく、これに従った結果、Xは、融資の回収ができなくなったので、その損害賠償を求めた。

【判決】 判決は、Y_3の説明義務違反の責任を認めた。司法書士には、委任の本旨にしたがって善良なる管理者として注意する義務があり、この義務は、司法書士が登記権利者と登記義務者の双方から登記申請手続を受任した場合でも同様であり、「委任者の一方又は双方から、登記申請手続に関し特定の事項について指示があった場合においても、その指示に合理的理由がなく、これに従うことにより、委任者の一方の利益が著しく害され、申請の原因たる契約等により当該委任者が意図した目的を達成することができない虞があることが明らかであるときは、司法書士は、当該委任者に対し、右指示事項に関する登記法上の効果を説明し、これに関する誤解がないことを確認する注意義務があると言うべきである」とし、本件で、Y_3は、Xに対し、仮登記を先順位にすることの法的効果を説明し、Xに誤解がないかを確認する義務があったのにこれを怠った債務不履行があったとした。もっとも、Xにも登記簿謄本の送付をうけて仮登記の存在を知った後に、ただちに貸金を回収する措置を講じなかった過失があるとして、八割の過失相殺をした。

説明義務を認めた判決の一つとして、専門家の責任を認めたものであるが、前述(2)(イ)の登記の順序に関する裁判例の延長にも位置づけられる。事案では、Xは、Y_1、Y_2とともに司法書士Y_3の事務所で登記手続を委託し、委託の趣旨を説明していたのであるから、登記の経緯を知っていたY_3が、その意味を説明することはきわめて容易であり、このような説明義務を肯定することに問題はないであろう。登記の順序は当事者にとってきわめて重大な意義を有しており、Y_3の行為は、本来の順序に反した変更をする場合にあたるからである。

また、つぎの〔22—2〕大阪高判平九・一二・一二判時一六八三号一二〇頁も、司法書士の説明義務を認めた判決である。

【事実】　貸金業者であるXは、Aに融資を行い、その担保のため、登記簿上宅地である土地に根抵当権の設定をうける契約をし、司法書士Yがその設定手続を行った。しかし、その土地の現況は道路であり、固定資産課税台帳上も公衆用道路とされ非課税であった。Yは、その事実を知っていたが、Xは知らなかった。Xは、土地の価値が乏しいことから、貸金の回収ができなくなったとして、Yに債務不履行にもとづく損害賠償を求めた。

【判決】　判決は、司法書士は、「登記手続を適正かつ的確に行うため、単に形式的要件の審査に止まらず、嘱託された登記が当事者の登記目的に添っているかについても検討し、助言、指導すべきであり、右は司法書士法一、二条の趣意でもあると解される。（中略）Yは、少なくとも、本件土地の現況が道路であり、固定資産課税台帳上公衆用道路とされ非課税となっていること（Xにとって極めて重要な事項である）を教示し、その上で、なお登記意思を確認するべきであった」として、責任を肯定したが、Xが貸金業者であることから、「担保不動産の価値の把握は自らの責任でなすべきであ」るとして、五〇〇〇万円の損害賠償請求のうち、三〇〇〇万円のみを肯定した。

本件は、同じ助言義務を認めたといっても、その対象が、担保不動産の価値の適合性にまで及んでいる点で広く、前述の(22)東京地判平九・五・三〇が登記に特有な事項を対象としていたのに比較すると、司法書士の責任をより実体的な面にまで及ぼしたものといえる。もっとも、担保の評価はほんらい債権者の自己責任の範囲に属するから、本件の結論は、事案において、Yが土地の質的な欠陥を知っていたことによるものであり、一般的に、担保が予想したよりも不足するといった量的な欠陥の場合にまで拡大するべきではあるまい。それでは、司法書士に、この自己責任と債務者の無資力の危険までをも転嫁することになるからである。

（6）　契約の成立時期については、山崎敏彦「登記代理委任契約の成否」判タ六四九号一〇頁以下が詳しい。昭和五〇～六〇年代の裁判例の検討を中心として、「司法書士と顧客とは登記必要書類の整備・完備以前の時点において既に契約的な関係にあるとみてよい」とする。とくに素人である顧客が専門職能としての司法書士に対して有する信頼を厚く保護することを理由とする。

(7) これらは、契約の成立時に義務が発生することを前提としている。契約成立については、第一節(1)参照(前述〔1〕東京地判昭五二・六・二八判時八七三号六二頁)、徳永・①八六頁。前述のように、形式的な書類交付時以前に契約責任が成立することもあり、その場合には、これらの基準時は変更されることになろう。

(8) もちろん、司法書士が共同担保の一物件につき競売申立を依頼された場合であれば、他の物件についても競売に付するべきかを依頼者に問うべき注意義務が認められるべきであろう(矢野・前掲論文三三五頁)。なお、このように司法書士の責任を比較的限定的にとらえるのは、前述〔4〕判決、後述〔30〕判決などとも共通する。

(9) 本件判決の事例では、司法書士に重い注意義務を課して責任を認める以外に、権利証の返還に過失を認める方法もあり、むしろそれが従来の判例の大勢にはそくしたものであろう(後述第二節(1)参照)。

このほか、比較的積極的に、司法書士による依頼者への説明・助言義務が肯定されたものとして、後述〔27〕判決、および近時の判決として、〔9〕福岡地判昭六一・五・一六判時一二〇七号九三頁がある。

(10) 弁護士のした法律相談が不法行為となりうるかについては、東京地判昭五七・五・一〇判時一〇六四号六九頁参照。

第二節　当事者の一方からの要求に応じることが、他方当事者への債務不履行になる場合

――双方代理の禁止との関係

(1) 双方代理の禁止と任意解約の制限

(ア) (a) 司法書士に責任を生じる場合として、従来、とくに裁判例の豊富な分野がある。司法書士の義務の特殊性にもとづくものである。

不動産の売買契約が成立しそれにもとづいて、売主、買主が所有権移転登記手続を司法書士に委託した場合の法律関係は、民法の委任契約である。この場合に、売主と買主とが同時に同じ司法書士にその手続を委託したとしても、一個の委任契約が成立するのではなく、売主＝登記義務者と司法書士との間、買主＝登記権利者と司法

書士との間に、それぞれ別個の委任契約が成立するとするのが、一般的な見解である。この関係は、特殊な三面契約あるいは複合契約の一種とみる可能性もあるが、本稿の主題とはかなり離れるので、立ちいらない。もちろん、二個の契約とみる場合においても、このような契約の複合性によって、二個の契約が緊密に結合され、相互的な拘束をうけることがある（後述）。

他方、司法書士法九条によれば、司法書士は、当事者の一方から嘱託されて取り扱った事件について、相手方のために業務を行ってはならない、とされる。相手方のある同一事件については、当事者の利害が相反するのが通常であるからである。もっとも、争訟性のある事件でも、それがすでに示談・和解で解決できているものについては、相手方のためにも書類を作成することができる、とされる。[11]

また、双方代理の禁止との関係では、登録申請書類の作成は、私法上の行為でも法律行為でもないから、民法一〇八条の適用はなく、当事者双方から嘱託があれば、書類を作成しまたは申請代理できるとか、あるいは、登記申請は、債務の履行にとどまり、それによって新たな利害関係が創造されるのではないから、同一人が登記権利者・登記義務者双方の代理人となっても、一〇八条およびその法意に反しない、とされる。[12]このような特殊性も、前述したような司法書士の契約の複合性にあるとみれば、当然のこととなる。もっとも、その場合でも、双方代理の禁止が意図している、当事者の一方に不当に不利な行為を行いえないとの制限はなお生かされるべきであろう。

古い裁判例としては、〔23〕大判昭一一・九・二二新聞四〇四二号一四頁がある。XからYに所有権移転登記をするさいに、司法書士Aに手続を委任し、かつその司法書士Aを相手方の代理人としても、一〇八条に違反しないとするものである。事実関係は明確ではない。

【判決】「原判決ノ判示スル事実ニ依レハ、上告人Xハ被上告人Yニ対シ全財産ヲ預ケ置クニヨリ、自己宛金品ヲ供給セラレ度旨申込ミ被上告人Y之ヲ承諾シテ上告人Xヨリ本件不動産ノ登記済権利証及上告人Xノ印章ヲ預リ爾来上告人Xニ対シ金品ヲ供給シタルカ、其ノ残債権一千余円余トナリ、之ニ上告人Xノ負担タル原判示ノ金塊売買代金返還債務トノ二口ノ債務ヲ担保スル為、上告人Xハ被上告人Yニ対シ本件不動産ノ所有権ヲ移転スルコトヲ約シ、被上告人Yハ該約旨ニ基キ其ノ所有権移転登記手続ヲ為シタリト謂フニ在リ。サレハ被上告人Yハ所論ノ如キ司法書士Aニ該移転登記手続ヲ為スヘキコトヲ委任シ且上告人Xノ代理人トシテ該司法書士Aヲ選任シテ為シタリトスルモ、是畢竟被上告人Yニ於テ該契約並委任ノ趣旨ヲ実行シタルニ止マリ、此ノ間民法第百八条ノ規定ヲ適用スヘキ関係アルコトナク従テ釈明権ヲ行使スヘキ場合ニ該当セス」（ほかに同旨のものとして、弁護士のケースであるが、〔24〕最二小判昭四三・三・八民集二二巻三号五四〇頁参照）。

しかし、司法書士は、通常、登記権利者または登記義務者の一方におもに関係があり、その者から委託をうけることが多いであろう。もちろん、単独では登記申請できないが、利害関係が当事者の一方にかたよっているときには、おもに関係がある者（たとえば、売主が不動産の販売業者であり、多数の土地を分譲する場合など。実質的に手数料を払うのは買主であるにもかかわらず）の要請をうけいれやすいであろう。その結果、相手方当事者の利益は害される可能性が大きい。このような不利益は、当初予定された登記手続の実行が、一方の要請をいれた結果挫折する場合にしばしばみられる。

双方代理の禁止がないとされるのは、司法書士の行為によって一方当事者の利益が害されないことを予定していっているものにすぎないから、そうでないときには、単独で登記申請をすることを否定するか、司法書士の公正義務を認める必要がある[13]。また、後者のように解すると、司法書士の業務が積極的に取引の内容に立ちいることを認めることにもなる[14]。前述〔17〕大阪地裁昭六三・五・二五もこれに関係する。

(b)　さらに、委任契約は、各当事者においていつでも解約することができることも問題となる（六五一条一項）。この解約権を前提とすれば、登記義務者は、登記手続の完了する前にその委任契約を解除して、司法書士に対して登記手続のための書類の返還を請求することも可能となるからである。

司法書士の側からすれば、依頼者である登記義務者の請求を拒むことができないのであるから、書類を返還しても登記権利者との委任契約上の善管注意義務に反することにはならず、また、書類を返還して登記手続ができなくなっても損害賠償責任をおうことはないことになる。そう解すると、司法書士は、たかだか書類の返還を登記権利者に通知すればたりるにすぎないことになる。

しかし、学説は、民法六五一条一項の規定にかかわらず、委任契約の種類によっては、性質上、任意の解除が制限される場合がある、とする。たとえば、事務の処理が委任者のためだけではなく、受益者の利益をも目的とする場合や受任者と第三者の共同の利益を目的とする場合などである(15)。双方当事者から委託をうけたにもかかわらず、その一方当事者のみの請求によって書類を返還することは、登記申請手続を目的とする場合には、委任の趣旨に反するものとみる必要があろう。一方当事者の解除では不十分だからである（状況はやや民法五四四条と類似する）。

裁判例も、昭和五〇年代から、委任の任意解除、書類の返還を制限する立場に立って、登記義務者に書類を返還した行為が、登記契約者に対しては債務不履行になることを認めている。

この問題に関するリーディング・ケースは、〔25〕最判昭五三・七・一〇民集三二巻五号八六八頁である。本件の第一審、第二審は、委任契約の任意解除の可能なこと、したがって司法書士が書類を返還して登記手続が不能となっても注意義務違反にはならず、損害賠償義務も生じない、とした。しかし、形式的な判断であり、最高裁は、原判決を破棄差戻した。

【判決】「売主である登記義務者と司法書士との間の登記手続の委託に関する委任契約と買主である登記権利者と司法書士との間の登記手続の委託に関する委任契約とは、売買契約に起因し、相互に関連づけられ、前者は、登記権利者の利益をも目的としているというべきであり、司法書士が受任に際し、登記義務者から交付を受けた登記手続に必要な書類は、同時に登記権利者のためにも保管すべきものというべきである。したがって、このような場合には、登記義務者と司法書士との間の委任契約は、契約の性質上、民法六五一条一項の規定にもかかわらず、登記権利者の同意等特段の事情のない限り、解除することができないものと解するのが相当である。このように、登記義務者は、登記権利者の同意等がない限り、司法書士との間の登記手続に関する委任契約を解除することができないのであるから、受任者である司法書士としては、登記義務者から登記手続に必要な書類の返還を求められても、それを拒むことができるのである」。

「また、それと同時に、前述のように、司法書士としては、登記権利者との関係では、登記義務者から交付を受けた登記手続に必要な書類は、登記権利者のためにも保管すべき義務を負担しているのであるから、登記義務者からその書類の返還を求められても、それを拒むべき義務があるものというべきである。したがって、それを拒まずに右書類を返還した結果、登記権利者への登記手続が不能となれば、登記権利者との委任契約は、履行不能となり、その履行不能は、受任者である司法書士の責めに帰すべき事由によるものというべきであるから、同人は、債務不履行の責めを負わなければならない[16]」。

一方的な返還について、専門家の責任の一環として、積極的な債務不履行の成立を肯定したものと位置づけることができる。当事者と司法書士の関係は、登記権利者と登記義務者が共同して司法書士と一個の契約を結ぶものではなく、各当事者が、別々に契約関係に立つものである。しかし、その二つの（委任）契約は、相互に関連している。複合契約の一つあるいは二つの契約の一方の履行がたがいに他方の契約の目的の達成に不可欠な関係にある場合といえる[17]。このような契約上の司法書士の注意義務の具体的な内容については、ほかに、〔17〕大阪地判昭六三・五・二五（前述第二章一節参照）ほかがある。

その他にも、〔26〕名古屋地判昭五七・二・一〇金判六四三号四二頁は、〔25〕と同じ立場にたつものである。

【事実】　A、B、C、Xと順次土地の売買が行われ、AからXへ中間省略で所有権移転登記をすることが、司法書士Yに委託され、みぎ手続に必要な書類が交付された。しかし、Yが、Aに書類を返還してしまったので、

Ａはその土地を他へ売却し移転登記してしまった。そこで、Ｘは、Ｙの行為は委任契約の不履行にあたるとして、損害賠償の請求をした。

【判決】　判決理由も、〔25〕判決とほぼ同様である。登記義務者・司法書士の間の委任契約と、登記権利者・司法書士の間の委任契約とは、売買契約に起因し、相互に関連づけられ、前者は、登記権利者の利益をも目的としている。司法書士が登記義務者から交付をうけた書類は、同時に登記権利者のためにも保管するべきものであり、このような場合には、六五一条一項の規定にかかわらず、契約を解除することはできない。司法書士は、登記義務者からの返還請求に対しては、それを拒む義務があり、拒まずに返還したときには、登記権利者との委任契約が履行不能となり、その不能は、受任者である司法書士の責めに帰すべき事由によるものであるから、同人は債務不履行責任をおわなければならない、とするものである。

(c)　その後の裁判例では、前述の〔19〕東京地判平三・一一・二一判時一四三三号八七頁がある（第一章三節(3)(イ)参照）。司法書士が、登記権利者、義務者の双方から保証書による根抵当権設定登記の申請手続の委任をうけたが、登記義務者から登記申請の中止と同手続の委任の撤回の申入れをうけたケースである。ここでは、みぎ保証書の作成を中止したとしても、保証書作成の中止は保証書作成に必要な登記義務者の協力をえられないため生じたものであるから、司法書士に帰責事由は認められないとされた。また、登記権利者が保証書による登記申請を依頼している場合において、司法書士としては保証書の作成に必要な登記義務者の協力がないときは登記申請が不可能となる危険性があることまでも説明する義務はないとする。

この場合には、司法書士の責任を肯定する(b)（〔26〕判決）と異なり、登記ができないのは、たんに登記義務者の要請をいれたというだけではなく、登記権利者が充足するべき義務（登記義務者の協力をえること）を履行しないことにもとづく。したがって、司法書士の責任が生じないのは、別個の理由にもとづいたとみるべきである。そこで、〔26〕の場合のように義務者に書類を返してしまうことはその責任を生じるよちがあるし、登記できないことについて権利者に説明する義務は生じよう。書類の返還などは、登記権利者の担保するべき範囲に包含されないからである。

近時のケースでは、前述の〔22〕東京地判平九・五・三〇判時一六三三号一〇二頁も、依頼者の一方の指示に従って、登記申請順位を変更したことに関するものである。

(イ)　(a)　以下の類型は、司法書士が書類をうけ取ってその預かり証を発行しておきながら、受領の趣旨に反する行為をした場合に過失が認定された場合である。

〔27〕　横浜地判昭五八・九・三〇判時一〇九二号八七頁。

本件は、抵当権の設定の場合であり、書類不備のために、司法書士が、登記権利者と登記義務者からの委託をいったん拒絶した例である。

【事実】　Xは、Aに対する貸金の担保として、A所有の土地に抵当権を設定するために、その設定登記申請手続を司法書士Yに委託した。しかし、そのためには、他の土地からの分筆登記が必要で、みぎ登記に必要な地積測量図などがないことから、Yは受任を断った。その際、Yの従業員Cは、本件土地の分筆登記後に後日委託をうける意図のもとに、登記に必要な関係書類の一部を預かっていたが、その後、Aの委託をいれて、Bへの所有権移転登記をしたのである。Xは、Yの委任契約違反、Cの不法行為にもとづく使用者責任を理由に損害賠償を請求した。

【判決】「司法書士が不動産の登記につき登記権利者及び登記義務者から登記手続に関する委託の申込を受け関係書類の不備等のため、一応受託を断ったが、右不備が是正された時に新たに右委託の申込を受託する意図の下に関係書類の一部を預かった場合において、後日、申込者の一方である登記義務者から、右申込の趣旨に反し登記権利者の権利を害するような登記申請手続の委託の申込があり、これを受託するには、必ずしもX主張のように右登記権利者の同意ないしは了解を要するものではないが、諸般の事情によっては、登記権利者に対し右事情を通知し、その権利の阻害されることを未然に防止せしめるべき信義則上の注意義務を負うに至ることも、これまた否定できないところであ」る。

一般的に信義則上の注意義務を肯定したことが注目に値いする。必ずしも契約関係が成立しているとはいえないが、Xから保管をうけたのにかかわらず、登記義務者であるAのために登記をしたことについての保管責任は問題とするよちがある。しかし、事案では、具体的には注意義務の発生は否定された。事案のもとでは、明示に委託が断られており、Xじしんの手続の遅延のあることなどが重視されたのであろう。

分筆登記が必要なことから、手続を遅滞した場合としては、ほかに前述の〔9〕福岡地判昭六一・五・一六判時一二〇七号九三頁がある。同じ司法書士が、結果的に相いれない二重の登記を順序を変更する方法ですることになる場合には、責任を肯定するべきであろう。また、受託登記の手続をする順位の問題としては、前述〔7〕判決も関係しよう。

(b)　司法書士に書類の保管義務を認め、その義務違反を肯定したものとして、〔28〕大阪地堺支判昭六〇・三・七判時一一六六号一二三頁がある。本件は、やはり売買のケースであり、登記権利者と司法書士との保管の関係のみを肯定し、またその旨の預かり証もあるので、司法書士の債務不履行が認められたものである。もっとも、所有権移転手続がただちには実行できない点では、〔27〕に近い。

【事実】　Xは、Y_1から造成中の宅地を買受け、代金支払後、司法書士Y_2の事務所に行ったところ、所有権移転登記をするには、地目変更、分筆、地積更生、根抵当権設定登記抹消登記の各手続が必要である旨告げられ、所有権移転登記をするにはいたらなかった。Y_1は、右の先行手続は自分の責任で行う旨述べて、Y_2に対し、所有権移転登記に必要な権利証、委任状、印鑑証明書などの書類を交付し、また同人にXあての右書類を預かる旨およびこれと登記済証とを引換えられたい旨の記載のある預かり証を作成させ、Xに交付させた。

その後、Y_1は、Y_2から書類の返還をうけ、土地上に根抵当権を新たに設定し、所有権を移転したうえ、倒産した。Xは、Y_2に対し、所有権移転登記手続を行うべき旨の委任契約ないしXのために書類を保管するべき義務の不履行、または不法行為を理由として損害賠償を請求した。

【判決】　判決は、XがY_2に本件土地の所有権移転登記手続をするよう委任したと認めることはできないが、後に条件が整えば、Y_1からXへの移転登記手続をY_2に委任することを予定して、XがY_2に書類を預けたとして、「そうすると、Y_2は、司法書士として通常払うべき注意をもって本件書類を保管すべき義務があったというべきところ、Y_2はY_1の求めるまま漫然と本件書類をY_1に返還したのであるから、Y_2には右注意義務違反に基づく責任を免れない」。「そして、Y_1が返還を受けた本件書類のうちの権利証を利用すれば、本件土地を処分することが容易となり、そのような場合にはXが損害を被るであろうことは通常考えうるところであるから、Y_2の前記注意義務違反とXの後記損害との間には相当因果関係を肯認することができ、Y_2はXに対し、民法七〇九条に基づきその損害を賠償すべきである」。

Y_2が登記に必要な書類の交付をうけたのは、もっぱらXへの移転登記に必要なものとしてであるから、これを漫然と登記義務者であるY_1に返還することは、この登記の実行を危険に陥れる可能性を生じるものである。ただちに移転登記する要件が整っていないとしても、条件つきの契約関係、少なくとも書類の保管に関して契約関係に準じた信頼関係が発生していることは否定できないであろう。

前述の〔13〕千葉地判昭五六・六・一一判時一〇二四号一〇〇頁は、登記義務者が司法書士の預かった登記関係書類を強取した場合の保管責任を問うたものであった。双方当事者からの委任に関係しているケースでもある。[18]

(2)　公法違反の行為の私法上の効力

司法書士は、他人間の訴訟その他の事件に関与できない（司書一〇条）との制限をおっている。この制限に違反した場合の責任が問題となりうる。裁判例では、後述の〔63〕最判昭四六・四・二〇民集二五巻三号二九〇頁が、司法書士がXの代理人として、Yとの間で即決和解を成立させた場合に、その効力が問題とされた。直接には、X、Y間の争いであったが、和解契約の正否によっては、さらにそれを成立させた司法書士の責任が問われるよちもある。

もっとも、この問題は、司法書士の責任のなかでは、唯一登記関係ではなく、比較的まれな訴訟関係のものなので、司法書士の業務制限との関連で、公法上の禁止とあわせて検討することが便宜である（後述、第四章参照）。

第三節　付随的な義務

(1)　受託義務

司法書士は、正当な事由がある場合でなければ嘱託を拒むことができない（司書八条）。多くの専門家の場合と同様に、司法書士は、依頼者からの契約の申込に対して、これに応じる義務をおう。契約自由の原則の一つである契約締結の自由の修正である。一定の業務に関して資格を要件とし、無資格者の業務を制限したことに対応して設けられるものである（ほかにも、たとえば、医師一九条一項、公証三条など）(19)。

(2)　秘密保持義務

司法書士は、正当な事由がある場合でなければ、業務上取り扱った事件について知ることのできた事実を他に漏らしてはならない。公法的な禁止ともいえるが、私法上も、委任契約の趣旨とも一致する。本条の違反に対しては、罰則の適用がある（司書二三条）。なお、類似の法律には、同様の規定がみられる（行書一二条、公証四条）。

(11)　徳永・①七六頁、②一〇五頁。

(12)　前者の見解に立つものとして、大判昭一九・二・四民集二三巻四二頁。本件は、代物弁済予約が完結したことにより、債権者Yと債務者Xとの代理人Aによる移転登記の申請を、債務者が争ったものである。「原審ハ、本件建物ノ所有権移転ノ登記ヲ為スニ当リ、訴外Aカ登記権利者タルY及同義務者タルXノ双方ヲ代理シテ本件所有権移転登記ノ申請ヲ為シタルコトヲ認定シタルモノニ非サルノミナラス、仮ニ右双方代理ノ事実アルトスルモ、元来登記申請ハ、法律行為ニ非ス。而モ登記義務者ニ取リテハ義務ノ履行ニ外ナラサルカ故ニ、右ノ代理行為ハ、民法第百八条ノ規定ニ違反スルコトナク、其ノ双方代理ナルノ故ヲ以テ無効トナルコトナキモノトス」。すなわち、司法書士の責任との関係ではやや傍論的ではあるが、法律行為ではないとして一〇八条の適用を否定したのである。

椿寿夫・注釈民法(4)〔一九六七年〕八六頁は、みぎ大審院昭和一九年判決を引用して、また学説は、登記申請が「当事者間に対立がないから、と説明する見解が少なくない」とする。債務履行と同視される場合の一つとするようである。

幾代・第四版〔一九九四年〕一〇一頁注(3)は、「登記申請行為は私法上の法律行為ではないから、民法の代理の規定の当然の適用はない」とし、また、「登記申請は当事者間に新たな実体法上の利益交換を生ずるものではない」ことから、かりに民法一〇八条を類推適用するとしても、「債務ノ履行」に準ずるものとして、同条但書に該当するとする。

山崎・②一五六頁は、双方代理も、当事者間に利害の衝突のない場合には許されることを理由とする。また、当事者双方が同時決済を確実にさせるためにむしろ一人の司法書士に嘱託することを「便宜」としていることもあげている。

なお、最高裁昭和四三年判決については、後藤静思・判解民昭四三年四四三頁、石川明・民商五九巻四号六三六頁参照。また、学説の詳細については、椿寿夫「代理人による登記申請と民法一〇八条」不動産登記先例百選〔一九八二年、有斐閣〕一四頁、山崎、前掲書三三頁、および②一五〇頁以下をも参照。

(13)　しかし、実務ではほとんど一人の司法書士に嘱託することが行われていることからすると、双方の嘱託を要件とする前者は不便な結果となろう。

そこで、通説的にはむしろ、新たな利害関係が創造されるのではないとのことから、有効性を肯定することになる。あるいは、狭義の登記過程（不登二六条一項）では双方代理の形になるが、広義では（司書二条一項）、代理人が一人でも実質的には取引当事者の一方の代理人となるというのである（住吉博・不動産登記と司法書士職能

〔一九八六年、テイハン〕一五三頁以下）。

これに対しては、実務家ならびに、山崎・前掲書三七頁以下から、司法書士は、登記権利者・義務者双方の受任者として事務処理をするが、それは、中立的な法律専門家として両委任当事者の意思にもとづきするものであるから、双方代理の禁止にはあたらないことを理由とするべし、との批判がある。

この点は、司法書士の職能像あるいは理念に関する見解の相違が判断の分かれ目となろう。また、消費者保護的な観点からすれば、実際的な現象として、たとえば、当事者の一方から大量かつ反復的に委託をうける司法書士が、単発の顧客である他方当事者との関係で、必ず「中立的」な専門家として振る舞うかについては、従来の裁判例からみても疑問があり、双方代理の制限の可能性をまったく否定するべきではないと思われる（同様の疑問は、法律上中立であることがより強く要請される公証人についてさえもいえる。後注（14）参照）。

前述の〔24〕最判昭四三・三・八民集二二巻三号五四〇頁は、登記申請は、それによって新たな利害関係が創造されるのではないから、同一人が登記権利者・登記義務者双方の代理人となっても、一〇八条およびその法意に反しないとする。

なお、司法書士が当事者双方から登記申請手続の受託をうけても双方代理にならないことから、登記申請の代理行為に瑕疵があるとして、それだけの理由で登記が無効とされ、あるいは申請が事前に却下されることはないが、実体法上の法律関係では、双方代理は禁止されるから、これを理由として、効力が否定され、ひいては登記申請も却下されることは当然である（幾代・前掲書〔第四版〕一〇二頁）。

(14)　後者のようにとらえると、司法書士に善管注意義務ほか、公正に関する高い注意義務を認める必要があろう（前掲〔17〕大阪地裁昭和六三年判決参照）。ここにも、司法書士を当事者のたんなる手足とみるか、より中立的な専門家とみるか、との職務あるいは理念の把握についての相違があるように思われる。

このように、公正であるべき専門家が、定型的に、当事者の一方と利害をもつ場合としては、ほかに、公証人とクレジット会社の関係もある。違法な利息を定めた準消費貸借公正証書の作成につき、公証人の過失があるとして、国家賠償責任を肯定した事例として、①札幌高判平六・五・三一判時一五六二号六三頁があり、逆に、②札幌高判平七・五・一〇判時一五六二号六三頁がある。①の上告審である最判平九・九・四民集五一巻八号三七一八頁は、公証人の責任を限定的に解した。法令違反などの具体的な疑いの生じた場合にのみ、関係人に説明を促すなどの義務をおうとするものである。小野・〔利息〕四二九頁以下、谷口＝小野・注釈民法⒀〔一九九六年〕三三一頁〜三三二頁参照。

(15) 明石三郎・注釈民法⒃〔一九六七年、有斐閣〕二一二頁、林・前掲論文三六七頁。とくに、登記委任に関する諸学説については、山崎・前掲書二〇四頁以下参照。

(16) 本件の評釈としては、大島俊之・法時五一巻五号一二二頁、高島平蔵・判評二四四号一八頁、中井美雄・民商八〇巻六号七五〇頁ほかがあり、第一のものは、委任の性質による解除の制限を、第二以下のものは、当事者意思による解除権の放棄を根拠とする。山崎・前掲書二〇九頁（同・②一七四頁）は、登記義務者が解除できないとするべきか、解除権放棄の特約がみられるとするべきか、につき判断を留保しているが、委任の一方解除が問題となるのは、司法書士に登記申請手続が委託されて後、契約当事者間に契約の効力をめぐって争いが起こった場合であり（石田喜久夫・判タ三九〇号八六頁参照）、契約の有効性につき司法書士に判断を強いるのは酷であるから、原則的には、買主の同意がないかぎり申請手続をするべきであって、ただ手続をしたことを売主に遅滞なく通知するべきだとする。

たしかに、契約の有効性の判断を強いるのは司法書士に酷であるが、手続をしたあとでは当事者間に新たな関係が生じる可能性があるから、紛争が生じたときに、ほんらいは事前の通知が必要ということになろう。しかし、不動産のような専門的な取引において、司法書士は、売主と密接な関係が多いことが一般であり、その場合には、とくに義務としておかなくても（また解除に応じないことから事実上）、売主には事前に通知がいくはずである。それとの均衡という観点からすれば、買主に対しては、契約どおりの履行が行われるべきことになり、解除の制限は事後的にこれを正当化する理由ということになろう。したがって、売主が予期しうる場合には、事後の通知でもたりるのである。

(17) 複合契約・目的不到達については、その後の裁判例である最判平八・一一・一二民集五〇巻一〇号二六七三頁、および、小野・〔利息〕五〇二頁参照。

(18) この〔13〕千葉地判昭五六・六・一一判時一〇二四号一〇〇頁は、Ｘが、Ａ会社から根抵当権の設定をうけることになり、司法書士であるYに、その登記手続を委任した。Yは、A会社の代表取締役Bから、担保物件の変更を理由に登記書類をみせるようにいわれ、机のうえにおいたところ、Bに書類を盗取され、Yの保管責任が問われたものである。「盗取されるにつき過失があった」として、損害三八〇〇万円のうち五〇〇〇万の賠償を命じた。「Xにも自己の権利を擁護するについて怠慢があった」として、請求認容。もっとも、

ただし、本件では、多くの裁判例のように過失相殺によるのではなく、「XがＹの損害をその責任であるとして塡補を得ることは、一定額を除き、信義衡平の原則に反する」として、信義則によっている点が特異である。判時のコメントによれば、Xの損害拡大防止についての不注意のみでなく、XのA会社との経済活動上の不注意を考慮したからであるとするが、趣旨は明確ではない。また、判決は、「その後の相手方の行動についても、機敏に対応して損害を防止すべきであるところ、Xはこれの〔を〕怠り、結局、担保権の侵害を受けて損害を蒙ったものであるから、Xは、通常の経済活動を行うについて用うべき注意を欠いたということができる」とする。

(19)　契約自由の原則と資格制限については、小野「契約　総則」（遠藤浩ほか編・逐条民法特別法講座⑥契約Ｉ〔一九八六年〕五頁以下）参照。資格制限は、契約申込の自由に対する制限と位置づけられる。直接には公法的・取引的規制であり、契約者に一定の資格を要するとする場合は、申込の自由への制限であり（宅建三条以下、割賦一一条以下、証取二八条以下など）、逆に、これらの者には公法的に承諾が義務づけられることも多い（医師九条一項、公証三条など）。他方、白羽祐三・新版注釈民法⒀〔一九九六年〕六二頁は、資格制限を、「独占経済との関係はない」ものの、鉄道・電気・ガス・水道などの締結自由に対する制限の一部として位置づけている。

第三章　不法行為責任・情報提供者としての責任

第一節　第三者に対する責任

司法書士は、たんに登記手続の委託をうけた依頼者に対してだけではなく、第三者に対しても責任をおうこと

がある。権利者以外の者から偽造の書類などによって所有権移転あるいは抵当権設定をした場合に、誤った登記によって所有権や抵当権を取得できない者から、そのような登記手続をした責任を問われるものである。

この場合には、司法書士は、いわば第三者が契約を締結するにあたって誤った情報を提供したことに対する責任を問われるのである。司法書士の行為は、登記という公示を通して社会的に広く信頼を生ぜしめる。もっとも、誤った情報を作出したのは、直接には偽造などをした者であるから、これに気づかずに登記をしたというだけで、司法書士にどこまで責任を認めるべきかは、かなり微妙な問題となる。(20)

第二節　類　型

(1)　依頼者・第三者による偽造

(ア)　(a)　司法書士は、依頼者から交付をうけた登記用の書類が偽造かどうかの調査義務をおわない。比較的古くに、〔29〕東京高判昭四八・一・三一判タ三〇二号一九七頁、金判三六〇号一九頁は、依頼者による権利証の偽造に気づかずに登記申請したため、権利を害された者が司法書士に損害賠償を請求した事件で、司法書士の調査義務・過失を否定した。また、〔30〕大阪地判昭六一・一・二七判時一二〇八号九六頁は、同じく依頼者による戸籍謄本の偽造に気づかず相続登記申請をしたため、権利を害された者が司法書士に損害賠償を請求した事件である。司法書士の過失は、具体的には否定された。この類型では、比較的広く第三者に対する責任が問題となる点が特徴である。偽造の対象となるのは、みぎの二つの場合と同様、権利証と戸籍、印鑑証明書が多い。

【事実】　〔29〕判決の事実関係は、必ずしも明確ではない。司法書士Y_1は、偽造された権利証に気づかず、これにもとづいて登記申請し、登記所もこれにもとづいて登記をしたために、権利を害されたXが、Y_1のほかY_2（国・登記官）を相手に不法行為を理由として損害賠償を請求したものである。

【判決】　判決は、「司法書士はその職務の性格からみて、依頼人からその交付を受けた登記申請に添附すべき書類が偽造のものであるかどうかの調査義務は、特段の事情がない限りこれを負わないものであることは、前記引用部分において判示したとおりである。そして、右にいう特段の事情とは、当該書類が偽造又は変造されたものであることが一見明白な場合とか、特に依頼人からその成立の真否についての調査を委託された場合をいうのであって、右書類が自己の作成名義のものであるとの一事によって、直ちにその成立の真否についての調査義務を負うものとすることはできない。司法書士が受託事件簿の調整および事件簿閉鎖後五年間その保存を義務づけられているのは、別の理由に基くのであって、このことから、かつて受託した事件については、すべて、自己の責任において調査する義務があるとするのは、無理な立論といわなければならない」とした。

(b)〔30〕判決も偽造に関する判断であるが、〔29〕判決よりも司法書士の審査義務を重くみて、たんに形式的審査にとどまるものではないとする。

【事実】　Xは、AからA名義の土地を買い、手付金を支払った。所有権移転登記を経由したところ、Bから、みぎ土地はB所有のものであるが、Aが戸籍謄本を偽造し、Bが死亡したものとしてA名義に相続登記したものであるとして、AからXへの所有権移転登記の抹消を求められ、敗訴した。そこで、Xは、手付金、登記費用について損害を被ったとして、土地の相続登記手続を受託した司法書士Y_1および登記をうけつけた国Y_2に対し、損害賠償を請求した。Y_1に対しては、司法書士としては、不実の登記がなされないよう登記申請人本人の意思を確認するなどの方法で、本件相続登記の前提となる実体関係を調査すべき義務があるのにこれを怠った過失がある、とする。判決は、Y_1、Y_2に対する請求をいずれも退けた。

【判決】　判決によれば、司法書士は、虚偽の登記を防止し、真正な登記の実現に協力すべき職責を有するので、登記申請手続を代理するにあたっては、「登記申請書添附書類の形式的審査をするにとどまらず、受任に至る経緯や当事者あるいは代理人から事情聴取した結果など職務上知り得た諸事情を総合的に判断し、当該登記申請の真正を疑うに足る相当な理由が存する場合には、登記申請の前提となる実体関係の存否を調査確認する義務があると解するのが相当である」。

しかし、「本件相続登記の前提となる実体関係は相続による権利変動であり、Aの意思に基づくことなく開始するものであって、本件の相続開始の事実及び相続人の資格の最も確実な証明手段はBの戸籍謄本及び除籍謄本、Aの戸籍謄本等の公文書であるところ、前記認定のとおり本件では相続を証する公文書が外見上整っており、相続放棄の可能性など右公文書を審査する以上に実体関係を調査すべき事情も認められない」。

前述のように、〔30〕判決は、〔29〕判決よりも厳しく、司法書士は、登記申請書添附の書類の形式的審査をするにとどまらず、受任にいたる経緯や当事者から事情聴取した結果など職務上知りえた諸事情を総合的に判断し、登記申請の真正を疑うにたる相当な理由があるときには、登記申請の前提となる実体関係の存否をも調査確認する義務がある、とする。一般的な傾向として、近時では、司法書士の責任を重くみて、比較的高度な注意義務を認める傾向にある。(21)

(イ)　(a)　従前の他の裁判例も比較的消極的であった。たとえば、〔31〕京都地判昭四〇・二・二三訟務月報一一巻七号九九六頁である。これは、司法書士は、他人の嘱託をうけて登記申請書類を作成することを業とするものであって、通常実体上の取引行為の結果、当事者間において授受された登記の原因証書たる売買契約書その他の書類の呈示をうけ、これにもとづいて申請書類を作成するにあたり形式的に必要書類を整えその記載要件に欠缺のないようにする注意義務があるにすぎず、登記済証および印鑑証明書など登記申請に必要な書類の真否まで逐一審査確認すべき注意義務は存しないとする。また、本件では、登記官にも、偽造の登記済証・印鑑証明書により登記したことにつき過失がないとされている。

ただし、登記をする権限につき疑いをいだくような場合には、責任を生じるよちがある。昭和四〇年代の裁判例も、必ずしも否定するものばかりであったわけではない。たとえば、〔32〕東京高判昭四七・一二・二一高民集二五巻六号四三四頁、判タ二九二号二五八頁は、「司法書士が登記義務者の代理人と称する者の依頼をうけ、本人のため登記関係書類を作成する場合において、依頼者の言動により代理権の存否に疑のあるような場合は、単に必要書類について形式的な審査をするに止まらず、本人について登記原因証書作成についての真意の有無および登記申請についての代理権授与の事実の有無を確かめ登記手続に過誤なからしめるよう万全の注意を払う義務があ」り、「代理権の有無につき疑をさしはさむ」べき事情があるにもかかわらず、登記義務者本人につき代理権授与の事実を確かめなかった場合には、司法書士はみぎ申請にもとづき行われた不実の登記を信頼した第三者に対し不法行為責任を免れないとする（登記申請意思の確認については、後述(2)参照）。

実質的審査権をもたない司法書士に、厳密な審査・注意義務を認めることはできないが、外観上の不審をいだかせる場合や、専門家として当然認識できるような書類相互の矛盾についての責任が生じることは当然といえよう。本件の上告審である〔51〕最判昭五〇・一一・二八金法七七七号二四頁（後述〔52〕）も、確認義務を肯定している（ほかに、〔32―2〕大阪高判昭五四・九・二六判タ四〇〇号一六六頁がある。ただし、具体的には過失を否定した）。

(b)　近時では、〔33〕東京地判平一・九・二五判タ七三〇号一三三頁がある。これは、偽造の住民票、登記済証等を用いて真実の土地所有者を装った者から借用金名下に金員を詐取された金融業者Xが、所有権登記名義人の表示変更および抵当権設定の各登記手続を委任した司法書士Yに対して提起した損害賠償請求事件である。抵当権設定登記手続等の委任をうけた司法書士が、登記申請に必要な添付書類として偽造された住民票、登記済権利証を預って申請書類を作成し、登記手続の申請をした場合（受理六日後に、添付書類のないことを理由に却下された）において、その住民票・登記済権利証の外形が偽造と見分けえないものであったときは、調査義務違反の責がないとされた。偽造住民票の記載内容相互の矛盾点の発見が困難であり、外形上巧妙な登記済証であったこと（「偽造権利証の外形が登記官をしても容易に偽造文書であることを看破できない程度に巧妙である」）などを理由とする。

これらの責任の根拠として、前述の〔8〕名古屋地判平二・八・二一判時一三七四号八七頁は、司法書士の注意義務は、「登記の依頼を受けた者として依頼者に対して負担する債権関係上の義務に止まるものであって、司法書士法八条ないし一一条に定められているような一般第三者に対する関係で抽象的・一般的に負担する司法書士の地位に付随する職務上の義務であると解することはでき」ず、「登記済証を登記権利者の承諾等を受けずに登記義務者に引き渡し、違法な登記がなされるといったことのないように注意すべき一般的な職務上の義務はない」とした。

事案は、司法書士Yが登記権利者Bの承諾なく登記義務者Aに根抵当権設定登記の登記済証を交付したため、登記義務者Aがそれを悪用して登記を抹消し、Xは、これを正当なものと信じて（つまり優先する担保権はないと信じて）取引にはいったが、のちに、Bから、抹消回復登記の請求がなされ、Xが劣後する結果となったものである。

また、同判決は、司法書士は、登記義務者において不当な行為にでることを予見し、あるいは容易に予見できるような特別な事情のない限り、「Yの行為をもって、条理上も社会的に危険な違法行為（過失）とまでは評価できない」とした。

もちろん、この場合に、Yの行為が前の事件との関係で、依頼者である登記権利者Bに対して重大な義務違反となることはいうまでもない(22)（第二章一節参照）。登記済証は、当該の不動産に関して、その後登記権利者が登記義務者となって登記申請をするさいに必要なものであるから、手続完了後は、登記権利者に返還される（不登三五条一項三号、六〇条一項）。これを登記義務者に返還してしまう行為は債務不履行となる。また、第三者に対する責任がまったく生じないとするべきではなく、専門家として相当な基準に達するまでの責任が生じるとするよちがある。

(ウ)　(a)　印影の真偽については、以下の裁判例がある。必ずしも科学的に精密な照合までは必要とされていない。おそらく同じく印影の真偽に関する専門職である銀行の業務の場合と同じ程度の基準が想定されているものと思われる。

〔34〕東京地判昭五二・七・一二判タ三六五号二九六頁は、Bから抵当権の設定をうけたXが、Bの委任状がAにより偽造されたものであったことから、登記の申請をした司法書士Yに損害賠償の請求をしたケースである。

判決は、Ｙが依頼者から登記手続について嘱託をうけ、添付書類の交付をうけたときは、当該書類が登記手続法所定の要件を具備し有効な登記をすることができるか否かを調査点検し、委任状に押捺された印影と印鑑証明書に押捺された印影とが一致するか否かを照合すべき義務をおうが、この義務の内容および程度は、特段の事情のないかぎり、みぎの各印影を肉眼で対照してその大きさ、形、字体等に差異がないか否かを検討すればたり、逐一、拡大鏡や印鑑対照検査機を用いた精密な照合をすべき義務までおうものではないとし、また、司法書士の被用者として司法書士業務の補助に携わる者は、その業務の処理にあたっては、司法書士の義務と同内容、同程度の照合義務をおう、とした。

なお、本件では、登記官の責任も問題とされたが、登記官は、登記申請が代理人によってなされる場合には、その権限を証する書面の形式的真否を審査すべきであり、その方法として、委任状に押捺された印影と印鑑証明書に押捺されたそれとを照合する義務をおうが、みぎ照合義務の具体的内容および程度は、両印影を肉眼で対照して、その大きさ、型、字体等に差異がないかどうかを検討し、疑わしい場合には、さらに拡大鏡や印鑑対照検査機などを用いて検査を尽すことをもってたりる、とする。

みぎの文言上、真偽の「疑わしい場合」に、登記官では、司法書士よりも責任の範囲がやや過重されている。ただし、この差は、登記官の責任が、登記の真実性を担保するために、この場面ではほとんど無過失責任に近いものとされていることとの比較であって、一般に「逐一」拡大鏡などによる照合は必要ではなくても、「疑わしい場合」には、司法書士でも精密な照合が必要となろう。

(b)　〔35〕広島高判昭三三・六・一三高民集一一巻七号四一一頁、訟務月報四巻八号一〇二九頁は、登記官が過失により（ＡからＢへの）家督相続による所有権取得登記をし、登記名義人（Ｂ）を真正の所有者と信じた結果、Ｂからこれを買いうけたＸが損害をこうむったケースである。登記官の過失を認めたが、他方、被告（国・Ｙ）の過失相殺の主張を判断するにあたり、「登記簿の閲覧は現在の所有名義人が誰であるかを調べるのであってその所有権取得経過までも詳しく調査することはなく」、「登記官でさえ誤って登記したほどの事柄を同司法書士が発見しなかったことにつきそれが司法書士であるからといって同人に過失ありとすることはできない」とする判断がみられる。

また、登記官の責任に関しては、〔36〕大阪地判昭四〇・一一・二五訟務月報一二巻四号四五一頁があり、印鑑証明の偽造に司法書士が加わり特別に精緻巧妙に偽造がなされていたため登記官がこれを看破しえなかったときは、この印鑑証明による登記申請を受任した登記官に過失があったとすることはできないとしている。(23)

(2)　担保設定意思・保証意思の確認

(ア)　司法書士には、必ずしも抵当権設定者・保証人の保証意思を確認する義務はない、とされる。これに関する先例として、〔37〕岐阜地判昭五六・一一・二〇判時一〇四三号一一九頁がある。

【事実】　XがAに金銭を貸し、担保としてAの父B所有の不動産に根抵当権が設定された。設定登記は、所有者に無断で行われたとして無効となった。そこで、Xは、司法書士Yに、Bの真意を確かめる義務を怠ったとして不法行為を理由に損害賠償を請求した。

【判決】　判決は、「司法書士の業務は本来依頼者から求められた登記がなされる様に登記関係書類を作成し、登記申請を代理するところにあるというべきであって、このことに鑑みると、右の様な特段の事情が窺われない場合には、いちいち本人に対し登記意思の確認をしなければならない法的義務は存しない」とした。

一般に、代理権の欠缺を理由として、登記が無効とされ、登記の有効性を信じた第三者から司法書士の責任が追求される例は多い。しかし、判決は、司法書士の業務は依頼者から求められた登記がなされるように登記関係書類を作成し、登記申請を代理するところにあり、この様な特段の事情が窺われない場合には、いちいち本人に対し登記意思の確認をしなければならない法的義務は存しないとする。司法書士の権能につき、かなり限定的な把握をしている点が特徴である。

より古いもので、虚偽の代理権授与により登記された場合の司法書士の責任については、前述の〔32〕がある。代理書面の審査と本人の登記意思の確認とは表裏の問題となろう。

〔38〕岐阜地判昭五七・二・一八判時一〇五九号一二八頁も、同旨であるが、〔38〕では、同時に保証書の作成も問題とされている。

【事実】Xは、A所有の不動産に根抵当権の設定をうけ、Y_1らに対して融資したが、Aはまったく不知であった。Y_1Y_2らが共謀のうえ、所有者をいつわり、また、登記済権利証がないことから、司法書士Y_3の事務所で同人を申請代理人として、保証書を作成して、有効な根抵当権の設定と登記がなされたことを装って、Xに融資させたのである。そこで、Xは、Y_1Y_2には、貸金返還請求、不法行為にもとづく損害賠償を請求し、Y_3にも、保証書作成のために事務所に来た者を本人かどうか確認せず、保証書を作成した過失を理由として損害賠償を請求した。

【判決】判決は、司法書士は一応、虚偽の登記を防止し真正な登記の実現に協力するべき地位にあるが、その職務の内容からすれば、「登記申請手続を代理しようとする司法書士としては、その登記申請が真正なものでないことを疑うに足りる相当な理由があるときにのみ、登記義務者本人の意思に基づくものであるか等の点を調査して当該登記申請が真正なものであることを確認する義務があるというべきである」として、司法書士の責任を否定した。

また、保証書作成についての過失についても否定し、「登記実務上保証書については、保証人の署名を不可欠のものとせず、記名あるいは保証人の氏名があらかじめ印刷されたもので足り、保証意思の確認手段として印鑑証明書が重視されていることをも勘案すれば、Y_3において保証人本人の保証意思内容の正確性を確認しなかったことについて非難することはできない」としている。この点は、保証書作成に関する従来の裁判例の動向からみれば、やや甘いように思われる（後述(3)参照）。

第三者作成の保証書を添付して登記申請をするさいに、登記義務者の登記申請意思または代理権の存否の確認義務を否定したものである（保証書の作成に関しては、後述(3)参照）。また、ほぼ同旨の近時の裁判例として、後述の〔41〕東京高判平二・一・二九判時一三四七号四九頁がある。

また、司法書士の責任に直接に関係するものではないが、近時の裁判例として、〔39〕東京高判平六・三・二四金法一四一四号三三頁がある。ここでは、八〇歳の老人Xが、債務者Aの詐欺により連帯保証契約と根抵当権設定契約を締結させられたことについて、Yとの間の根抵当権設定契約の意思表示には要素の錯誤があるとされたケースであるが、司法書士の事務員から老人Xに対してした電話による「根抵当権設定登記申請の意思確認は極めて不十分であり」、錯誤につき重大な過失がないとの認定を左右するものではないとした判断が注目される（このようなケースでは、YまたはXと司法書士との間にも紛争の生じる可能性があろう）。

(イ)　抵当権設定意思の確認と同じことは、所有権移転の場合には、所有権移転の移転意思の確認についてもいえ、司法書士はこれについても確認する一般的な義務はないと目されるが、多くは抵当権設定に関する紛争である（保証書の作成については、後述(3)参照）。

〔40〕東京地判昭六一・一〇・三一判時一二四六号一一一頁は、司法書士Yが、所有者Xの代理人と称するAから、同人が登記済証、実印による本人名義の委任状など登記申請手続に必要な書類を有するなどの事情のもとに登記事務の委任をうけた場合には、本人Xに対し、登記申請意思を確認するべき注意義務をおわないものとした（Aが、Xを欺いてX所有の不動産上に、司法書士Yに委任してBに対する根抵当権設定登記をさせ、融資をうけた）。

判決は、司法書士の責任につきやや消極的に、「代理人を通しての委任の場合に、X主張のように、登記申請意思に疑いが生じるようなときでなくても常に本人に登記意思を確認すべき義務があるとは解することができない。右のように解することは、それだけでは権利の得喪を生じないという意味で、法律行為の代理よりもより緩やかに求められてしかるべき登記申請手続の代理に大きな制限を課す結果になるうえ、登記手続の迅速性の要請にも反する結果となり、かえって、国民の権利の保全に欠けることになるからである」とする。

しかし、その代理人の言動や提出された必要書類に疑いを生じたときには、本人に対して登記申請意思を確認すべき義務があるが、本件の場合は、登記申請に必要な書類がそろっており、本人自身の押印があり、金融機関からも委任されていたことなどから、「ＹがＸに登記申請意思ありと信じ、直接Ｘに対して登記申請意思を確認しなかったとしても何ら責められるべき点は存しない」としたのである。
〔41〕東京高判平二・一・二九判時一三四七号四九頁は、この控訴審判決である（控訴棄却）。同様に、司法書士Ｙが、登記義務者Ｘの代理人と称するＡから登記申請の依頼をうけ、その代理人と称する者に対する「授権の存在を疑うに足りる事情が認められる場合には、登記義務者本人に当るなどしてその確認をなすべき義務がある」が、そのような事情の認められないときは、みぎ確認義務は存在しない、とする。そして、事件の事実関係からみて、「授権の存在に疑いを抱くべき特段の事情があったとは認めがたい」とする。
また、本判決は、登記申請意思の確認に関する東京司法書士会の会員執務要綱（昭和五六年五月一六日）が「心構えを説いたものにすぎないこと」、本人確認に関する司法書士の業務の内容につき争いがあること、依頼された登記申請の性質、および依頼した時の具体的状況などを詳細に検討したうえで、本件の登記原因となるべき「契約書の内容を子細に検討しなかったからといって」不法行為上の過失があったと断ずることはできないとして、責任を否定したのである。

司法書士が、代理人と称する者の委託をうけて登記申請をする場合の注意義務については、後述の〔51〕最判昭五〇・一一・二八金法七七七号二四頁をも参照されたい。

(3)　保証書・地形図の作成

(ア)　(a)　しかし、実体関係の調査の義務、依頼者から提出された文書の真偽の調査とは異なり、司法書士みずからが作成する保証書・地形図などについては、確認義務があるとされる場合が多い。みずから作成する点で、高い注意義務が課せられるのである。司法書士の責任が肯定される古典的な類型であり、裁判例も多い。

登記書類の偽造に関係する判決は多いが、とくに保証書の作成に関しては、注意義務の程度はかなり高いとされる。〔42〕大判昭二〇・一二・二二民集二四巻三号一三七頁が、この分野のリーディングケースである。[24]

【事実】　Aは、その管理するBの土地を自分の所有といつわり金銭の詐取を企て、偽造したBの印章を使用して、B名義の不動産売渡書・所有権移転登記申請委任状・印鑑証明書などを偽造し、司法書士Y_1に持参した。Y_1は、自分とその妻Y_2の名義で保証書を作成し、長男Y_3をBの登記申請代理人として所有権移転登記を完了した。なお、Y_1は、かつてBから登記手続の委託をうけたことがあり面識があった。そして、Aは、Xに対して抵当権を設定して、金銭を受領した。抵当権が無効となり、損害を被ったXは、Y_1・Y_2らに損害賠償を請求した。

一審では、X敗訴。二審でも、Xの控訴棄却。Y_1は、登記義務者と面識があり、代理人がかねて本人の代理人となったことがあり、その後事故がなかったこと、さらに、委任状・印鑑証明書に疑いがなく、登記義務者が登記簿上の権利者と人違いがないとの心証をえたときには、保証書を作成することが司法書士間の慣行とされてきた、として過失を否定したのである。しかし、大審院は、Xの上告をいれて、原判決を破棄差戻した。

【判決】　その理由として、不動産登記法四四条の趣旨は、「現ニ登記義務者トシテ登記ノ申請ヲ為ス者カ、登記簿上ノ権利名義人ト同一人ニシテ、登記申請カソノ意思ニ出テタルモノナルコトヲ確メ以テ不正ノ登記ヲ防遏シ、登記ノ正確ヲ維持セントスル用意ニ出テタルモノ」であり、保証人としては、「単ニ申請名義人カ登記簿上ノ権利名義人ト符合スト云フカ如キ形式上ニ於テノミナラス、現ニ申請ヲ為ス登記義務者ト登記簿上ノ権利名義人トカ事実上同一人ナルコトヲ確知シテ之ヲ保証スルコトヲ要スヘク、代理人ニ依リテ登記申請ヲ為ス場合ナルトキハ、ソノ本人カ登記簿上ノ名義人ト符合スルハ勿論、ソノ代理人ハ真実本人ニ依リテ定メラレタルモノナルコト即正当ナル代理権ヲ有スル者ナルコトヲモ確知スルニ非サレハ、保証ヲ為スヲ得サルモノト謂フヘシ」、とする。

そして、保証人が人違いでないことを保証するには、善管注意義務をつくし慎重にことに当たらなければならない。たとえば、登記名義人と依頼者とを対照して同一人かどうかを確かめるような確実な手段をとり、登記申請に過誤のないように期する方途に出ることを要する、したがって、確認を怠って「過誤ノ登記ヲ成立セシムルニ至リタルハY_1ニ於テ善良ナル管理者ノ注意ヲ欠キタルノ過失ニ基クト断セサルヲ得」ない、というのである。

(b)　学説には、みぎの基準に賛成するものが多い。すなわち、保証書は権利証に代わるものであり、慎重を要する登記手続の中でも、とりわけ厳格に扱うことが必要である。保証について要求される善管注意義務は、相当程度の高いものでなければならないというものである(25)。他方、これに対しては、司法書士の責任を重くすると、保証を引きうけなくなり不動産取引を不便にする、とする反対がある(26)。

(c)　登記義務者が権利証を持参して登記手続を申請することは、登記義務者が権利を処分しようとする意思を明らかにするものであるから、これに代えて保証書による場合にも、同じ程度の確実性を保障するものであることが必要である。そこで、たんに申請名義人と登記簿上の権利名義人とが一致し人違いがないというだけではたらず、登記簿上の権利名義人が登記義務者として申請していることを明らかにするものでなければならない。依頼者が申請名義人ではなく登記権利者である本件のような場合には、かえってそれが登記簿上の権利名義人の名をかたっているにすぎないことが予想できるからである。

ところで、登記義務者の権利に関する登記済証に代えて保証書を添附して登記の申請をする場合で（不登三五条一項三号、四四条）、それが「所有権ニ関スル登記」の申請のときには、ただちに登記をするのではなく、申請が登記義務者の真意に出たものかどうかを確認するためにあらかじめ問い合わせをするものとされる（不登四四条ノ二、同法施行細則四二条ノ三）。登記義務者の権利に関する登記済証がないので、本人の真意が通常の場合よりも不明なので、これを明らかにするために、不動産登記法の昭和三五年改正にさいして導入されたものである。

過去に安易に保証書が発行されたことから設けられたものである。(27)

この事前通知は、不動産登記法の昭和三九年改正まで、すべての登記につきなされていたが、事前通知に対して登記義務者から申請が虚偽であるとの申出がなされる例が少なく、担保取引の迅速を害するとの理由で、「所有権ニ関スル登記」に限定し、その他の登記を事後通知と改めたのである。(28)

これに対しては、せっかく事前通知の制度を作りながら、それを所有権に関する登記だけに適用を限定したのは不徹底である、との批判がある。(29) げんに、登記義務者の不知の間になされる抵当権設定に関して、保証書が発行される例が多いことからすると、問題があろう。しかも、後述最判〔51〕判決のように、事前通知があるはずの所有権に関する登記の申請においてさえ、虚偽の所有権移転登記がなされた場合もあり、保証書作成の段階でのチェックは、なお意味をもつと思われる。司法書士に重い責任をおわせる裁判例は、虚偽の登記の発生を保証書の作成の次元で防止するものとなる。ほかにも、司法書士の注意義務違反を認めた裁判例は多い（後述〔43〕、〔47〕ほかは否定。〔44〕～〔46〕、〔48〕～〔50〕など参照）。

(イ)　(a)　古い裁判例である〔43〕大判昭一〇・一・二四法学四巻七三六頁は、保証書の作成を依頼された司法書士Yが登記義務者の人違いの有無を質したのに対し、依頼者であるXが登記権利者が人違いでない旨を明言した場合には（AをBと誤信）、それが誤りであっても、その司法書士は事実に反する保証書を作成したことにつき過失の責任がないとするものである。依頼者Xの自己責任のカバーする領域とする構成である。

【事実および判旨】「久安友次Aナル者カ上告人Xニ対シ、自分カ新保正雄Bナリト称シ坂野正治木村二郎モ此者カ新保正雄Bナリト述ヘタルヲ以テ、上告人Xハ久安友次Aヲ以テ新保正雄B本人ナリト誤認シ、新保正雄Bカ其ノ所有ニ係ル本件土地建物ヲ担保トシテ上告人Xニ対シ金借ヲ申込ミタルモノト誤信シ其ノ者ニ対シ金員（二千三百円）ヲ貸与スヘキコトヲ決意シ、此決意ニ基キ抵当権設定登記ニ要スル申請書類ノ作成方ヲ、司法代書人タル被上告人本田正Yニ依頼シ、本田正Yカ被上告人本田兵二ト共ニ此依頼ニ依リ新保正雄Bノ権利ニ関スル登記済証ニ代ルヘキ書面、即チ登記義務者ノ人違ナキコトヲ証明スル保証書（不動産登記法第四十四条）ヲ作成スルニ当リ、被上告人Y等ハ債務者本人ヲ熟知セサリシ為本田正Yニ於テ上告人Xニ対シ債務者ニ人違ナキヤ否ヲ確メタルトコロ、上告人X自身ニ於テ本田正Yニ対シ久安友次Aヲ指示シ同人ハ債務者タル新保正雄Bニ相違ナキ旨明言シタルヲ以テ、被上告人Y等ハ之ニ基キ右保証書ヲ作成シタルモノニシテ、原判決ニ引用シタル証拠ニ依レハ右ノ認定ヲ為シ得ラレサルニ非ス。然ラハ上告人Xカ債務者タル久安友次Aヲ新保正雄Bト誤信シタルハ、寧ロ久安坂野木村等ノ行為ニ因リタルモノニシテ、被上告人Y等ノ故意又ハ過失ニ依リタルモノニ非スト謂ハサルヲ得ス。蓋シ被上告人Y等カ前示ノ保証書ヲ作成スルニ際シテハ、債務者ノ人違ニ非サルヤヲ注意スル義務アルハ勿論ナレトモ、被上告人本田正Yニ於テ上告人Xニ対シ、債務者ノ人違ニ非サルヤヲ質シタル場合ニ、債権者タル上告人Xカ其ノ人違ニ非サルコトヲ確信シ保証書ノ作成ヲ依頼セル以上ハ、被上告人Y等カ更ニ其ノ他ノ資料ニ付調査ヲ為サスシテ保証書ヲ作成スルモ、善良ナル管理者ノ注意ヲ怠リタルモノト謂フヲ得サレハナリ。故ニ原院カ被上告人Y等ハ事実ニ反スル保証書ヲ作成シタルニ付、故意若ハ過失ノ責ナキ旨ヲ判示シタルハ不法ニ非ス」

過誤の原因は、受託者Yというよりは、依頼者Xの責に帰せられるべきものと考えられるから、責任を司法書士に転嫁することを認めるべきではない。

(b)　比較的早い〔44〕東京地判昭三七・一・二一判時二九一号一五頁も、保証書作成のさいの注意義務に関し重過失を認めたものである。AがBの名でYに保証書の作成を依頼し、Xがこの保証書によって（金融業者Cが代理人となった）AをBと誤解して、抵当権の設定登記をし融資した。Yの不法行為を理由として損害賠償を請求した事件である。

判決は、司法書士であるYは、権利書に代わる保証書を作成するさいに、「申請人が一面識の人物である場合は、その者の住所に到り、同居の親族等について調査し、あるいは居所近隣の数名の第三者について、登記名義人が果して当該保証書による登記をなす必要（本件の場合のごとく金借による担保のための登記の場合は、金借の必要性）があるか否かの間接的事実を調査し、さらに、第三者が登記名義人であるという人物と面接する等、慎重な調査をなすべきであつて、単に申請者として現われた人物の言動により漫然同一性を信用して不真実の保証書を作成するがごときは保証人の重大な過失」であるとして、過失により不真実の保証書を作成した保証人は、「Yらが保証書さえ作成しなければ、Cは、右消費貸借契約を締結」することはなかったとして、損害賠償義務を肯定した。

また、Yの過失相殺の抗弁を排斥して、被害者にも登記義務者でない者を登記義務者と誤信した過失がある場合でも、これを賠償すべき義務があるとした。重過失を認定したことによるものであろうが、過失相殺をも認めていない点で、その後の裁判例とはやや異なる。「Xの損害の原因は、Yらの保証書の作成であつて、右損害の因果関係の系列をXの代理人が過失によりAをBと誤信していたことまで遡及させることはできない」。

もっとも、昭和三〇年代までの裁判例には、保証書作成の責任について消極的なものもある（肯定例が多い。たとえば、〔45〕東京地判昭三四・六・三〇判時一九七号一八頁、〔46〕東京高判昭三六・四・二六東京高時一二巻八三頁、判タ一一九号三〇頁である）。

たとえば、〔47〕東京地判昭三七・六・二七下民集一三巻六号一二六一頁、判時三〇五号二三頁は否定例である。やや事例は異なり、人の同一性に関する保証書の内容に相違はなかったケースである（保証書の滅失の事実が誤っていた）。Xは、Aの債務のためその所有の土地を代物弁済として取得する約束にもとづき登記済証ほかを受領していたが、所有権取得の登記をしていなかったところ、Aは、この事実を秘して他に移転登記してしまった。Xは、司法書士であるYが、Aの言を信じて軽々に保証書を作成したことにより損害をこうむったとして、損害賠償を請求した。

しかし、判決は、司法書士は保証書を作成するさいの義務としては、「現に登記義務者として登記手続を申請する者が登記簿上権利者と表示されている者（したがって登記義務者と認められる者）と同一人であることを保障するにすぎないものであって、登記済証の紛失、毀滅の事実までも保証することを要求しているものとは解されない」とする。そこで、登記済証が滅失していないことを知らずに保証書を作成しても、過失があるとはいえないとした。

事案では、登記による対抗要件主義の帰結として（Xが移転登記をうけておかないことにより）、Xが所有権を取得できなかったのであるから、この点を考慮することなく、その損害を司法書士に転嫁することは不当である。また、事案は、司法書士と直接に契約をした当事者ではなく、第三者が損害賠償を請求した点でも、特殊な類型であったといえる。もっとも、判決のような一般的な制限解釈には疑問もあり、情報提供者として、ごく安易に保証書の作成をした場合に責任が生じるよちまでが否定されるべきではない。

(c)　昭和四〇年代以降のものは、ほとんどが責任を肯定している〔48〕東京高判昭四五・一一・二六判時六一五号二三頁、〔49〕東京地判昭四六・一二・二四判時六六七号三七頁参照。なお、このうち〔49〕は、不実の保証書を作成した司法書士の第三者（真実の所有者）に対する責任を問題とする点では、〔47〕と共通している）。

〔50〕東京地判昭四七・一二・四判時七〇七号六九頁は、AのXに対する抵当権設定のケースである。土地が、じっさいにはBの所有であったので、Xは抵当権による債権の回収ができなかった。BからAに対する虚偽の移転登記が、Yの保証書によってなされていたので、XがYを相手方として損害賠償を請求した。判決は、Yの善管注意義務違反を認めた。「保証人は、保証書の作成、交付にあたり、現に登記申請人として行動しようとしている者が登記簿上登記義務者たるべき者と同一人であるか否かを善良な管理者の注意をもって確認する義務を負うもの」とする。

昭和五〇年代の裁判例も、この延長にある（〔50―2〕水戸地判昭五〇・一・三一判タ三二三号二〇〇頁、〔50―3〕広島高判昭五四・四・一八訟務月報二五巻一〇号二五二五頁。前者は、兄Bが弟Aに無断で抵当権を設定したケースであり、後者は、兄Ｂが妹Ａと称して抵当権を設定したケースであり、いずれも登記申請書添付の保証書を作成した司法書士の責任が問われ、その賠償責任と過失相殺の主張が認められた）。

最高裁では、〔51〕最判昭五〇・一一・二八金法七七七号二四頁がある。(30)

【事実】　Ａは、義母Ｂから土地の贈与をうけたとして、司法書士Y_1に所有権移転登記手続の申請を委託した。しかし、そのさいにＡは、権利証・登記原因証書を持参せず、また、持参したＢの印鑑・印鑑証明は偽造されたものであった。なお、Y_1は、かねてＢと面識があり、Ａ・Ｂ間の関係をも知っていた。Y_1は、妻Y_2名義で保証書を作成し登記申請をした。Ａは登記名義を取得すると、Ｘから金を借受け、土地に抵当権設定登記をした。しかし、その後、Ａは、Ｂから所有権移転登記の抹消を求められ敗訴し、Ｘの抵当権は抹消された。そこで、Ｘは、Y_1・Y_2を相手に不法行為を理由として損害賠償を請求した。

【判決】「司法書士は、登記義務者の代理人と称する者の依頼を受け所有権移転の登記申請をするにあたり、依頼者の代理権の存在を疑うに足りる事情がある場合には、登記義務者本人について代理権授与の有無を確め、不正な登記がされることがないように注意を払う義務があるものというべきである。また、このような場合には、保証人として不動産登記法四四条の保証書を作成する者も、同様の義務があるものというべきである」。

ほかに、〔52〕東京地判昭五二・三・二九判時八六七号七一頁は、Ｘから抵当権設定登記手続の委任をうけた司法書士Ｙが、登記済証のない土地について保証書を作成するさいに、登記義務者の人違い（Ａ所有の不動産につきＢが氏名を冒用した）の有無を確認せず、そのため委任者が貸付金の返済をうけることができなかったケースである。司法書士Ｙは委任契約における善管注意義務に違反したことによって、債務不履行責任を免れないとする。

判決は、司法書士は、不動産登記法四四条の「保証書の作成にあたっては現に申請者として現われた人物と登記義務者が同一人であるか否かについて善良な管理者の注意をもって十分な調査をつくすべき義務のある」のに、申請人と面識がないにもかかわらず、「単に印鑑証明書を受領し、生年月日や数え年をたずねた程度で自称Ａを

Ａ本人と誤信して疑いを持たず、それ以上に住所に連絡し或いは就職先に訊ねてこれに連絡するなど人違いの有無を確める手段をなんらとらなかった」場合には、「委任契約における善良なる管理者の注意義務に違反し」、債務の不履行があるとする。

また、司法書士の名義で保証書を作成して登記したが、不動産の抵当権設定が所有者の意思にもとづかず無効とされた場合について、司法書士の善管注意義務違反を認めたものとして、〔53〕千葉地判昭五九・一一・三〇判時一一四四号一三一頁がある。[31]

【事実】　Ｘは、Ｂの不動産を担保に、Ｂの息子Ａに金銭を貸付けた。司法書士Y_1らの名義で保証書が作成されて登記手続をしたのであるが、不動産抵当権設定は、Ｂの意思にもとづかず無効となった。Ｘは、Y_1に対し、ＡがＢの代理人であるかどうかを確認するべき注意義務を怠ったとして、不法行為を理由に損害賠償を請求した。

【判決】　判決は、ＡがＢの使者または代理人であるかを善管注意義務を用いて確認するべきであり、Ｙがこの点につき意を用いて確認した形跡はなく、善管注意義務違反であり、また、「Ｂが持参した書類中にはＡ名義の委任状や印鑑証明書等の書類が存したことは前記認定のとおりであるが、保証書が必要とされる趣旨に照らせば、これらの書面の存することを確認しただけでは前記注意義務を尽くしたことにはならない」。

また、〔54〕鹿児島地判昭六一・一二・二五判タ五九九号五四頁は、土地の真実の所有者Ａでない者Y_1が所有者だと称して、相手方Ｘを騙して土地の売買契約を締結させた場合に、賠償責任を認めたケースである。司法書士Y_2も責任を問われ、「登記申請が登記義務者の使者又は代理人によってなされる場合に保証書を作成せんとする者は当該使者若しくは代理人が真実登記義務者の使者又は代理人かを、善良なる管理者の注意義務をもって確認する義務がある」とされた。

ちなみに、本件では、保証書による登記申請が、登記義務者の真意にもとづくものである旨記載した不動産登記法四四条ノ二の書面が、登記義務者本人の作成したものでないことを看過して登記申請を受理した登記官にも、過失があるとされた。もっとも、土地の自称所有者から、登記簿上真実の所有者の名義となっている旨の説明をうけながら、その者に確認することなく、土地を買いうけ損害をこうむった不動産取引業者Xも、過失があったとされ、その過失割合は六割とされた。

(d)　保証書作成のさいの司法書士の注意義務の程度は、比較的古くからかなり高度なものと目されており、この場合の責任は、司法書士の専門家としての近時の一般的な責任の厳格化の端緒となっている。すなわち、司法書士には、保証書の作成の依頼をうけたときには、依頼に係る者が真に登記義務者で人違いのないことの明らかな場合にのみ、保証書を作成するものとされる（昭和三〇年一二月一六日民事甲二六七三号法務省民事局長通達）。したがって、以上の裁判例のように、不動産登記の保証書について作成するのが相当かどうか調査確認をした上でこれを作成する義務があり、司法書士がこのような調査確認をしないまま保証書を作成したときには過失があるとするものが多い。

保証書作成に関して、司法書士には一般人よりも厳格な注意義務があるとするものとしたのは、近時の〔55〕神戸地判平二・九・二六判時一三七八号九六頁である。

【事実】　Xは、自称A（実際にはAの兄B）に、不動産に三番根抵当権の設定登記をして、金を貸した。この設定登記を申請する場合の、Aの権利に関する登記済証として、Bが弟Aを称してCから金を借りうけ、不動産に二番抵当権を設定したさいに、Yが作成し、登記申請書に添付して登記済の手続をうけた保証書を添付していた。「登記を申請するに当たっては、登記義務者の権利に関する登記済証（いわゆる権利証）を提出することを要するが（不登三五条一項三号）、同法六〇条二項の規定により登記済の手続がされた同法四四条所定の保証書は、その後の所有権に関する登記以外の権利に関する登記を申請する場合における登記済証として取り扱うことができ（昭和三九年五月一三日民事甲第一七一七号局長通達）、例えば、一番抵当権設定登記を保証書でおこなった場合、二番抵当権設定登記については、一番抵当権設定登記がなされた際の保証書が登記済証となる」。

【判決】　判決は、二番根抵当権設定登記のために「Yは、本件保証書を作成した当時、本件保証書が後日登記済証として使用される可能性を充分予測していたのであるから、Yが虚偽の内容が記載された本件保証書を作成した行為と、Xが本件保証書の内容を信頼して三番根抵当権設定登記をし」、融資をし回収不能となり「損害を被ったこととの間には相当因果関係がある」として、損害賠償責任を肯定した。もっとも、そのさいの具体的な損害については、損害をこうむった者にも調査・確認作業に過失があるので、「XとYとの過失割合は一対一」とした。

本件は、二番抵当権のための誤った保証書の作成が、三番抵当権による損害との因果関係を肯定された点では、きびしいものである。保証書作成の経緯については、「Aとは一面識もなかったのに、Cの事務長や、自称Aの言動のみから自称AがA本人であると軽信し、自らは自称AがA本人であることについて何ら調査・確認作業もしないまま、本件保証書を作成したのであり、Yは、真に依頼に係る者が登記義務者に人違いないことの明らかな場合でないのに、本件保証書を作成した」として、過失が認められたのである。

「Yは司法書士であり、司法書士が不動産登記法四四条所定の保証書を作成することについては、法務省民事局長通達（昭和三〇年一二月一六日民事甲第二六七三号）があって、真に依頼に係る者が登記義務者に人違いないことの明らかな場合以外は保証書を作成することが禁止されており、虚偽の保証書の作成を防止するために、司法書士には通常人以上に厳格な注意義務が課されている」。

同様に、〔56〕東京地判平三・一二・一八金判八八一号三五頁も、司法書士が、登記義務者への確認を怠り保証書を作成し、虚偽の本登記（第三者A、B、Cによる）がされ、それにもとづく根抵当権設定登記を信用してXが行った貸金につき回収困難となった事例である。Xの保証書作成にかかわった者（Y、D）と司法書士（E）に対する損害賠償請求事件である。

本件でも、一般論として、司法書士は、不動産登記申請が使者または代理人によりされる場合において、その申請が登記義務者の意思にもとづくものであるかどうかを疑うべき特別の事情がある場合には、関係書類について審査をするにとどまらず、本人に登記申請意思を確認するなどして登記申請手続を過誤のないようにする注意義務があるとされた。もっとも、具体的には、貸付を行った者の貸付にさいしての担保物たる土地に対する調査確認の状況、共同不法行為者となる保証人ら（Y、D）の関与の状況からして、司法書士が不動産登記申請意思を確認することなく登記申請手続をしたことにつき、登記義務者の意思を疑うべき特別の事情があったとはいえないとして、司法書士Eには、不法行為責任を認めなかった。

〔57〕東京高判平四・三・二五金判九〇六号三一頁は、この〔56〕東京地判平三・二・二八の控訴審判決である。不動産登記法四四条の保証書を作成した者Yに、損害賠償責任を認めたものである。

登記申請が登記義務者の代理人によってなされる場合に、保証書を作成しようとする者は、その代理人に真実代理権があることを善良な管理者の注意をもって「確知」しなければならない、とした点が新しいが、内容的には当然であろう。

また、〔58〕浦和地判平四・七・二八判時一四六四号一二一頁の事件では、不動産登記法四四条による抵当権設定登記を申請するさいには、保証人は「現に登記義務者として登記申請する者と登記簿上の登記義務者とが同一人であることが確認できる状態に達するまで、善良なる管理者の注意をもって十分な調査を行うべきであ」り、保証人となった司法書士Yがこの義務を怠り、誤った保証書を作成し、それによって他人に損害を与えたときは損害賠償の責任をおうものとした。そして、「保証をする者が負うこの損害賠償義務は、司法書士が登記申請手続の委任を受けるのに付帯して保証をすることを引き受ける場合でも同様であって、司法書士は登記申請手続について急を要する事情があるからといって、右調査確認の義務を軽減されるものではない」とする。

もっとも、具体的には、司法書士の作成した保証書が登記義務者本人の意思にもとづくものではなかったことにより、当該登記を信頼して一億三〇〇〇万円の貸付をした者Xが損害をこうむっても、貸付をした者についても本人の意思確認はさほど困難ではなく、そうすることが不動産取引の常道と考えられることから公平の観念上、四割の過失がある、とされた。

司法書士が、不動産登記法四四条所定の保証書を作成する場合には、登記義務者として登記申請する者と登記簿上の登記義務者が同一人であることを調査確認するべき義務があることは、当然であろう。

同様の高度の注意義務を認めた事例としては、〔59〕浦和地判平四・一一・二七訟務月報三九巻八号一四四一頁もあり、ここでは、司法書士は、「当該登記申請に係わる登記についての登記義務者と登記申請を委任してきた者との同一性の調査については、高度の注意義務を有する」が、「登記申請の委任が必ずしも本人によってなされない登記実務に鑑みると、司法書士は、常に登記義務者本人に直接登記申請意思を確認する必要はなく、依頼者などに悪い評判がある等特段の事情がない限り、相当の注意をもって登記申請委任状の印影と印鑑登録証明書の印影を照合するなどによって同一性を確認すれば足りる」とし、当該事案では、過失を否定した。

しかし、不動産登記法四四条による「保証書を作成する保証人は、善良なる管理者の注意義務を払って登記義務者として真意に基づき申請していることを確認する義務がある」ものとし、このような登記申請意思の有無を確認せずに保証書に押印し、保証人となったことには過失があるとした。

(e)　〔60〕東京地判平二一・三・二三判時二〇七一号一一三頁は、被保険者である司法書士Ｘから保険会社Ｙに対する司法書士賠償責任保険契約の保険金請求のケースである。

【事実】　司法書士の補助者Ａが、保証人として不適格なことが明白な者（Ｂほか一名作成）の保証書を添付して所有権移転の登記申請をしたことから、後日所有権移転登記が抹消された。Ｘ、Ａ、保証書を作成したＢほか一名は、損害賠償を請求された。保険契約の被保険者である司法書士が依頼者に対して賠償責任を負担したことにもとづき保険会社の塡補義務が認められたものである。

【判決】「登記義務者につきほとんど知識を持たず、保証人として不適格なことの明白な人物が保証書を作成したことを認識しながら」、また、みずから登記義務者の同一性につき確実な知識を得るにたりる調査確認をせず、「そのような保証書をそのまま添付して」不適法な登記手続を代行し実行した司法書士補助者は、司法書士の業務を補助する者として相当な注意を怠ったものであり、補助者を指導監督すべき司法書士にも、補助者が、「適正に業務執行にあたるよう指導監督すべき義務があり」Xはこれを懈怠したものとされた。

本件は、保証人として不適格なことの認識がある場合の司法書士の責任を認めたものとして、新しいケースである。

(ウ)　さらに、保証書以外の書類（字図写し、地形図）の作成につき、司法書士の側に関与があったとして責任が肯定された場合として、〔61〕福岡高判昭五三・七・一〇判時九一四号七一頁がある。本件は、司法書士が土地の評価に関して与えた情報に対する責任という意味で、保証書と類似のケースである。事案はこれが変造された場合である。

【事実】　Xは、Aの土地を担保にとるにあたり、Aに土地の登記簿謄本と司法書士または土地家屋調査士作成の字図写しの提出を求めた。Aは、登記簿謄本と司法書士Yのゴム印、職印の押捺してある地形図を提出した。Xは、これと実地検分の結果、極度額五〇〇万円の根抵当権の設定をうけた。しかし、みぎの地形図は、AがYの妻から交付をうけた字図写しを参考にして地形図を偽造したうえ、Yの事務所でゴム印、職印を盗用して押捺したものであり、実際は道路であるものを畑としていた。Xが競売しても配当金は二一二万円余にとどまった。そこで、Xは、五〇〇万円の優先弁済をうけるべきところ、配当金との差額につき損害を被り、また、それが不実の地形図を信頼したことによる損害であるとして、Yに対して不法行為にもとづく損害賠償を請求した。

【判決】　判決は、「司法書士たるものは、常に司法書士業務が適正に行われるよう書類の作成に当たっては細心の注意を払うとともに、自己の印章の管理についても留意すべき注意義務を負っているものといわなければならない」。しかし、Yは、Aの差し出す地形図に漫然とゴム印、職印を押捺したか、あるいは盗用されてしまったのであり、「Ｙには書類作成上の過失若しくは右ゴム印及び職印の管理義務違反の過失がある」とした。「そして、司法書士が作成した字図写しは、不動産の金融取引にしばしば利用されるが、右司法書士の字図写しの作成は他の一般私人の作成したものと異なり、それが特別の資格を有する者の許可業務の一環として作成されたものなるが故に、関係当事者はその正確性に相応の信を措いてこれを利用するのが通常である。したがって、誤った字図写しに司法書士事務所の印章が押捺され、これが不動産の金融取引に利用された場合には、円滑な該取引に支障を来たし、関係当事者は意外の損害を被るであろうことは、容易に予測できるところであるから、Ｙの前記過失とＸの被った後記損害との間には相当因果関係を肯認することができる」。

保証書と同じく、字図写しや地形図もまた、専門的知識を有する司法書士が作成したものとして、一般的な信頼を生じ、取引のさいに重要な資料として利用されるものであるから、その作成にあたっては重い注意義務を生じさせるものといえよう。保証書作成のさいの注意義務に準じた基準が相当である。

第三節　契約締結にいたらない場合

(ア)　登記手続の委任がまだ行われていないとして、司法書士の契約義務の違反を否定した事例には、〔62〕大阪地判昭五七・一二・二四判タ四九六号一四八頁がある。契約の成立時期とも関係する（前述第二章一節参照）。

【事実】　Ｘは、Y_1から、Ａ名義の土地の購入を勧められ、売買契約を締結した。Y_1は、司法書士Y_2に対し、後日登記手続をしてもらうとして、Ａ名義の登記済証、印鑑証明書、登記委任状などを預け、これに対し、Y_2は、Ｘをあて名として預かり証を出しY_1に交付した。Ａ名義の登記委任状の印影は、Ａの印鑑証明書の印影と異なっていたが、Y_2は、登記の委任をうけたわけでもないので、印影の同一性を審査していなかった。Y_1は、この預かり証をＸに示して、代金を支払えば所有権移転登記ができるといい、Ｘはこれを信じて代金を支払った。Y_1は、Y_2に移転登記を指示したが、印影が異なっていたことから移転登記はできなかった。Y_2は、その旨をY_1に伝え、書類を返還した。Y_1は、代金を着服したうえ、行方をくらました。Xは、Y_1・Y_2を相手に、不法行為を理由に損害賠償を請求した。

【判決】　判決は、一般に、司法書士は専門家として高度の注意義務を負担するが、「本件においてはいまだ登記手続の委任はされていないのであるから、Y_2にこの種の注意義務を求めることのできないことはいうまでもない」とする。そして、「近い将来に当該の登記事務を受任することが予定されていたとしても、Y_2が本件各書類を預るに際し、委任状と印鑑証明書上の印影が一致しているか否かを審査せず、これが一致していないことに気付いていなかったことをもって注意義務違背があるということはできない」とし、また「預り証を発行するにあたって、それが取引の決済に利用されることを予想してなんらかの間違いを生じないように配慮すべきものということはできない」とした。

みぎ判決は、契約の成立がないことをもって、司法書士Y_2の責任を否定する根拠としたが、Y_2の預かり証が、Y_1の詐欺行為の有力な手段となったことから、このような外観上他人に誤解を与えやすい書類を作成したことにつき、責任が生じないとはいえない。しかし、他方、このようなものをたやすく信頼したXにも重大な過失があるといえるから、どちらかといえば、本件は、登記権利者がおもに自分の過失で欺かれたといえるものである。そこで、かりにY_2に責任が発生しないとするとしても、たんに契約の不成立といった形式的な理由によるべきではなく、実質的な過失の寄与の程度によるべきであろう。

他の例において、司法書士の責任を肯定した前述〔27〕判決も、司法書士がいったん受任を断った事例であり、また、前述〔28〕判決〔これは、当事者双方から委託をうけた場合に、登記権利者が知らない間に、登記義務者の要請で返したケースにおいて、登記権利者に対する関係で債務不履行を認めた〕など、必ずしも登記受託の契約締結にいたらない場合でも、司法書士の行為に過失の成立する可能性を認めた事例がある。(32) 専門家の責任を拡大する近時の傾向からいえば、かなり大幅な過失相殺のよちは残るとしても、形式的な理由のみで、Y_2の責任を排斥することは困難であろう（(62)）。

(ｲ)　契約締結上の過失は、それを不法行為と構成するにしても、債務不履行と構成するにしても、司法書士が依頼者との接触により生じた責任であり、「契約」は成立していないとしても、広い意味では契約責任との中間的な責任となるから、たんなる情報提供者としての責任（第三章）よりは、債務不履行責任に近い（第二章）。内容的には、後者に準じた基準を探るべきことになろう。

(20)　責任の範囲については、本稿は立ちいっていない。取得した土地の転売利益やそこを運用してえられるエコノミック・ロスの賠償は、通常は否定されるべきであろう。登記を信頼して取得した土地の所有権をえられなかったことや土地上に抵当権をえられなかったことによる賠償をも、審査権のない司法書士にすべておわせうるかは疑問であり、登記にいたった状況、過失の程度など勘案するべき要素が多くある。

(21)　大阪地判昭六二・二・二六判時一二五三号八三頁も、偽造された登記済証に関するケースである。判決は、一般論として、司法書士Yは、登記申請についてほぼ独占的な地位を付与され、その公共的性格からみて嘱託人から提示された関係書類の真否について注意を払い、真正な登記の実現に協力すべきであるし、「殊に依頼者から関係書類の真否について調査を依頼された場合及び関係書類の偽造を疑わしめるに足りる相当の理由を司法書士が有する場合には、かかる特段の事情のない通常の場合以上に関係書類を仔細に検討し、或いはその結果必要に応じてその他の調査をなすなどしてその真偽を確認する注意義務がある」とした。

そして、「右のような事情の下で専門的知識を有する司法書士に要請される注意義務を尽くせば」、すなわち「本件のように関係書類の偽造を疑わしめるに足りる相当の理由を有している場合に要請される注意を尽くせば、その知識と経験から、本件の登記済証が虚偽のものであることを看破しえたか或いはさらに詳細な調査に及ぶことを期待される」としたが、具体的には、依頼者Xも「通常払うべき注意を怠ったというにとどまらず、不動産の取引業をなす者としては信じがたい程に軽率であり、重大な落度、怠慢があ」ったとして、九割の過失相殺が認められた。

(22)　本件は、Xが優先権を失うことに関し、登記の不法抹消のさいに、Bの対抗力が失われないとの一般の判例を前提としている（最判昭三六・六・一六民集一五巻六号一五九二頁参照）。

(23)　登記官の責任については、登記済証の偽造を看過した登記官の過失を認め国家賠償請求を認容した最判昭四三・六・二七民集二二巻六号一三三九頁ほか多数がある。ほかに、過失を認めたものとして、東京高判昭三八・四・二四下民集一四巻四号七九二頁、福井地判昭四〇・二・五訟務月報一一巻六号八五二頁、東京高判昭五一・一〇・二七判時八三八号三九頁、否定したものとして、〔31〕京都地判昭四〇・二・二三訟務月報一一巻七号九九六頁（前述）、〔32―2〕（前述）。後者は、登記官については、過失を肯定したが、損害との因果関係を否定した。過失が肯定されたのは、偽造の登記済証の末尾に、その日付当時には官制上存在しない「神戸地方法務局西宮出張所」の登記済印と庁印が押捺されていて、「不真正であることを看取することが可能であ」ったからである（当時の真正の名称は「神戸司法事務局西宮出張所」であり、その後名称変更後に「地方法務局」となったのである）。
印鑑証明書の偽造を看過したことにつき過失を認めたものとして、東京高判昭三三・一〇・一五訟務月報四巻一二号一五〇六頁があり、否定したものとしては、〔31〕、〔50―3〕のほか、大阪地判昭四〇・一一・二五訟務月報一二巻四号四五一頁、大阪高判昭四五・八・三一金法五九九号三三頁などがある。
(24)　加藤一郎・判民昭和二〇年一三事件参照。
(25)　加藤・前掲論文五八頁、吉野衛・注釈不動産登記法総論〔一九七四年、金融財政事情研究会〕六九二頁。
(26)　船橋諄一・民商二三巻一号五八頁参照。
(27)　幾代通・不動産登記法〔一九七一年、有斐閣〕一三五頁、〔幾代通＝徳本伸一・不動産登記法（四版）〔一九九四年〕一四九頁〕、吉野・前掲書七〇〇頁以下。
(28)　幾代・前掲書一三七頁。〔幾代＝徳本・一五一頁〕。「所有権ニ関スル登記」が、権利の登記のうちでもっとも重要であることから、事前通知の制度が残されているのであるが、他の登記の重要性も否定されるべきではないから、このような縮小には理由が乏しい。保証書に関係する不実の登記がかなりあることからすると、事後の通知では、権利の保護に十分とはいえまい。
(29)　幾代・同一三八頁。〔幾代＝徳本・一五二頁〕。同書は、ほかに②最初の受附と同時に当然に仮登記をすること、あるいは③登記済証の有無にかかわらず、登記名義人は、みずから希望すれば、自己を「登記義務者」としてされる登記申請はすべて事前問い合わせを経て登記するようにすることもできる制度を提案している。もっとも、これに対して、保証書の濫用を予防するための措置としては、昭和三五年改正で設けられた罰則（一五八条）でたりるとの見解もある。

（30）本件の原審は、前述の〔32〕東京高判昭四七・一二・二一高民二五巻六号四三四頁＝判タ二九二号二五八頁である。

（31）なお、肯定例として、さらに〔50〕東京地判昭四七・一二・四判時七〇七号六九頁、〔54〕鹿児島地判昭六一・二・二五判タ五九九号五四頁、京都地判昭六三・二・二五判時一二八九号一〇九頁、後述の〔60〕東京地判平二・三・二三判時一三七一号一一三頁、〔55〕神戸地判平二・九・二六判時一三七八号九六頁などがある。

登記権利者が、保証書を作成する司法書士に対して、調査確認義務を免除できるかにつき、登記権利者から注意義務を免除されていたと推認して、これを肯定した例として、東京高判昭五五・一〇・二九判タ四三三号九九頁がある。

事案の「事実関係」のもとではあるが（もっとも、その事実関係は必ずしも明確ではない）、「自称AとXの間で抵当権設定の話が譲渡担保ないし買戻特約付売買の話に変わったのを聞き、Y_1が自称A（Bの子）に訴外Bの意思を確認するよう忠告し、Xもこれを聞いていたとの事実に徴すると、Y_2およびY_1から更に保証人となることを依頼されたY_3はいずれも訴外A及びXの両名から黙示的に前述の注意義務（保証書作成を拒否すべき又は作成に先だって登記義務者本人の登記申請意思の有無を実際に調査すべき義務）を解除されていたと推認するのが相当であって、右推認を覆すに足りる証拠はない」。

しかし、仙台高判昭五六・一二・一七判タ四三八号一一九頁は、免除を否定した。すなわち、「ある人物につき『人違なきことを保証』しうるのは、その人物と面識を有する場合以外にはありえず、いわゆる実印や印鑑証明書の所持によってその保証をなしうるのであれば、登記官自らがこれによって確認すればよく、不動産登記法第四四条の規定は無用に帰するからである」。司法書士である「YはXから自称AがA本人であることの調査義務を免除されたからXとの関係では何らの義務違反はないと主張するが、登記義務者の人違なきことの保証につき登記権利者においてその調査義務を免除しうるものではないから、右主張は採用できない」。もっとも、Xの損害賠償請求のうち、損害額の約一割しか認めていない。

不動産登記法四四条の保証書の作成者の注意義務につき、これを不動産の公示の正確性を担保するものとして、公法上の義務をもおうとすると、当事者間でも任意に免除することはできないことになる（罰則規定一五八条）。後者が妥当である。前者の東京高裁昭和五五年判決は、これを私法上のものとみて、免除可能なものと「推認」したが、まれな例である。むしろ、従来の裁判例は、保証書作成者の注意義務を厳格に解して、相当額の過失相殺を行うことが多い。このほうが弾力的な判断が可能になるからであろう。後者の仙台高裁昭和五六年判決も、同様の考慮に立つものと位置づけられる。

また、人違いがあっても、当事者の責任の範囲内のものであれば、司法書士に責任が生じないことは当然であり、逆に、素人と専門家の間の責任の関係としては、一般的な免除（とくに約款の効力として）は、認めるべきものではない。なお、免除あるいはこれに類する行為をした者が、そのような行為をすることにつき、責めに帰すべき事由があれば、過失相殺の考慮されることはいうまでもない。

(32)（28）判決は、当事者双方から委託をうけた場合に、登記権利者が知らない間に、登記義務者の要請で書類を返した行為が、登記権利者に対する関係で、債務不履行とされたものである。

なお、登記代理委任における契約成立時期の問題については、山崎・前掲書五五頁以下参照。および前注（6）をも参照。

第四章　公法的制限

第一節　業務制限

(1)　業務制限

(ア)　司法書士は、許された業務として司法書士法二条一項に規定された範囲のものであっても、その業務を行うことが他の法律において制限されているものについては、これを行うことができない、とされている（司書二条二項）。この規定は、とりわけ、同法二条一項三で規定された、裁判所、検察庁または法務局もしくは地方法務局に提出する書類の作成に関連して、弁護士法に抵触する可能性が高いことから、明文をもって制限を定めたものである。

司法書士法は、さらに、その一〇条でその旨を明らかにしている。すなわち、司法書士は、その業務の範囲を越えて他人間の訴訟その他の事件に関与してはならない、とする。そして、これに違反する行為に対しては、二二条により罰則の定めがある（一年以下の懲役または三〇万円以下の罰金）。

具体的には、①訴訟事件、非訟事件、訴訟の鑑定、その他の事件の取扱、または弁護士に訴訟を斡旋すること、②訴訟書類または非訟事件書類を嘱託人に有利になるように作成するために、事件の内容につき判断し鑑定に属する程度の処置をすること、③登記申請の代理人となった司法書士が、これに関連した非訟事件および競売事件の当事者の代理人となること、である。これらは、司法書士の付随業務の範囲を越え、また、弁護士法七二条にも違反するおそれがある。(33)

さらに、④司法書士による和解契約の締結（後述〔63〕）、⑤報酬をうける目的で業として刑事事件の弁護人の選定および弁護士依頼の斡旋をすること、⑥農地法三条による許可申請書の作成、⑦海運局に提出する各種申請書の作成、またその申請代理人となることも、固有の業務の範囲を逸脱する。(34)従来の解釈では、その業務の範囲は、きわめて限定されているものとされる。

(イ)　業務範囲の制限に違反した場合の効果として、たとえば、弁護士法七二条に違反して、弁護士以外の者が訴訟行為などにつき委任契約をうけた場合に、その委任契約そのものが私法上無効とされることはいうまでもない（最判昭三八・六・一三民集一七巻五号七四四頁参照）。違反に対する罰則の程度は異なるが（弁護士法七二条・七七条違反では、二年以下の懲役または一〇〇万円以下の罰金）、司法書士法一〇条違反の場合も、同様であろう。同条には、非弁活動を禁止する趣旨が再述されていると、解されるからである。

しかし、そのような違反によって、他人間に締結された契約の私法上の効果も当然に無効となるかは、疑問である。これについては、つぎの〔63〕の裁判例がある。

(2)　裁判例

(ア)　(a)　司法書士法二条二項、一〇条に関する従来の裁判例は、司法書士の業務制限を問題としたものである。後述の〔63〕最判昭四六・四・二〇民集二五巻三号二九〇頁がこれにあたる。違反した場合の私法上の効果が問題となるが、さらには、成立させた契約が無効となった場合には、司法書士の責任を生じるよちもある（後述(イ)参照）。

(b)　また、必ずしも正面から業務制限に違反しないとしても、司法書士法一〇条において、「他人間の訴訟その他の事件」への関与が禁じられていることから、とくに問題となるのが、法律相談である。書類作成業務とそれに関連する法律相談は、いわば一体の関係であるから、どこまでこれを認めるべきかが問題となる。

業務の制限として、他の法律、たとえば、行政書士法一条が、行政書士は、他人の依頼をうけ報酬をえて、官公署に提出する書類その他権利義務または事実証明に関する書類を作成することを業とするとしながら（一項）、二項では、前項の書類の作成であっても、その業務を行うことが他の法律において制限されているものについては、業務を行うことができない、としている例がある。

しかし、同法は、司法書士法とは異なり、二条においては、行政書士は、他人の依頼をうけ報酬をえて、一条の規定により行政書士が作成することができる書類を官公署に提出する手続を代わって行い、または当該書類の作成について相談に応ずることを業とすることができるとして、かえって関連業務への関与を肯定しているのである。書類の作成には、依頼者の相談に応じることも必要とされることから認められているものである。このような相違は、行政書士の書類作成の対象が官公庁関連の文書であり、司法書士の書類作成の対象が裁判所関連の文書であり、とくに訴訟事件などとの関わりが強いこととの相違にもとづくものであろう。

(c)　そこで、司法書士会連合会などは、司法書士の業務に関して法律相談をその業務範囲として法文に明記することを要望してきた。しかし、司法書士の場合には、弁護士法との関連から、とくに厳格な制限が要請されるとされ、検討を要する課題として見送られている。(35)なお、この点に関しては、制限の趣旨が訴訟事件との係わりにあることから、司法書士の業務のもう一つの柱である登記事務に関しては、より広義にとらえることも可能といえよう。

制限されるのは、訴訟その他の事件への関与であるから、たんに裁判所、検察庁または法務局もしくは地方法務局に提出する書類を作成するさいに、書式の有効性に対する疑問に答えることなどははいらない。一方で、司法書士は、依頼者が主導して命じたことを順守していれば、それが依頼者の意図に反する結果となっても、責任をおわないとされているのは（前述の比較的古い裁判例）、他方で、このように、司法書士の行為が積極的なものであってはならないとされていることの側面ともいえる。このような把握のもとでは、司法書士の行為は、いわば当事者の手足的なものに限定されざるをえず、その権能もかなり限定され、登記事務の場合のような専門家の責任を一般的に肯定することには、かなりの困難があろう。

(d)　もっとも、具体例では、その判断はかなり微妙なものとなる。司法書士も、依頼者の誤解や指図の欠陥のため書類の作成ができないときに、知りながらこれを告げないような場合には、専門家として責任をおうべきだからである（民法六四四条、なお五七二条の趣旨）。そして、そのような責任は、必ずしも登記手続の場合のみに限定されるものではない。そこで、訴訟書類の作成にさいしても問題が生じるよちがあり、その場合には、事実の摘示を越えて当事者の判断に介入するように、司法書士の関与の形態が積極的なものであったか、主導権を当事者に残したまま、たんに消極的なものであったかによって、個別に判断するほかはない。

ただし、この問題の解決にも、たんに抽象的に司法書士の職務権限の範囲を文言的に確定するのではたりず、究極的には、司法書士の職能像をどのようにとらえ、弁護士との関係をいかに調整するかという根本的な問題の解決を前提にする必要があろう。また、そのさいに、専門家の責任とは、場合によっては、素人である当事者の判断の誤りをも正したり、当事者の判断に影響を与えることが期待されるから、一般的な意味で、当事者に主導権を残しておくこととは、ほんらい両立しがたい要素を含んでいることに注目する必要がある。すなわち、司法書士の責任を生じない当事者の主導権は、経営的あるいは取引的な領域におけるものに限定され、登記手続的な問題は包含されえないということになろう。

(イ)　司法書士に全面的に和解契約の締結を委任したり、紛争の解決方法を一任することには、その業務制限に違反する。〔63〕最三小判昭四六・四・二〇民集二五巻三号二九〇頁は、この場合に締結された契約の私法上の効果を問題とした裁判例である。

【事実】　Xは、Yとの貸借関係を清算するための交渉を、姉Aに依頼した。Aは、司法書士Bに依頼して、X名義の即決和解申立書を作成させこれを裁判所に提出し、さらに、BをXの代理人に選任するについて、代理人許可申請書および委任状をBに作成させ、これを裁判所に提出し、代理人選任の裁判所の許可をうけた。そして、Xの代理人BとYとの間で即決和解が成立し、Yは、Xから不動産の所有権移転登記をうけた。しかし、Bは、Xから訴訟行為についての委任はうけていなかった。Xは、和解の効力を無効として、土地所有権移転登記の抹消を求めた。

第一審は、これをいれたが、第二審は、Bが代理人としてした即決和解は、訴訟行為としては効力を有しないが、私法上の和解契約としては効力を有するとして、即決和解の無効を理由として登記の抹消を求めるXの請求を棄却した。

【判決】　最高裁の多数意見は、原判決を支持した。すなわち、司法書士が即決和解申立書を作成する行為の嘱託をうけ、その行為に関連して、即決和解の対象となった法律関係について、相手方との間に私法上の和解契約を締結したことは、司法書士がその業務の範囲を越えて他人間の事件に関与したものというべきであり、司法書士法九条〔現一〇条〕の禁止する行為にあたることになるが、その効力については同法には定めがないから、法の趣旨に照らして解釈論的に判断されなければならないとし、「司法書士法九条が司法書士について所定の行為を禁止しているのは、これによって、国民の法律生活における正当な利益を保護し、司法秩序を適正に保持することを目的とするものであって、司法書士の同条の禁止違反行為に対しては、懲戒処分をすることができる〔同法一二条〕のみならず、これを処罰の対象とする〔同法二一条〕〔現二二条〕ことによって、同条による禁止の実効性を保障することにしているのである」。「司法書士のそのような関与により、かえって、国民の法律生活における正当な利益がそこなわれ、司法秩序が紊されるおそれがあるからである」。

「しかし、だからといって、司法書士の同条の禁止違反行為がただちに当然にその効力を否定されなければならないいわれはない。その理由は、次のとおりである。すなわち、同条の禁止違反に対しては、前叙のように、懲戒処分および刑事制裁を科することによって、一応、同条による禁止の実効性を保障することにしているのみならず、同条が禁止の対象としている行為の範囲は頗る広く、対価を得ることを要件とせず、また、必ずしも業としてすることを要件としていない。しかも、それらの行為がそれ自体として違法性ないし反社会性を有するわけではなく、一般の私人についてみても、これらの行為が特に禁止されているわけでもない。したがって、禁止違反行為の効力まで否定するのでなければ、同条の禁止の目的を達成することができないというわけではないからである。殊に、本件のように、司法書士がその業務の範囲をこえて私法上の和解契約締結の委任を受け、右委任に基づき第三者たる相手方との間に私法上の和解契約をしたような場合には、その内容が公序良俗違反の性質を帯びるに至るような特段の事情のある場合は別として、右和解契約は、第三者保護の見地からいっても、単に司法書士法九条に違反するのゆえをもって、ただちに無効であるとすることができないものと解するのが相当である」。

(ウ)　この多数意見に対しては、二名の裁判官の反対意見がある。松本正雄・飯村義美裁判官の反対意見である。

(a)　「裁判上の和解が無効ならば、その無効な和解に基づいて作成された和解調書も、また、効力を有しないものというべきである」。

(b)　かりにそうでないとしても、裁判上の即決和解の実情をみると、和解はなお成立していない状態にあり、裁判上の即決和解が成立することによってはじめて、私法上の和解も成立するものであるから、裁判上の和解が無効なのに私法上の和解契約としての効力は肯定されるということはできない。

(c)　さらに、多数意見のように和解契約が成立するものとしても、それが有効であるとすることはできない。すなわち、司法書士法の禁止は、「司法書士は、その業務の性質上、またその有する法律知識の上からいっても他人間の訴訟・法律上の紛争等についても、一般大衆から事件の鑑定や依頼を受け易い立場にあり、そのような機会も多いのである。特に、地方における弁護士の数が比較的少ない我国の現状では、司法書士が一般大衆のために法律問題について多大の貢献をしている実情を私どもも認めるのに吝かではない」。「しかし、それだからといって司法書士固有の業務の範囲を逸脱して、他人間の訴訟その他法律上の紛争事件に関与することは許されない。法は、一般の私人には禁じなくても司法書士なるが故に、特にその自制を求めているのである」。禁止や罰則は、「司法書士がこれらの行為に関与することにより、却って、国民の法律生活における正当な利益がそこなわれることとなしとせず、また、司法書士のこれらの行為が、弁護士法七二条に該当する違反行為となる場合も多く、同条の規定に照らしても司法秩序が紊乱するおそれがあるからである。この意味において司法書士法九条は、一面、職務上の訓示規定であるが、反面司法の公正を保ち、司法秩序を維持するためのものであって、多分に公益的性質を有する規定と解すべきである。したがって、本案に違反する行為の効力を考えるに当たっては、取引の安全の見地にのみ偏せず、司法秩序の維持の観点から依頼者の保護についても考慮を払い、個々の具体的な行為についてその効力の有無を決する必要があると思料する[36]」。

(d)　本件についてみると、X・Yの金銭の貸借は、債務者が長期にわたって弁済できない状態にあった場合であり、このような場合には、「その弁済方法について債権者と協議するについては、いろいろな困難な問題が伴」い、また、消費貸借の金利は、利息制限法の制限をはるかに超えて高利であり（月七分）、さらに、X所有の不動産に担保権が設定されていたのであるから、弁済方法の協議は「きわめて複雑な判断を要することがら」であった。そして、このように複雑な判断を要する事案について、相手方と和解をすることは、「依頼者たる本人の利益をそこなうおそれが多分にあるのであつて、司法書士が代理人として処理することは、その業務の範囲を逸脱すること著しいものがあ」り、「司法書士がその業務の範囲を著しく逸脱する行為をなした場合には、その行為は、司法書士法九条に違反するゆえをもって無効であると解すべきもの」である。

(エ)　(a)　業務制限に違反して成立させた契約の私法上の効果については、当然にこれを無効とすることは困難であろう。違反の程度や態様には軽重があろうし、業務関連行為としての法律相談などでは、その違反か否かについてすらむずかしい判断も必要となるからである。これを一律に強行法規違反として効力を否定するのでは、成立した契約に関する当事者（とくに相手方）の信頼を害し、法的関係の安定性を害することになろう。もちろん、このような違反行為によって成立した契約の内容は、しばしば不当、不衡平なものとなる。そこで、成立した契約の内容が強行法規違反・公序良俗違反を理由として無効となることはいうまでもない。

なお、この場合に、強行法規による無効の主張は、無資格者を利用することによって利益（不利益）をうけた者にのみ許せばたり、相手方に許すことは無用であろう。業務制限が強行法規によって無資格者に禁じられるおもな趣旨は、その利用者の保護にあると考えられるからである。また、そのさいに、「不当性」の判断には、無資格者を利用した当事者の責任をも考慮する必要がある。もちろん、内容上、存続しがたい公序良俗違反の場合には、両当事者の主張が許される。

(b)　司法書士の厳格な業務制限を前提とするかぎり、少なくとも訟務書類の作成に関しては、司法書士が積極的に当事者の行為に対して助言や勧告をする義務を負担して専門家としての責任をおうよちは少ないといえよう

（比較のうえから、登記に関する前述〔25〕判決参照）。もっとも、逆に、司法書士が制限に違反して成立させた行為が無効となった場合には、その責任を肯定することはありえよう。

(オ)　(a)〔64〕大阪高判昭五一・一二・一九判時八一六号五七頁は、司法書士法九条（現行一〇条）に違反する行為に関するケースである。

【事実】事案では、XがCに債権を有し、その担保として代表者Bの不動産に抵当権を有していたところ、Xが抵当権の実行をするため、A司法書士に手続書類の作成を依頼したところ、Aが儲けを意図して、Xの抵当権の実行を取下げさせたうえ、不動産を自分の会社であるYに買わせ、所有権移転の仮登記をした。Xは、Yに対して仮登記が通謀虚偽表示によるものであるとして、その抹消を請求した。A司法書士が、抵当権の実行を取下げるようXに干渉し、さらに、Yの代表者としてBY間の売買契約を締結するなどしている行為が問題となった。

【判決】判決は、司法書士法九条（現一〇条）は、「『司法書士は、その業務の範囲を越えて、他人の間の訴訟その他の事件に関与してはならない。』旨規定しているところ……AがYに本件不動産を買い取らせるべく本件売買契約を締結した行為は、Aの意図並び一連の行為全体と関連して観察すると、単なる売買の仲介あっせんとはいえず、前記法条にいわゆる業務の範囲を越えて他人の事件に関係したものというべきである。

ところで、司法書士について、特にその業務の範囲を越えて関与することが禁止されているゆえんは、司法書士のそのような関与により、かえって、国民の法律生活における正当な利益がそこなわれ、司法秩序が紊されるおそれがあるからである。

しかし、だからといって、司法書士の同条の禁止違反行為がただちに当然にその効力を否定されなければならないいわれはない」。

しかし、売買契約の効力については、「Yは専ら多大の利益を得ようとしており、その動機も不純であって、Aの意図や一連の行為と関連させて以上の諸事実と併せ考察すると、本件売買契約はいわゆる公序良俗に違反するものといわねばならず、従って、本件売買契約は無効なものと認められる」として、これを否定した。

〔64〕判決においても、判断基準そのものは、基本的には〔63〕判決の延長にあるものとみることができる。司法書士法の禁止違反の結果生じた行為も、必ずしも私法上の効力を否定されることはなく、行為の内容が公序良俗に違反する場合にのみ無効になるとするものである。〔64〕において、売買契約の私法上の効力が否定されたのは、その内容が公序良俗にも反するとされたからにすぎない。事案では、たんに司法書士法の禁止規定に違反するのみならず、違反した司法書士が、実質的に売買契約の一方当事者ともなっており、不当な利益を取得していることが問題なのである。〔63〕とは、事実関係のうえから、内容的にかなりの相違があるといわなければならない。

(b)　司法書士に関するケースとしては、ほかに〔65〕松山地西条支判昭五二・一・一八判時八六五号一一〇頁、その控訴審である〔66〕高松高判昭五四・六・一一判時九四六号一二九頁がある。司法書士Ｙが、①訴訟の指導を依頼されて引きうけ、答弁書、準備書面、控訴状などの訴訟関係書類を作成し、②代表理事の金員不正使用の有無の調査を依頼されて引きうけ、帳簿の検討をして、告訴状、訴状を作成し、③交通事故による損害賠償請求訴訟の提起と訴訟の指導を依頼されて引きうけ、過失の有無の調査をし、訴状の作成をし、④慰謝料請求訴訟の提起と処理を依頼されて引きうけ、事実の調査をして訴状を作成し提出したことが、弁護士法七二条違反に問われた事件である。〔66〕は、原判決である〔65〕よりも、厳格な把握をしている。(37)

〔65〕は、司法書士も広義の法律専門家として、弁護士と「法律生活における分業関係」にあるとし、その業務が委任された事務の処理（「書面主義を担保する役割」）にあると把握したうえで、司法書士の行為が、弁護士法七二条に違反するかどうかは、「書類作成嘱託の窮極の趣旨を外れ、職制上与えられた権限の範囲を踰越し、自らの意志決定により自己の判断を以て法律事件の紛議の解決を図ろうとしたものであるかどうかによって判断すべきもの、即ち、右の権限踰越か否かが区別の本質的基準と考えられる」とする。そして、具体的には、①～④

の書面は、司法書士法一条により作成できる書面であるとし、また、事実の調査、資料の募集なども、みぎの書面作成のためになしうるとして、Ｙの行為は、弁護士法七二条に違反しないとした。

これに反し、〔66〕は、原判決が弁護士法七二条に違反しないとした四個の事実のうち三個についても違反を認め、原判決を破毀自判した。おもな相違点は、「訴訟関係事務の処理は、伝統的な主要な弁護士業務であり、訴訟関係書類特に訴状等の作成がすぐれて法律専門的な弁護士業務に属する事務であることは明らかであって、右の『法律事務の取り扱い』に当ることは多言を要しない。原判決のように、弁護士法七二条の右文言をあたかも主体が司法書士であるかどうかによって別異に解釈しようとする如き必要性は認められず、このように限定的に解するのは相当でない」とする部分である。

そして、「司法書士が行う法律的判断作用は、嘱託人の嘱託の趣旨内容を正確に法律的に表現し司法（訴訟）の運営に支障を来さないという限度で、換言すれば法律常識的な知識に基く整序的な事項に限って行われるべきもので、それ以上専門的な鑑定に属すべき事務に及んだり、代理その他の方法で他人間の法律関係に立ち入る如きは司法書士の業務範囲を越えたものといわなければならない」とした。

〔65〕の判断は、きわめて斬新なものであるが、この考え方のもとでは、司法書士は、書類の作成のみならず、関連する法律相談、のみならず書面で行うかぎり訴訟事件への関与をすべて肯定される結果となろう（みぎの司法書士の役割に対する弁護士の分業関係をたんに「訴訟上の口頭主義を担保」するものとのみ位置づける）。伝統的な考え方のもとでは、〔66〕のような結果となろう。

(c)　また、近時の〔67〕東京地判平五・四・二二判タ八二九号二二七頁は、行政書士に関するケースであるが、行政書士Ｘがその業務範囲を越えて弁護士法七二条に違反する行為をした場合の効力に関する事件である。

【事実】　Ｘは、行政書士としての報酬のほかに、依頼者Ｙ以外の相続人から遺産分割の折衝を行い、また遺産の持分を買い集めたことの報酬を請求した。

【判決】　判決は、「相続財産、相続人の調査、相続分なきことの証明書や遺産分割協議書等の書類の作成、右各書類作成にあたって、（他の相続人）に遺産分割についてYの意向を伝え、右各書類の内容を説明することについては行政書士法一条に規定する『権利義務又は事実証明に関する書類』の作成にあたるので行政書士の業務の範囲内である」とし、しかし、他の相続人が「Yの意向を了承せず、遺産分割について紛争が生じ争訟性を帯びてきたにもかかわらず」、Yのために「折衝することは単に行政書士の業務の範囲外であるというばかりでなく、弁護士法七二条の『法律事務』に該当し、いわゆる非弁活動になる」とし、行政書士であるXが、遺産分割の折衝に関する報酬を請求することを否定した。

争訟性のある事件に関与し、非弁活動を行うことは、弁護士法七二条に違反するものである。またその効果は、現行法のもとでは、たんなる取締法規違反として捉えるには重大なものであるから、その行為の私法上の効力も否定されるべきである。本件は、Xの委任契約の無効をいうものであるが、遺産分割協議そのものの効力については、〔63〕、〔64〕（和解契約、売買契約の場合）の基準によるべきである。すなわち、公序良俗基準である。

第二節　登録・監督・懲戒

(1)　登　録

(ア)　司法書士となる資格を有する者が司法書士となるには、日本司法書士会連合会の司法書士名簿に、登録をうけなければならない（司書六条）。そして、司法書士会に入会している司法書士でない者は、司法書士の業務をすることができない（同法一九条一項）。この規定に対する違反に関しては、同二五条に罰則（一年以下の懲役または三〇万円以下の罰金）の定めがある。

(イ)　(a)　〔68〕甲府地判昭四七・七・一七行裁集二三巻六＝七号五二二頁は、司法書士法の定める聴聞の趣旨が争われたケースである。

【事実】　Xは、Y（甲府地方法務局長）に昭和四六年、司法書士の認可申請をし、筆記試験には合格したが、面接試験で合格基準点に達しなかったとして、Yから不認可予定の通知をうけ、Xの請求による聴聞会をへたうえ、Yは不認可処分をした。Xは、不認可処分の取消を求めた。

【判決】　判決は、司法書士選考試験の合否の判定は、原則として裁判所の審査の対象とならないが、選考試験における判定自体の不当を主張するのではなく、選考が筆記試験を指すとの見解に立って、筆記試験合格者に対する不認可が裁量権の濫用であり、手続に違法があるとの趣旨であるときには、その限度において純然たる法律的判断事項であって、司法審査の対象となる。司法書士法四条四項にいう「認可を与えない理由」の記載を欠く聴聞通知書によってした聴聞には、手続上の瑕疵があるが、これに先立って、すでに合格基準点に達しなかったとの通知がされている場合には、右の瑕疵は不認可決定を違法ならしめるものではない、とする。

(b)　〔69〕東京高判昭五一・二・九行裁集二七巻二号一六五頁は、その控訴審である。

【判決】　判決は、司法書士の選考試験において合格基準に達していないと判定された者であっても、司法書士法四条四項（昭和五三年法律八二号改正前）による聴聞手続の違法を理由として司法書士不認可決定の取消を求める法律上の利益を有するとし、同四項にいう「認可を与えない理由」の記載を欠く聴聞通知書により通知をしていた聴聞手続は、その後聴聞前に書面により右理由の通知をうけているなどの事情があるときには、違法ではないとした。

以上の〔68〕〔69〕は、聴聞の制度の趣旨にふれている点で、意義がある。すなわち、「公開の席で不認可の理由（すなわち、その理由が試験の結果によるものであるか、その他の理由、とくに法三条の欠格事由の存在によるものであるか）を明示すべきこととするとともに、不認可の理由が欠格事由の存在等にある場合には、必要に応じ〔中略〕申請人にその点について主張・立証の機会を与えるべきこととすることによって、認可に関する決定が認可権者の恣意により左右されることを防止しようとしたもの」とする（〔69〕判決）。

他方、試験の結果については、「専門技術性にかんがみれば、どのような判定基準を設けるべきかということについても、また、この基準の適用による成績の評価についても、試験官の専門技術的判断に任さざるをえず、試験終了後において、聴聞の結果により判定基準そのもの、ないしはその適用による評価を修正、変更すべきものとすることは、試験の性質にそぐわないことは明らかであって、聴聞制度の趣旨、目的も、試験における解答につき受験者に釈明、補充の機会を与えることにあるとは解されない」として、具体的な内容に立ちいる必要性を認めなかった（〔69〕判決）。後者については、試験の性質上、当然であろう。

(ウ)　(a)　〔70〕東京地判平七・一一・三〇判タ九二〇号一五九頁は、Y司法書士会連合会の司法書士名簿への登録拒否に関するケースである。

【事実】　司法書士法六条の三第一項三号によれば、司法書士の登録申請者に、司法書士の信用または品位を害するおそれがあるほか、司法書士の職責に照らし司法書士としての適格性を欠くときには、日本司法書士会連合会はその登録を拒否するものとされている。Yの司法書士名簿への登録を拒否されたXが、拒否処分の取消と慰謝料の請求を求めた。

【判決】　判決は、Xは「司法書士が業務を行うに当たり、登記申請の嘱託者が申請人本人であるかどうかを確認したり、あるいは嘱託者の代理人と称する者から登記の申請の委任を受けた場合において嘱託者の申請意思を確認したりする義務はないとの認識を有しているところ、かかるXが司法書士の業務を行うことになれば、不正な登記申請手続を繰り返して司法書士の信用を害することになるおそれが甚だ大であるから、Xの登録申請は、法六条の三第一項三号の登録拒否事由に該当する」とする。そして、Xは、みぎの認識に立って、「昭和六〇年一二月から平成二年一一月の間だけでも五回にわたって偽造された登記済証」などによる不正な登記手続に関与したとして、拒否処分の違法性を否定した。

前述の〔51〕最判昭五〇・一一・二八金法七七七号二四頁は、司法書士の職務に関し、不正な登記申請の存在を疑うにたりる事情がある場合に、過失によりその確認を怠った司法書士の損害賠償義務を認めている。司法書士が、少なくとも虚偽の登記を防止するべき職務上の義務を負担することは、今日広く認められている事項というべきであり、これを否定する言動をする者を、司法書士の職務から排除することは必要であろう。判決は、この趣旨の登録拒絶を正当なものとした。

(b)　本判決は、登録拒否制度の趣旨にふれている点でも、意義がある。それによれば、司法書士法一条の二は、司法書士の公正義務を課しているが、これは、「司法書士の業務が、他人の嘱託を受けて、登記又は供託に関する手続について代理することなどであり（法二条）、これらの事務が国民の重要な財産の保全に関わるものであることから、司法書士に対し、わが国の司法制度の一翼を担う者としてその業務遂行上の責務を課し」たものである。登録拒否制度は、「法が要求する業務上の責務に違反し、司法書士に対して社会が寄せる信頼を裏切るおそれのある者を、司法書士としての業務の遂行から予め排除することとしている」とする。

(2)　監督・懲戒

(ア)　司法書士は、法務局による監督・懲戒をうけ、司法書士法に違反したときには、その事務所の所在地を管轄する法務局または地方法務局の長は、戒告、二年以内の業務の停止、または業務の禁止の処分をすることができる（司書一二条）。また、罰則規定があり（同法二〇条以下）、たとえば、司法書士法一〇条の禁止に違反した行為に対しては、懲役または罰金の定めがある（同法二二条）。

(イ)　司法書士としての認可の取消に関しては、〔71〕広島地決昭四六・二・二七行裁集二二巻二号一二三頁がある。本件は、懲戒の理由となった事項と懲戒の程度の均衡を求めている点が目新しい。

Ｘは司法書士の認可をうけ業務に従事していた者であるが、昭和四五年Ｙから、懲戒処分として認可の取消処分をうけた。事案は、行政処分の執行停止申立事件である。決定は、Ｘの「本件懲戒処分により生ずる回復の困難な損害を避けるため緊急の必要がある」旨の申立を認容した。すなわち、懲戒の事由となった事実は、嘱託手続の遅滞、無認可で補助者を使用したことであるが、「認可の取消は懲戒処分のうちでも司法書士の地位を剥奪する結果を生ずる最も厳しい処分であるから、司法書士が法律命令に著しく違反し、その情が重いときにのみ適法なものとして是認される」とし、本件の場合には、Xが「法律又は命令に著しく違反し、認可取消に値する程度にその情が重いものと速断することができない」とした。行為と処分のアンバランスをいうものである。

第三節　司法書士会による注意勧告

(ア)　さらに、司法書士会は、所属の司法書士が司法書士法に違反するおそれがあると認めるときには、会則の定めるところにより、当該司法書士に対して、注意を促しまたは必要な措置を講ずるべきことを勧告することができる（司書一六条の二）。昭和五三年の法改正で新設されたものである。法律の違反に対してされるものではなく、懲戒事由にいたらないものを、その段階で未然に防止する趣旨とされる。また、司法書士会の自律的な規制を期待したものでもある。

(イ)　これに関しては、司法書士の民事責任に直接かかわるものではないが、司法書士会の行為が問題とされた事例として、〔72〕前橋地判平八・一二・三判時一六二五号八〇頁がある。

【事実】　Y司法書士会の「他の司法書士会に対して震災復興支援拠出金を送金するため会員から登記申請事件一件当たり五〇円の復興支援特別負担金の徴収を行う」旨の決議に対して、これに反対するXらが決議を無効として、債務の不存在の確認を求めたものである。判決は、司法書士会の目的の範囲（司書一四条二項）外の行為であるとした。

【判決】「司法書士会が前記のとおり、強制加入団体であり、その会員に実質的には脱退の自由が保障されていないことからすると、その目的の範囲を判断するに当たっては、特に会員の思想・信条の自由を害することのないように十分配慮する必要がある。

司法書士会は、法人として、法及び会則所定の方式による多数決原理により決定された団体の意思に基づいて活動し、その構成員である会員は、これに従い協力する義務を負い、その一つとして会則に従って司法書士会の経済的基礎を成す会費等を納入する義務を負う。しかし、法が司法書士会を強制加入の法人としている以上、その構成員である会員には、様々な思想・信条及び主義・主張を有する者が存在することが当然に予定されている。したがって、司法書士会が右の方式により決定した意思に基づいてする活動にも、そのために会員に要請される協力義務にもおのずから限界がある」。

そして、本件の金員の拠出は、「各人が自己の良心に基づいて自主的に決定すべき事柄であり、他から強制される性質のものではない」。

「そうすると、前記のような公的性格を有する司法書士会が、このような事柄を多数決原理によって団体の意思として決定し、構成員にその協力を義務付けることはできないというべきであり、司法書士会がそのような活動をすることは法の予定していないところである。司法書士会が阪神大震災により被災した兵庫県司法書士会に金員を送金することは、たといそれが倫理的、人道的見地から実施されたものであっても、法一四条二項所定の司法書士会の目的の範囲外の行為であるといわざるをえない」。

〔なお、東京高判平一一・三・一〇判例集未登載は、原判決を取消し、決議の拘束力を肯定した。もっとも、必ずしも全面的な肯定ではなく、「政治団体への寄付などは会の目的の範囲外と認められる場合もある」としつつ、微妙なケースについては「具体的な活動や個々の会員に求める協力の内容などを踏まえて判断すべき」とした。原審の判断を妥当とするべきである。後述(ウ)参照。〕

他方、〔73〕高松高判平四・七・三〇金判九一五号二四頁は、Xが、Y司法書士会の会員が会則の定める特別負担金（「Y司法書士会制定印紙貼用台紙使用規則」を制定し、会員が業務上使用する印紙貼用台紙を有料で販売し、会員の冠婚葬祭、傷病、退会などの給付金、会館設立の施設に使用していた。その後、欠損のため、規則により特別負担金の支払をも定めた）の支払をしなかったことは、司法書士法一五条の六の会則遵守義務に違反し、同法一六条の二に定める注意勧告処分の対象となるとした（原審は、負担金の支払義務を否定）。

同判決は、司法書士会の総会の特別決議をへて定められた特別負担金支払義務とこの義務負担の方法に関する規則は、会員に対して強制力を有し、会員はこれに拘束されるとするものであるが、注意勧告の規定は、司法書士の公共性の維持のために設けられているものと解されるから、もっぱら内部的な紛争の解決方法としては認められるべきものとはいえない。司法書士法一五条の六により守られるべき会則には、本件の経費の負担のような規則は包含されず、総会の決議によっても会員への拘束力はないものと解される。

原判決でも、「昭和四二年法律第六六号による改正から、昭和六〇年法律第八六号による改正まで、会費に関する会則の制定、変更については、法務大臣の認可を受けなければならない（一五条の二第二項）とされていたところ、Yにおいて、昭和四二年規則の制定以降昭和六一年規則までの間の各改正において、法務大臣の認可を受けたことはなく」、総会決議による会員への拘束力を否定するものとされている。

(ウ)　類似のものとしては、税理士会の政治献金が、権利能力の範囲に属するかが争われた最判平八・三・一九判時一五七一号一六頁があり、同判決は、税理士会の寄付は、会社の場合（最判昭四五・六・二四民集二四巻六号六二五頁参照―八幡製鉄政治献金事件）とは異なり、目的の範囲外とした。この場合の「目的の範囲」による制限は、無償の行為であり、かつ団体の内部的なものであり、外部的な制限が取引の安全と密接に関係する場合とは異なるから[38]、団体の公益性、加入の強制などを考慮すれば、能力の範囲を厳密に認めることにはなお意味があるものといえよう（(72) 判決参照）。

(33)　昭和二八年三月二八日民事甲四九一号民事局長回答・民事月報八巻五号九七頁、徳永・①七八頁、②九〇頁。

(34)　徳永・①七八頁、②一〇七頁ほか。

(35) 徳永・①五一頁、②七八頁。なお、俣野幸太郎「司法書士制度の現状と将来の展望」不動産登記の諸問題・上〔一九七四年、帝国判例法規〕一九二頁以下参照。
(36) 本件の評釈としては、宇野栄一郎・判解民昭和四六年三三二頁、霧島甲一・法協九〇巻三号一一五頁ほかがある。
(37) 原審判決をきわめて積極的に評価するものとしては、住吉博・判タ三五四号一二八頁がある。なお、弁護士法七二条の「法律事務」に関する裁判例は多数あるので、いちいち立ちいらない（前述判時八六五号一一一頁のコメント参照）。
(38) 中間法人の外部的な能力の制限については、小野・〔利息〕四九一頁参照。「目的の範囲」による法人の対外的な責任の制限は、取引を不安定にするものであり、限定的に解されるべきものである。この理は、通説によっても、営利法人については当然のものとされ、民法の規定による制限は、おもに公益法人に関して意味があるものとされる。中間法人については、文言上、両者の中間に位置するものとされ、能力の制限も同様に位置づけられるが、私見によれば、少なくとも外部的には、より営利法人の場合に近づける必要がある。しかし、無償行為や内部関係においては、取引関係の安定といった要請を考慮する必要はないから、公益性をも考慮して、かなり厳密な能力の制限を維持することも、可能であろう。

第五章　むすび

(1) 専門家の責任

各種の司法書士の責任の中から、とくに二点の特色を拾うことができよう。第一は、司法書士は実質的には当事者の双方から委託をうけることが多く、その業務の公平をはかるべきことである（とくに登記義務者への書類の返還）。一般的な、当事者に対する個々の債務不履行責任については、繰り返さない（前述第二章二節参照）。

そして、当事者以外の者に対する、登記をしたことによる情報の提供者としての責任は、この延長にある。すなわち、誤った登記によって作出した情報を信頼した者に対する責任である。しかし、この種の問題が生じるのは、登記手続を委託した当事者が書類を偽造したのを見過ごした場合のように、司法書士の過失が問われるにすぎない場合が多いから、その責任を認めるのは、かなり微妙な問題となる。もっとも、権利証に代わる保証書の作成は、司法書士自身がするものであるから、古くから高度の注意義務が課せられている。

(2)　職能像と責任

第二は、より根本的な問題であり、その責任の根拠が争われることである。通常、専門家の責任は、関連業務を含めて、専門家としてするべき義務の不履行から生じるものである。専門家に高度の注意義務を認めることによって、過失の認定を容易にすることを手段とする。しかし、司法書士に関しては、とくに弁護士法との関連から、関連業務への関与の制限が厳しい。積極的な影響力の行使が制限されていることの反面として、専門家として要求される注意義務は、軽減されることが多い。もっとも、前述のように、これは訴訟事件への関与の防止を目的としたものであるから（訴訟関係書類の作成）、司法書士の職務のもう一つの柱である登記手続の申請に関する職務は、かなり広範なものととらえ直すことができる。さもないと、司法書士の専門家としての責任を一般的に肯定していくためには障害となろう。

そこで、司法書士も、専門家としての責任―みずからの判断で当事者（これはしばしば登記を委託する双方当事者である）のために、場合によっては依頼者の素人判断を是正してでも、最善をはかる―をおわないわけではない。そこで、そのような責任を認める場合に、伝統的な考え方―いわば司法書士は当事者の手足として義務をつくせば免責される―との間に対立が生じてくる。訴訟に関する事件を除くと、少なくとも登記に関する裁判例の中には、この点に関してかなり積極的なものも、みられるようになった。関連業務への関与は、その範囲についての類型的な考察、および立法論を含めて再検討されるべき問題となろう。

裁判例一覧表（第一部一篇、二篇関係）

〔43〕大判昭一〇・一・二四法学四巻七三六頁。保証書の作成（三章二節）。
〔23〕大判昭一一・九・二二法律新聞四〇四二号一五頁。双方代理（二章二節）。
〔注(12)〕大判昭一九・二・四民集二三巻四二頁。双方代理（二章二節）。
〔42〕大判昭二〇・一二・二二民集二四巻三号一三七頁。保証書の作成（三章二節）。
〔11〕東京地判昭三一・一二・二六下民集七巻一二号三八一五頁。債務不履行（二章一節）。
〔35〕広島高判昭三三・六・一三高民集一一巻七号四一一頁、訟務月報四巻八号一〇二九頁。偽造（三章二節）。
〔45〕東京地判昭三四・六・三〇判時一九七号一八頁。保証書の作成（三章二節）。
〔46〕東京高判昭三六・四・二六東京高判判決時報一二巻民八三頁、判タ一一九号三〇頁。保証書の作成（三章二節）。
〔47〕東京地判昭三七・六・二五下民集一三巻六号一二六一頁、判時三〇五号二三頁。保証書の作成（三章二節）。
〔44〕東京地判昭三七・一・二一判時二九一号一五頁。保証書の作成（三章二節）。
〔31〕京都地判昭四〇・二・二三訟務月報一一巻七号九九六頁。偽造（三章二節）。
〔36〕大阪地判昭四〇・一一・二五訟務月報一二巻四号四五一頁。偽造（三章二節）。
〔3〕東京地判昭四一・一二・二六判タ二〇五号一五七頁。債務不履行（二章一節）。
〔10〕東京地判昭四二・一一・七判時五一九号六一頁。債務不履行（二章一節）。
〔24〕最判昭四三・三・八民集二二巻三号五四〇頁。双方代理（二章二節）。
〔2〕浦和地判昭四三・五・九判時五五四号五九頁。申請の取下げ（二章一節）。
〔48〕東京高判昭四五・一一・二六判時六一五号二三頁。保証書の作成（三章二節）。
〔71〕広島地決昭四六・二・二七行裁集二二巻二号一二三頁。認可（四章二節）。
〔63〕最判昭四六・四・二〇民集二五巻三号二九〇頁。業務制限（四章一節）。
〔49〕東京地判昭四六・一二・二四判時六六七号三七頁。保証書の作成（三章二節）。
〔68〕甲府地判昭四七・七・一七行裁集二三巻六＝七号五二二頁。認可（四章二節）。

〔50〕東京地判昭四七・一二・四判時七〇七号六九頁。保証書の作成（三章二節）。
〔32〕東京高判昭四七・一二・二一高民集二五巻六号四三四頁、判タ二九二号二五八頁。偽造（三章二節）。
〔29〕東京高判昭四八・一・三一金判三六〇号一九頁、判タ三〇二号一九七頁。偽造（三章二節）。
〔50―2〕水戸地判昭五〇・一・三一判タ三二三号二〇二頁。保証書の作成（三章二節）。
〔6〕広島地判昭五〇・五・一四判タ三二七号二四五頁。債務不履行（二章一節）。
〔4〕東京高判昭五〇・九・八判タ三三五号二一六頁。債務不履行（二章一節）。
〔51〕最判昭五〇・一一・二八金法七七七号二四頁。保証書の作成（三章二節）。〔32〕の上告審。
〔69〕東京高判昭五一・二・九行裁集二七巻二号一六五頁、判時八二一号一一〇頁。認可（四章二節）。〔68〕の控訴審。
〔64〕大阪高判昭五一・二・一九判時八一六号五七頁。業務制限（四章一節）。
〔65〕松山地西条支判昭五二・一・一八判時八六五号一一〇頁。業務制限（四章一節）。
〔52〕東京地判昭五二・三・二九判時八六七号七一頁。保証書の作成（三章二節）。
〔1〕東京地判昭五二・六・二八判時八七三号六二頁。契約の成立時期（二章一節）。
〔34〕東京地判昭五二・七・一二判タ三六五号二九六頁。偽造（三章二節）。
〔25〕最判昭五三・七・一〇民集三二巻五号八六八頁。双方代理（二章二節）。
〔61〕福岡高判昭五三・七・一〇判時九一四号七一頁。保証書の作成（三章二節）。
〔50―3〕広島高判昭五四・四・一八訟務月報二五巻一〇号二五二五頁。保証書の作成（三章二節）。
〔66〕高松高判昭五四・六・一一判時九四六号一二九頁、判タ三八八号五七頁。業務制限（四章一節）。〔65〕の控訴審。
〔32―2〕大阪高判昭五四・九・二六判タ四〇〇号一六六頁。偽造。
〔10〕の解説うしろ　最判昭五五・一・二四民集三四巻一号一一〇頁。債務不履行（二章一節）。
注〔31〕東京高判昭五五・一〇・二九判タ四三三号九九頁。保証書の作成（三章二節）。

注〔31〕仙台高判昭五六・二・一七判タ四三八号一一九頁。保証書の作成（三章二節）。
〔13〕千葉地判昭五六・六・一一判時一〇二四号一〇〇頁。債務不履行（二章一節）。
〔37〕岐阜地判昭五六・一一・二〇判時一〇四三号一一九頁。意思の確認（三章二節）。

〔26〕名古屋地判昭五七・二・一〇金判六四三号四二頁。双方代理（二章二節）。

〔38〕岐阜地判昭五七・二・一八判時一〇五九号一二八頁。意思の確認（三章二節）。

〔62〕大阪地判昭五七・一二・二四判タ四九六号一四八頁。契約前（三章三節）。

〔27〕横浜地判昭五八・九・三〇判時一〇九二号八七頁。預かり証（二章二節）。

〔14〕高松高判昭五九・四・一一判時一一二五号一二一頁。債務不履行（二章一節）。

〔53〕千葉地判昭五九・一一・三〇判時一一四四号一三一頁。保証書の作成（三章二節）。

〔28〕大阪地堺支判六〇・三・七判時一一六六号一二三頁。預かり証（二章二節）。

〔30〕大阪地判昭六一・一・二七判時一二〇八号九六頁。偽造（三章二節）。

〔54〕鹿児島地判昭六一・二・二五判タ五九九号五四頁。保証書の作成（三章二節）。

〔12〕名古屋地判昭六一・五・八判時一二〇七号八九頁。債務不履行（二章一節）。

〔9〕福岡地判昭六一・五・一六判時一二〇七号九三頁。債務不履行（二章一節）。

〔40〕東京地昭六一・一〇・三一判時一二四六号一一一頁。意思の確認（三章二節）。

〔15〕京都地判昭六二・一・三〇判時一二四六号一二二頁。債務不履行（二章一節）。

〔注（21）〕大阪地判昭六二・二・二六判時一二五三号八三頁。偽造（三章注（21））。

〔7〕仙台高判昭六二・四・二七金判七九二号一六頁、判時一二三八号九三頁。債務不履行（二章一節）。

〔注（31）〕京都地判昭六三・二・二五判時一二八九号一〇九頁。

〔17〕大阪地判昭六三・五・二五判時一三一六号一〇七頁。債務不履行（二章一節）。

〔33〕東京地判平一・九・二五判タ七三〇号一三三頁。偽造（三章二節）。

〔41〕東京高判平二・一・二九判時一三四七号四九頁。意思の確認（三章二節）。〔40〕の控訴審。

〔60〕東京地判平二・三・二三判時一三七一号一一三頁。保証書の作成（三章二節）。

〔8〕名古屋地判平二・八・二一判時一三七四号八七頁。債務不履行（二章一節）。

〔55〕神戸地判平二・九・二六判時一三七八号九六頁。保証書の作成（三章二節）。

〔16〕東京地判平二・一一・二〇判時一三九三号一〇八頁。債務不履行（二章一節）。

〔56〕東京地判平三・二・二八金判八八一号三五頁。保証書の作成（三章二節）。
〔18〕東京地判平三・三・二五判時一四〇三号四九頁。債務不履行（二章一節）。
〔20〕の解説うしろ　神戸地判平三・六・二八判時一四四一号八五頁。〔20〕の原審。
〔5〕東京高判平三・一〇・二三金法一三二一号二〇頁。債務不履行（二章一節）。
〔19〕東京地判平三・一一・二一判時一四三三号八七頁。債務不履行（二章一節）。
〔57〕東京高判平四・三・二五金判九〇六号三一頁。保証書の作成（三章二節）。〔56〕の控訴審。
〔20〕大阪高判平四・三・二七判時一四四一号八二頁。債務不履行（二章一節）。
〔58〕浦和地判平四・七・二八判時一四六四号一一二頁。保証書の作成（三章二節）。
〔73〕高松高判平四・七・三〇金判九一五号二四頁。注意勧告（四章三節）。
〔59〕浦和地判平四・一一・二七訟務月報三九巻八号一四四一頁。保証書の作成（三章二節）。
〔67〕東京地判平五・四・二二判タ八二九号二二七頁。業務制限（四章一節）、行政書士。
〔39〕東京高判平六・三・二四金法一四一四号三三頁。意思の確認（三章二節）。
〔第二篇〕浦和地判平六・五・一三判時一五〇一号五二頁。（埼玉訴訟）。
〔第二篇〕東京高判平七・一一・二九判時一五五七号五二頁。（埼玉訴訟の控訴審）。
〔70〕東京地判平七・一一・三〇判タ九二〇号一五九頁。登録（四章二節）。
〔第二篇〕福島地判平八・四・二五判タ九一〇号六八頁。（福島訴訟）。
〔72〕前橋地判平八・一二・三判時一六二五号八〇頁。注意勧告（四章三節）。
〔第二篇〕仙台高判平九・五・二三判時一六三一号一五三頁。（福島訴訟の控訴審）。
〔22〕東京地判平九・五・三〇判時一六三三号一〇二頁。債務不履行（二章一節）。
〔22―2〕大阪高判平九・一二・一二判時一六八三号一二〇頁。債務不履行（二章一節）。
〔21〕仙台高判平一〇・九・三〇判時一六八〇号九〇頁。債務不履行（二章一節）。
〔10〕の解説うしろ　最判平一〇・六・一二民集五二巻四号一一二一頁。債務不履行（二章一節）。
〔第二篇〕最判平一二・二・八裁時一二六二号号一一頁。（福島訴訟の上告審）。

第二篇　司法書士と行政書士の業際問題

第一章　はじめに

第一節　職域の対象と相互の関係

(1)　司法書士と行政書士の職域区分

近時、いくつかの職域の間において登記申請手続の代行に関する紛争がみられる。一九九〇年代初頭のバブル崩壊後の経済活動の停滞と土地取引の減少にともない、登記件数が減少したことが寄与していると思われ、とくに弁護士と司法書士、司法書士と行政書士の争いが顕著である。いずれも、司法書士会の積極的行為によって引き起こされている。前者はすでに周知であると思われるので（後述第三節で簡単にふれるにとどめる）、本稿では、後者を中心に検討する。(1)

(2)　職域の不明確性

このような紛争は、従来の両者の職域と法の不明確性を原因としている。すなわち、不動産登記手続における登記申請書の作成は、他人の嘱託を受け、登記・供託に関する手続などについて代理することを業務とする司法書士の職域となっているのに反し（司書二条一項一号）、契約書の作成は、他人の依頼を受け報酬をえて、官公署に提出する書類その他権利義務・事実証明に関する書類を作成することを業とする行政書士の職域となっている（行書一条一項）。登記の原因証書の作成については、争いがある。[(2)]

しかし、このような職域の分割は、実際上、依頼者からすると非常な不便がある。登記の申請書の作成、原因証書の作成、登記代理人の代理権の証明などは、一連の登記手続の流れのなかにあるからである（不登三五条）。原因証書が形式的なものとなる場合においては、これは実質的に司法書士によって代行されることが多い。他方、契約証書の作成と原因証書が権利・義務の創設のためであるとすれば、登記手続はむしろ付随的なものとなり、行政書士の主たる区域たるものとなるからである。従来においても、相互の乗り入れ現象があったものといわれ、行政書士会から司法書士会への申入事項となったこともある。[(3)]

また、会社設立などの商業登記申請書類の作成や申請代理は、「登記に関する手続の代理」であり（司書二条一項一号）、司法書士の職域であるのに反し、定款、株式申込証、創立総会議事録、取締役会議事録などの作成は、行政書士によるものが多く、ここでも、一連の手続が別個の職域にまたがるものとなっている。[(4)]

第二節　問題の所在

(1)　付随業務

このような場合に、可能な解決方法は、両者の協業・分業による職務の分担であろう。しかし、依頼者にとっては、それはたんに負担と時間を増すことにほかならない。他方、最初の不動産登記手続の例でみれば、司法書士にとって、形式的な原因証書の作成にいちいち行政書士をわずらわせる必要はないととらえられようし、また、売買契約書の作成をした行政書士にとっても、たんなる所有権移転や抵当権の抹消の登記の申請程度で司法書士をわずらわせる必要はないととらえられよう。さらに、会社の創立総会議事録の作成をまかされた行政書士が、その結果となる設立の登記をすることも、必ずしも専門的知識に欠けるとか技術的に困難とかいうほどのものではない(5)。

そこで、可能な解決方法の第二は、重複して資格を取得することである。実際に、これらの資格をあわせてもつ者に対する需要が多いことは、しばしば指摘されている(6)。

第三は、技術的に重複するかぎりで、両者に相互的な職域も存在することを肯定することである。実際に、「付随業務」が各法で明示的に許される場合もみられる(7)。

しかし、司法書士法、行政書士法は、ともに、司法書士、行政書士が、その業務を行うことが他の法律において制限されているものについては、行うことができない、と定めている（司書二条二項、行書一条二項）。また、司法書士でない者は、司法書士法二条に規定する業務を行ってはならない（司書一九条一項）、あるいは行政書士でない者は、業として行政書士法一条に規定する業務を行うことができない（行書一九条一項）、と定めている。また、業務制限には、司法書士法二五条、行政書士法二一条において、それぞれ一年以下の懲役または三〇万円以下の罰金、あるいは一年以下の懲役または一〇万円以下の罰金という罰則が付されている。

(2)　本稿の目的

本稿は、このような職域の区分を前提とした業務制限が、それ自体として合理性をもつものか、また、業務制限が、独立した行為として行われる場合やまったくの無資格者による場合以外にもあてはまるものかを検討しようとするものである。「付随業務」の意義には、検討のよちがあるからである(8)。

さらに、付随的には、自由競争、規制緩和、行政改革などの基礎となる営業の自由あるいは契約の自由の観点からも、再考しようとするものである。なお、もっとも重要と思われる登記申請手続の代理（その付随的処理）を中心に考察する。

第三節　弁護士と司法書士の業際問題

(1)　弁護士と司法書士の職域区分

(ア)　弁護士と司法書士の職域紛争については、従来、司法書士の業務に関して、「法律相談」業務が検討事項とされ、弁護士法との関連から、とくに厳格な制限が求められているとの問題がある。従来から、問題となるのは、おもに司法書士のする越権的な業務であり、これについては、弁護士法七二条、司法書士法一〇条の制限が論議の対象となる(9)。

裁判例としては、司法書士が、嘱託人の訴訟提起にさいして助言・指導したことが、「一般的な法律常識の範囲内で」、かつ「個別的な書類作成行為に収束されるもの」であれば、弁護士法七七条、七二条に違反しないとした松山司法書士弁護士法違反事件が著名である（高松高判昭五四・六・一一判タ三八八号五七頁）(10)。

(イ)　これに対して、おもに司法書士の業務範囲とされる事項に関する弁護士と司法書士の職域紛争については、近時、司法書士埼玉訴訟が著名である。これは、弁護士が登記申請の代理行為を行ったことに関するものである。すなわち、X弁護士が法律顧問をしているA会社の嘱託によりした登記申請行為に関して、Y司法書士会が、A会社に対して、登記業務のできるのは司法書士だけである、とする文書を送付した行為が、名誉毀損を問われたケースである。

(2)　平成六年（一九九四年）判決

司法書士埼玉訴訟の浦和地裁の平六・五・一三判決（判時一五〇一号五二頁）は、①立法の沿革上、弁護士は、登記申請代理を業として行うことができ、弁護士法三条の「その他の一般の法律事務」には、登記申請代理が含まれ、弁護士法は、司法書士法一九条一項但書の「他の法律」に当たり、登記申請代理は、弁護士法七二条により弁護士の専属的職務範囲に含まれる。②弁護士会に所属する弁護士は、司法書士会に入会しなくても登記申請代理業務を行うことができる、ことを肯定したのである。[11]

法律業務の一般職である弁護士が、登記関連事務を行うことができるのは当然というべきである。このような弁護士の一般的な権能が曖昧となったのは、司法書士という日本型の特殊な士業をおいたことの結果にすぎない。司法書士が法律事務の一部である登記申請代理をすることができることのほうが例外というべきであり、司法書士法によってはじめて付与された機能にすぎない（しかも、つぎの判決によれば、これも沿革的には「運用」にすぎず、明文化されたのは、昭和四二年の司法書士法改正からにすぎない）。これを超えて、弁護士の権能を排除して、業務の独占を認めたとする理由はない。

〔この判決は、控訴審の東京高判平七・一一・二九判時一五五七号五二頁でも支持された。「⑴ 明治二三年の裁判所構成法の制定により通常裁判所である区裁判所において、非訟事件として、不動産登記及び商業登記が取り扱われることになり、一方、明治二六年の旧々弁護士法の制定により、それまで民事訴訟及び刑事訴訟に限られていた弁護士（代言人）の職務が、『弁護士ハ当事者ノ委任ヲ受ケ又ハ裁判所ノ命令ニ従ヒ、通常裁判所ニ於テ法律ニ定メタル職務ヲ行フモノトス。但シ特別法ニ因リ特別裁判所ニ於テ其職務ヲ行フコトヲ妨ケス』とされたこと、明治三一年の非訟事件手続法六条一項は、登記事務を含む非訟事件については、能力者であれば代理ができることとしながら、同条二項により、弁護士でない者が、その代理を営業として行うことを原則として禁止する旨を規定し、登記事務を含む非訟事件の代理は原則として弁護士のみが業として行なうことができることを明示していたにかかわらず、翌明治三二年の不動産登記法の制定直後に、もっぱら非弁護士である代書人の営業を保護するため、司法省民刑事局長第八〇三号回答により、同条同項の規定が登記申請の代理には適用されない運用が行われたこと、さらに、昭和八年の旧弁護士法の制定により、その第一条に、『弁護士は当事者其ノ他ノ関係人ノ委嘱又ハ官庁ノ選任ニ因リ訴訟ニ関スル行為其ノ他一般ノ法律事務ヲ行フコトヲ職務トス』との規定が置かれ、弁護士の職務は、それまで弁護士の職務として明定されていなかった裁判外ノ法律事務を含め、『一般ノ法律事務』に及ぶものであることが明示されたこと、現行の弁護士法は、その三条一項に、右沿革を踏まえたうえ、行政訴訟事件や行政庁に対する不服申立事件が加わったため、これに関する行為が弁護士の職務であることを明示するために、『弁護士は、当事者その他の関係人の依頼又は官公署の委嘱によって、訴訟事件、非訟事件及び審査請求、異議申立て、再審査請求等行政庁に対する不服申立事件に関する行為その他一般の法律事務を行うことを職務とする。』と規定したこと、最高裁判所昭和四六年七月一四日大法廷判決（刑集二五巻五号六九〇頁）が述べるとおり、『弁護士は、基本的人権の擁護と社会正義の実現を使命とし、ひろく法律事務を行うことをその職務とするものであって、そのために弁護士法には厳格な資格要件が設けられ、かつ、その職務の誠実適正な遂行のため必要な規律に服すべきものとされるなど、諸般の措置が講ぜられている』ことに鑑みれば、右『一般の法律事務』とは、『ひろく法律事務』全般を指すことは明らかであり、法律事務の一分野に属する登記申請代理行為が、右『一般の法律事務』として弁護士の職務に含まれることもまた、明らかといわなければならない。

⑵　このことと、司法書士の前身である代書人は、明治一九年の旧登記法の制定以来、業として実際に登記申請書の代書及び申請手続の代理を行ってきたとはいえ、あくまで代書がその本務とされ、登記申請の代理は代書業務の付随業務として事実上行われていたものであり、大正八年の司法代書人法によっても『裁判所に提出すべき書類の作成』として、登記申請書の作成が職務として認められたにすぎず、昭和四二年の司法書士法改正により初めて登記申請代理がその職務に含まれることが明文上是認されたことを考え合わせると、弁護士法が、同法制定後に制定された司法書士法一九条一項但し書の『他の法律』に当たることは明らかである。」）

その他の業種、とくに行政書士に関しては、沿革上司法書士との職域の区分がより複雑な点もあるので、検討する必要がある。

（１）　司法書士会の告訴によって、刑事事件にまで発展したものが、札幌および福島でみられる。札幌司法書士会の告発によるものは、平成一年三月、苫小牧区検察庁から起訴、苫小牧簡易裁判所から略式命令、罰金一〇万円。近時では、福島司法書士会の告発により、平成五年福島地方検察庁郡山支部から起訴、福島地郡山支判平八・四・二五（平五年（わ）第一一八号事件）。平成八年四月二五日、罰金二五万円の判決であった（判タ九一〇号六八頁）。後者については、猪股秀章「行政書士の司法書士法一九条違反告発事件の経過」月報司法書士一九九四年五月号（二六八号）一八頁参照。

同事件は、平成一一年仙台高裁で、控訴棄却（仙台高判平九・五・一三判時一六三一号一五三頁）。現在なお上告中である。

〔その後、最判平一二・二・八裁時一二六二号一一頁により、上告棄却。なお、実質的な理由はみられず、また、判決引用の最高裁昭和三三年（あ）第四一一号同三四年七月八日大法廷判決・刑集一三巻七号一一三二頁は、歯科技工士の歯科医師法違反事件であり、また、最高裁昭和四三年（行ツ）第一二〇号同五〇年四月三〇日大法廷判決・民集二九巻四号五七二頁は、薬事法六条二項、四項（薬局の適性配置に関する）が憲法二二条一項に違反するとした事件であり、本件との関連上必ずしも適切なものとは思われない。〕

司法書士会は、従来からその職域の保護、拡大に熱心であり、みぎの事件はいずれもその非司法書士排除活動を発端としている。ほかに、神崎満治郎「商業登記事件を司法書士の手に取り戻そう」月報司法書士一九九四年一月号二二頁、二月号六〇頁参照。

また、近時の登記の件数について、ごく一部をグラフ化したものをあげると、次頁のようになる。抵当権の設定と株式会社の設立にすぎないが、これは、不動産登記よりも会社登記（ひろく商業登記）の減少がいちじるしいとの近時の一般的傾向を例示している。

（２）　たとえば、日本行政書士会連合会から、日本司法書士会連合会への申入れ「登記原因証書の解釈ならびに取扱いについて　昭和五六年三月一三日」月刊行政一〇一号〔一九八一年〕一八頁。また、日本司法書士会連合会は、昭

登記の件数

根抵当権の設定○　株式会社設立△　抵当権は10000，株式会社は100件（単位）

	1984	1985	1986	1987	1988	1989	1990	1991	1992	1993
根抵当権○	183	179	178	195	197	229	226	193	176	155
設立会社△	461	453	453	486	522	600	619	507	283	246

	1994	1995	1996	1997	1998
根抵当権○	144	136	122	113	104
設立会社△	234	231	243	204	173

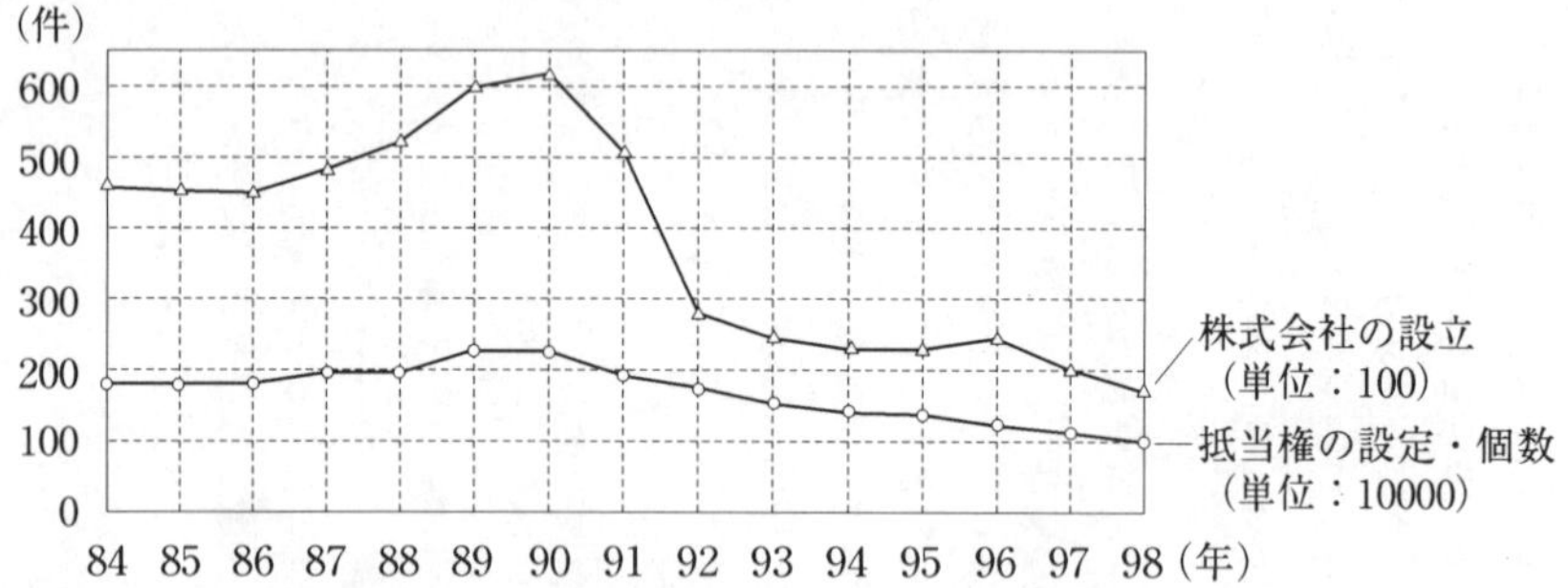

民事・訟務・人権　統計年報Ⅰ平5年度版（1994），4-5頁，20-21頁による。
同平10年度版（1998），4-5頁，20-21頁による。

和五三年の第八四回国会において、司法書士法の改正のおりに、「登記に関する原因証書の作成」をその業務として明示することを主張した。後注（3）参照。

もっとも、かねてから原因証書使用率の減少が指摘されており、九五パーセントが申請書副本に依存しているともいわれる（中原久方「不動産登記と司法書士の役割」不動産登記に関する司法書士の役割〔一九八九年〕七二頁）。この場合の焦点は、原因証書そのものへの関与というよりも、それを通して行われる相談業務への業務の拡大の可能性であろう。

（3）　前注（2）参照。および、昭和五三年の改正に関連して、第八四回国会衆議院法務委員会議事録二七号（昭和五三年六月二日・四八五）一九頁以下の改正説明参照。香川保一政府委員（当時民事局長）発言では、「申請手続、申請書の添附書類の作成」は、当然司法書士の業務の中に入っている、とする（第八四回国会衆議院法務委員会議事録二九号（昭和五三年六月七日・五〇〇）三頁参照）。さらに、第八四回国会参議院法務委員会議事録一六号（昭和五三年六月一五日・三七九）一八頁も、登記原因証書は、登記申請書とあわせて法務局、地方法務局に提出する書類であるから、その作成は、司法書士の「書類を作成」（司書二条一項二号）の中に含まれるとする。

(4) しかし、実際には、定款や議事録の作成を行っているのは、司法書士、公認会計士、税理士などであろうとの指摘もされている（井上隆司「行政書士と他士業との接点」日本行政一三〇号二八頁）。

(5) げんに公認会計士の登記手続の代行は可能とされている（昭和二五年七月六日民甲一八六七号民事局長回答、井上・前掲論文二八頁）。

(6) たとえば、昭和五三年の司法書士法改正のさいの、第八四回国会衆議院法務委員会議事録二九号（昭和五三年六月七日・五〇〇）二頁の加地委員の発言参照。司法書士と土地家屋調査士、社会保険労務士の資格を重複してとる場合に関するものである。

もっとも、私見によれば、むしろ士業が細分化されていること自体が問題であり、準法律職として一元化されることがより望ましいのである（場合によっては、司法職一般の一元化が望ましい）。業務の特化は、専門職の内部で、個々の専門にあわせて自律的に生じるべきものであり、監督官庁ごとに資格を作ろうとすることから、不必要に多様な業際問題が生じるのである。後注（39）参照。

(7) たとえば、弁護士が、その業務に関連して登記申請手続を行う場合に関する弁護士法三条一項が典型である。独立して行う場合に関しては争いもあり、後述する（第三節および第三章二節(1)(イ)参照）。

(8) 国会審議のうえでも、行政書士と司法書士の職務の競合の問題について、稲葉誠一委員の発言が、若干みられる（前述、衆議院法務委員会議録二九号一〇頁）。

(9) これにつき、簡単には、徳永秀雄＝高見忠義・司法書士法解説〔一九八七年〕七八頁参照、小野秀誠「司法書士の責任」専門家の責任〔一九九三年〕所収三七頁参照。〔本書第一部一篇所収〕また、村田君代「司法書士は、訴訟にどのように関与しているか」法セ特集二四号・市民のための法律家〔一九八三年〕一六三頁参照。

(10) 判決によれば、本文の場合を超えて「事件の包括的処理に向けられ事件内容についての鑑定に属する如き法律判断を加え、他人間の法律関係に立ち入るものであるかによって決せられる」とする。〔この高松高裁判決は、第一

部一篇所収の〔66〕判決であり、その原審は、〔65〕である。〕

(11)　本件では、名誉毀損の成立を認め、Xの損害賠償請求のうち一六五万円を認容した点にも意義があるが省略する（司法書士会が弁護士の依頼者に、弁護士のした登記申請代理が違法であるかの文書を送付したことが弁護士に対する名誉毀損とされた。なお、同時にYの反訴一〇〇万円の請求も認容。Xが被告司法書士会を「劣位下等な職能集団」と表現したことが名誉毀損にあたるとした）。

本件については、ほかに鬼塚賢太郎「弁護士と司法書士の職域紛争」法令ニュース二九巻一二号二五頁参照。また、同事件については、月報司法書士一九九四年二月号（二六五号）二頁以下、五月号（二六八号）五一頁、および岡田滋・現代弁護士職域論（一九八八年）に、事件関係の書類など関係資料が詳しい（二〇五頁以下〔資料編〕）。なお、付随業務として、弁護士が登記申請行為をすることについては、登研二一八号七三頁。ただし、より広くとらえるべしとの見解との間に争いがある。第三章二節(1)(イ)で後述する。

第二章　立法の沿革

第一節　初期の官制

(1)　登記事務の扱い

(ア)　通常の用語からみれば、司法書士の「司法」は、すなわち裁判所の関係、行政書士の「行政」は官庁の関係ということになる。ところが、前者の職域には、登記の関係業務が含まれており、わかりにくい。登記関係の書類の作成をすることは、むしろ本来行政の範囲であろう。もっとも、一般のイメージからすれば、裁判所は弁護士、登記所は司法書士[12]、官庁は行政書士の担当範囲ということになり、おそらくそれぞれの中心的な業務量もそのようになるのであろう。

司法書士の職域が、登記の関係におよぶということは、沿革にもとづく。すなわち、旧不動産登記法（明治一九年八月一三日法律一号）は、登記事務を治安裁判所が取り扱うものとした（三条「登記事務ハ治安裁判所ニ於テ之ヲ取扱フモノトス。治安裁判所遠隔ノ地方ニ於テハ郡区役所其他司法大臣指定スル所ニ於テ之ヲ取扱ハシム」）。また、裁判所構成法（明治二三年二月八日法律六号）によって、登記事務は、区裁判所において非訟事件として取り扱われることとされた（一五条「区裁判所ハ非訟事件ニ付法律ニ定メタル範囲及方法ニ従ヒ左ノ事務ヲ取扱フノ権ヲ有ス。〔第一・省略〕第二　不動産及船舶ニ関スル権利関係ヲ登記スル事。第三　商業登記及特許局ニ登録シタル特許意匠及商標ノ登記ヲ為ス事」）。(2)で後述する沿革と、登記事務を司法の権能に属するとするドイツ法的なシステムによるものである。これについては、第二部一篇三章二節参照。）

(イ)　登記事務が、行政事務とされ行政機関の所属とされたのは昭和二二年以降であり、日本国憲法の施行後のことである。この時から、登記事務は、はじめて裁判所の手を離れたのである。〔登記を行政の一部とみる英米法的なシステムによるものである。〕

(2)　太政官制の遺構

裁判所や司法機関に各種の行政的機能が所属していることは、今日的な観点からは、ややわかりにくいが、もともと明治初期の太政官制やそれに由来する官制のもとでは、司法と立法の関係は、三権分立の今日とは異なる点が多い。今日予想される以上に旧幕時代の観念の遺構がみられるからである。

初期の司法省は、司法行政のほか、裁判所、民生一般や警察を管轄しており、民生一般や警察が分離されたのは、ようやく明治六年〔一八七三年〕に、内務省が設置されてからであった。また、裁判所自体も、当初は司法省のもとに、県裁判所、区裁判所が設置され（明治五年〔一八七二年〕八月三日太政官布告二一八号）、大審院が設置されたのは、元老院設置と同年の明治八年〔一八七五年〕であった（明治八年四月一四日太政官布告五九号）。また、行政官による行政裁判が廃止されたのは、ようやく明治一〇年（一八七七年）にすぎない（明治一〇年二月一九日太政官布告一九号）[13]。このような分離やその発展の過程で、裁判所に実質的な行政事務に関する権能が帰属することもあったのである。

すなわち、司法と行政が未分離のまま、広範な権能を有した裁判所に対する文書の作成の手続が、司法「代書人」または司法書士の職域の対象とされていたわけである。これが、戦後において、司法と行政の分離が行われるようになってから、司法書士の手続が、両者にまたがるようになったことの源と目される。

第二節　司法書士・行政書士制度の沿革

(1)　司法職務定制、訴答文例

(ア)　ところで、司法書士と行政書士の制度の沿革も、このような司法と立法の関係を反映している。

(a)　初期の制度では、なお明確な分離はみられない。まず、明治五年（一八七二年）の司法職務定制（明治五年八月三日太政官達）によって、その第一〇章以下に「証書人代書人代言人職制」が定められた。これは、公証人、代言人および代書人の業務がはじめて規則上現れたものとして著名なものである（四一条～四三条）。

まず、公証人に相当する証書人である。

第四一条「証書人

第一　各区戸長役所ニ於テ証書人ヲ置キ田畑家屋等不動産ノ売買貸借及生存中所持物ヲ人ニ贈与スル約定書ニ奥印セシム

第二　証書奥印手数ノ為ニ其世話料ヲ出サシム」

つぎに、代書人である。

第四二条「代書人

第一　各区代書人ヲ置キ各人民ノ訴状ヲ調成シテ其詞訟ノ遺漏無カラシム
　但シ代書人ヲ用フルト用ヒサルトハ其本人ノ情願ニ任ス
第二　訴状ヲ調成スルヲ乞フ者ハ其世話料ヲ出サシム」
すなわち、ここでは、代書人を利用するかどうかは、本人の意思によるものとされている。
さらに、代言人に関しては、つぎの四三条がある。
第四三条「代言人
第一　各区代書人ヲ置キ自ラ訴フル能ハサル者ノ為ニ之ニ代リ其訴ノ事情ヲ陳述シテ枉冤無カラシム
　但シ代言人ヲ用フルト用ヒサルトハ其本人の情願ニ任ス
第二　代言人ヲ用フル者ハ其世話料ヲ出サシム
　証書人代書人代言人世話料ノ数目ハ後日ヲ待テ商量スヘシ」

(b)　また、明治六年の訴答文例（明治六年七月一七日太政官布告二四七号）によって、訴状の作成に代書人を用いるべきことが定められた。この文例の特徴は、明治五年の司法職務定制の定めとは異なり、代書人の利用が強制されていることである。本人がみずから訴状などを作成することが認められていない点に特徴がある。
文例は、原告に関する場合（第一巻　原告人ノ訴状）と、被告に関する関係（第二巻〔二三条以下〕　被告人ノ訴状）を大別して規定する点にも特徴がみられる。

原告の訴状の作成に関しては、三条で、「原告人訴状ヲ作ルハ必ス代書人ヲ撰ミ代書セシメ自ラ書スルコトヲ得ス。但シ従前ノ差添人ヲ廃シ之ニ代ルニ代書人ヲ以テス」。また、その他の関係文書も、代書人が作成するべきこととされた（四条「訴訟中訴状ニ関係スルノ事件ニ付被告人ト往復スルノ文書モ亦代書人ヲシテ書セシメ且代書人ノ氏名ヲ記入セシム可シ。若シ代書人ヲ経サル者ハ訴訟ノ証ト為スコトヲ得ス」）。

そして、疾病・事故のために代書人を改任するときには、これを裁判所と相手方に届けるべきこと、これを怠ったときには、すでに新しい代書人が代書していても、代書人と「看做スコトヲ得ス」とされている（五条）[14]。被告の答書の作成に関しても、本人の作成が制限されている。三四条では、「被告人自ラ答書ヲ書スルヲ許サズ。必ズ代書人ヲシテ代書セシム可シ。其代書人ヲ撰ミタル時ハ即日裁判所ニ届ケ且原告人ニ報告スベシ。其他代書人ヲ用フル方法ハ第三条第四条第五条第六条ニ照ス可シ」として、原告の場合に準じることとされている[15]。

(c)　以上の司法職務定制、訴答文例に共通した特徴は、後者の代書人の利用の強制とならんで、代書人の種類にとくに区別が設けられていないことであろう。しかし、これは、「代書人」に、裁判所および官公署に対する一般的な業務権能があったということを必ずしも意味しない。むしろ、ここでは、「代書人」が裁判所あるいは官公署などその出入り先によって規律されることが当然の前提とされており、名称は後から分化したものの、実質的に「司法代書人」を対象とするものであったといえるからである[16]。

もっとも、その司法代書人の業務は、裁判事務がもっぱら念頭におかれていたのであり、登記がこれに含まれるようになったのは、明治一九年の旧不動産登記法によって、登記を裁判所が取り扱うことになったという外来的な原因によるにすぎない。

また、その場合でも、司法代書人の業務の本質は、あくまでも「代書」にあった。「登記手続」の代行は、明治三二年の不動産登記法の制定直後に、もっぱら非弁護士である代書人の営業を保護するため、司法省民刑事局長第八〇三号回答により、同条同項（明治三一年の非訟事件手続法六条二項による非弁護士の登記代理行為の禁止）の規定が登記申請の代理には適用されない運用が行われたことの結果にすぎない（東京高判平七・一一・二九判時一五五七号五二頁参照）。

(イ)　他方、明治三〇年代後半～四〇年ごろから、各府県令によって、「代書人」が、他人の訴訟行為に関与することを取り締まる規則が制定された。とりわけ、著名なものは、大阪府の代書人規則である（明治三六年八月二四日大阪府令六〇号）。そこでは、代書人を「他人ノ委託ニ依リ料金ヲ受ケ文書ノ代書ヲ業トスル者」と定めている。もっとも、その内容は、必ずしも明確ではない（後述第三節をも参照）。

(ウ)　以上のように明治の末ごろまでは、必ずしも規制が一本化せず、各官公署、裁判所がそれぞれ出入りの代書人を規制していたにすぎないものとみることができる。したがって、この時期には、職域の区別は、もっぱら官公署と裁判所の窓口によっていただけであり、競合の問題が生じるよちもなかったのである。(17)

(2)　司法代書人法

(ア)　大正八年（一九一九年）に、司法代書人法（大正八年四月一〇日法律四八号）が制定された。ここで、従来、裁判所の行っていた代書人に対する規制が、法律によることになったのであるが、これも従来の規制を明確にしたにとどまり、内容的な変化は伴わなかったものと推察される。その結果、司法代書人は、裁判所に出入りする者だけを対象として規制することとなったのである。したがって、その業務も、裁判所に関係するものを対象とすることになった。

すなわち、その一条では、「本法ニ於テ司法代書人ト称スルハ他人ノ嘱託ヲ受ケ裁判所及検事局ニ提出スヘキ書類ノ作製ヲ為スヲ業トスル者ヲ謂フ」とされた。司法代書人による登記申請書の代書は、裁判所に提出される書類のなかに含まれるものとされた。

司法代書人は、地方裁判所に所属し（二条）、地方裁判所長の監督をうけるものとされた（三条）。また、司法代書人となるには、地方裁判所長の認可が必要とされていた（四条）。さらに、九条では、「司法代書人ハ其ノ業務ノ範囲ヲ超エテ他人間ノ訴訟其ノ他ノ事件ニ関与スルコトヲ得ス」と定められていた。

司法代書人は、非訟事件を含む広義の司法の一環に組みこまれ、これに関係する書類の作成が職務の対象とされることが明らかにされたのである。

(イ)　しかし、これらの規制は、監督的な規定にとどまり、業務独占の趣旨のものではない。所属裁判所長の許可なしに司法代書人の業務をすることの規制やその処罰規定はない。司法代書人が訴訟に関与することの禁止のみが顕著である。さらに、これも前述のように、司法代書人の業務は、本来的には訴訟書類作成の事務であり、登記事務が含まれるようになったのは、偶然的なことにすぎず、したがって、司法代書人法一条は、「裁判所及検事局」のみを明文にあげているのである。そこで、この段階では、訴訟書類に関する事務はともかく、登記事務について、付随義務を含めた業務独占の趣旨があったものとはいえない。

なお、昭和一〇年（一九三五年）、司法代書人の名称は、司法書士と改められた（昭和一〇年四月四日法律三六号）。

(3)　司法書士法

(ア)　戦後の昭和二五年（一九五〇年）、司法書士法が改正され（昭和二五年五月二二日法律一九七号）、いちじるしく条文数が増加した。司法書士の職務に関しては、「司法書士は、他人の嘱託を受けて、その者が裁判所、検察庁又は法務局若しくは地方法務局に提出する書類を代わって作成することを業とする」（一条一項）とされた。また、取締規定が設けられ、「司法書士でない者は、第一条に規定する業務を行ってはならない。但し、他の法律に別段の定めがある場合又は正当の業務に付随して行う場合は、この限りでない」（一九条一項）とされ、さらに、違反した場合の罰則が定められた（二三条一項）。

(イ)　昭和二六年（一九五一年）の司法書士法の改正によって（昭和二六年六月一三日法律二三五号）、みぎの一九条一項の文言の中から「又は正当の業務に付随して行う場合」が削除された。この場合の解釈が問題である。しかし、これは、「正当の業務に付随して」行う行為の拡大解釈を制限する限度にすぎず、基本的には当然のものとして削除したとみることができる(18)。

昭和二五年法は、従来に比して厳格な取締規定をおいたが、この付随業務に関する規定は、それとの均衡を保つうえで設けられたにすぎないものと考えられるからである。すなわち、付随業務は、他の法律の解釈で付随業務と解されれば、この一九条一項の規定をまたずに、取締りの対象たらないのである。なお、司法代書人法の沿革上、取締りの対象は、弁護士法違反の場合を念頭においてきたから、非司法書士についても、付随行為からのその違反を制限することには意味があったであろう。

他方、これに対応することは、司法書士のする行為についてもいえ、司法書士のする「付随業務」もありうることは、前述の高松高判昭五四・六・一一の認めるところである。「嘱託人の嘱託の趣旨内容を正確に法律的に表現し司法（訴訟）の運営に支障を来さないという限度で」、「一般的な法律常識の範囲内で助言指導することは何ら差支えない」ものだからである。

さらに、昭和三一年（一九五六年）には、司法書士会への強制入会制度の改正が行われた（法律一八号）。

(4)　昭和四二年（一九六七年）改正、昭和五三年（一九七八年）改正

(ア)　昭和四二年の改正では（昭和四二年七月一八日法律六六号）、一条一項は、「司法書士は、他人の嘱託を受けて、その者が裁判所、検察庁又は法務局若しくは地方法務局に提出する書類を作成し、及び登記又は供託に関する手続を代わってすることを業とする」とされた。ここで、司法書士は、たんなる登記申請書の代書だけではなく、嘱託人からの委任をうけ、登記の完結までの手続を代理して行うことができることとされた(19)。従来、代書または書類の作成が業務の本質とされてきた司法書士に、登記手続の代行が明文上認められるにいたったのは、この時がはじめてである。

昭和四二年の改正（法律六六号）では、司法書士会に法人格を付与する改正も行われた。

(イ)　また、昭和五三年（一九七八年）の改正では（昭和五三年六月二三日法律八二号）、目的規定が設けられ（一条）、司法書士の業務について、「司法書士は、他人の嘱託を受けて、次に掲げる事務を行うことを業とする。

一　登記又は供託に関する手続について代理すること。

二　裁判所、検察庁又は法務局若しくは地方法務局に提出する書類を作成すること。
三　法務局又は地方法務局の長に対する登記又は供託に関する審査請求の手続について代理すること。」（二条一項）とされた。
これによって、ほぼ現在の規定ができ、その業務が明確になり、また登記手続代理の趣旨が明確化されたのである。

さらに、昭和五三年の改正では、従来法務局または地方法務局の長の認可によって司法書士の資格が付与されていたのに対して、国家試験が導入された（三条一項一号）。
(ウ)　昭和四二年および昭和五三年の改正の結果、司法書士の業務の性格が、書類の作成から、手続の代理、審査請求の代理あるいは一定の法律領域、登記、供託、訴訟を扱う一般的な性格が強まった。
もっとも、司法書士会からは、「業務範囲の拡大の問題」が要望されているが、それらに関する改正は考慮されていない、とされている[20]。

第三節　行政書士法の沿革

(1)　代書業者取締規則、代書人規則

(ア)　行政書士法に関する法令の変遷も、明治時代にさかのぼる。古くは、発布の時期は不明であるが、警視庁令による代書業者取締規則によって、代書業は、所轄警察官署に届出が義務づけられ（九条）、訴訟事件、非訟事件に関与することが禁じられていた（四条）。
また、各府県令による代書人の取締規則があり、とくに弁護士類似の行為が禁じられていた[21]。これらの規則は、大正九年に、つぎの内務省令に引き継がれた。前年（大正八年）の司法代書人法をうけて、司法代書人との区別を意識した規則を、行政側から設定したものといえる。

(イ)　大正九年（一九二〇年）の代書人規則（大正九年一一月二五日内務省令四〇号）の一条では、「本令ニ於テ代書人ト称スルハ他ノ法令ニ依ラスシテ他人ノ嘱託ヲ受ケ官公署ニ提出スヘキ書類其ノ他権利義務又ハ事実証明ニ関スル書類ノ作製ヲ業トスル者ヲ謂フ」とされた。

代書人となるには、所轄警察官署の許可が要件とされ（二条）、また代書人は、その監督をうけるものとされ、警察官署は、「必要ト認ムルトキハ」代書人の事務所を臨検しまたは、代書事件簿を検閲することができた（一三条）。

司法代書人とは異なり、とくに「他ノ法令ニ依ラスシテ」と除外規定の設けられたことが特徴的である。司法代書人法に対するものとして、本規則による代書人を、「行政代書人」と称したという。[22] ここから、「司法」代書人と「行政」代書人が明文上も分かれることになった。

(ウ)　しかし、これによって新たな分離が生じたとみるべきではなく、むしろ、裁判所の許可をえていた司法代書人と、警察の許可をえていた行政代書人は、従来からも実体は別個であり、これを追認したにすぎないものではないかと思われる。規制の異なることにあわせて、名称も分け、いわば区分を明確にしたものであろう。

なお、その二二条では、「本令施行ノ際現ニ許可ヲ受ケ代書ヲ業トスル者ハ本令ニ依リ許可ヲ受ケタルモノト看做ス」とされていたが、従来形式的に「代書人」として一元的であったからといって、司法代書人との資格の重複（たとえば、裁判所と警察）があったとは思われない。[23]

さらに、同規則九条一号では、「他人ノ訴願、訴訟」への関与が禁じられており、また、同規則一七条では、「本令其ノ他ノ法令ニ依リ許可又ハ認可ヲ受ケスシテ代書ノ業ヲ為シタル者ハ拘留又ハ科料ニ処ス」とされていた。管轄の官公署の認可をうけずに代書人の業務を行った者が罰則の対象となったのである。

総じて司法代書人法と比較すると詳細であり、処罰規定の多いことが特徴である。

(エ)　代書人と司法代書人の関係につき、大判大一〇・五・二五刑録二七輯一三巻四八四頁は、司法代書人の認

可をうけていない者が、司法代書人の業務範囲に属する事項を業として行った事件で、その者が代書人規則によ
る代書人の認可をうけていても、代書人規則一七条違反の罪が成立するとしている。[24]

(2)　行政書士法

(ア)　内務省令による代書人規則は、「日本国憲法施行の際現に効力を有する命令の規定の効力等に関する法律」（昭和二二年四月一八日法律七二号）によって、昭和二二年（一九四七年）一二月三一日に失効した（同法一条）。その後は、各都道府県の条例によって代書人の業務が規制されていたにとどまる。

(イ)　しかし、昭和二五年の司法書士法改正をうけて、昭和二六年（一九五一年）、行政書士法が制定された（昭和二六年二月二二日法律四号）。行政書士の地位と業務を法律をもって明らかにしたものである。

まず、「行政書士は、他人の依頼を受け報酬を得て、官公署に提出する書類その他権利義務又は事実証明に関する書類を作成することを業とする」（一条一項）とされた。

また、「行政書士でない者は、第一条に規定する業務を行うことができない。但し、他の法律に別段の定がある場合及び正当の業務に付随して行う場合は、この限りでない」（一九条一項）との取締規定、さらに、違反した場合の罰則規定（二一条）も設けられたのである。

(ウ)　昭和三九年（一九六四年）の改正では（昭和三九年六月二日法律九三号）、行政書士が業として作成する書類に「実地調査に基づく図面類」が含まれることとされ（一条一項）、また、一九条一項の業務から「及び正当の業務に付随して行う場合」が削除された。これは、昭和二六年の司法書士法の改正と同様に、拡大解釈の基礎となる文言の削除が目的とされたものと思われる。[25]

(3)　昭和五五年（一九八〇年）改正

他方、昭和五五年の改正では（昭和五五年四月三〇日法律二九号）、「行政書士は、前条に規定する業務のほか、

他人の依頼を受け報酬を得て、同条の規定により行政書士が作成することができる書類を官公署に提出する手続を代わって行い、又は当該書類の作成について相談に応ずることを業とすることができる」（一条の二）とされた。なお、一条の行政書士の業務については、非行政書士がする行為への取締規定があるが（一九条一項）、この一条の二の業務については、非行政書士がする行為への取締規定は拡大されてはいない。

文言上は、業務として作成できる書類の提出手続の代行ができることになり、これは、昭和四二年の司法書士法の改正に対応するものである。また、相談業務が加えられたことによる拡大があるが、これに相当するものは、司法書士法にはみられない。弁護士法との調整が考慮されたものであろう（司書一〇条）。

(12)　香川・前述衆議院法務委員会議事録二九号八頁では、司法書士の業務は、登記、供託、訴訟に関する手続のうち、全体の業務量では、ほぼ九割か九割五分以上が登記であるとする。同様の傾向は、今日でも同様であろう。一般的には、法セ特集二四号・市民のための法律家（一九八三年）九〇頁以下を参照。もっとも、裁判事務にかかわるほうが多い者もいる。村田・前掲論文法セ特集二四号一六三頁参照。

(13)　これらの変遷については、Ono, Comparative Law and the Civil Code of Japan, Hitotsubashi Journal Law and Politics, Vol. 24., pp. 38.

(14)　代言人についても、原告側と被告側とは別に規定されており、原告側の代言人については、第一巻一〇章の三〇条以下に規定が置かれた。その職務は、原告人の「情願ニ因リ」「代言セシムルコト」であり（三〇条）、また「訟庭ニ同席スル事」（三一条）である。ここでも、訴訟に関係する書類は、代言人または保証人でも、「代書人ヲシテ代書セシメ」ることとされ、「原告人ノ自書ヲ用フルコトヲ得ス」とされている（三二条）。

(15)　被告側の代言人については、第二巻三章の三五条以下に規定が置かれている。被告人は情願によって代言人を用いることができるが（三五条）、ここでは、本人が必ず同伴して「訟庭ニ出席」しなければならない。ここでも、訴訟に関係する書類は、「被告人ノ証ト為ルヘキ者ハ被告人ノ撰ミタル代書人ヲシテ代書セシメ且ツ代書人ノ氏名ヲ記入セシム可シ。被告人ノ自書ヲ用フルヲ得ス」とする。

(16)　裁判機能を果たすものと警察的機能を果たすものが一体である場合には（たとえば、江戸時代の奉行所）、窓口は一つであるから、代書人のようなものも区分しえない。ここでは当然一元的になっていたというべきであるが、これは、窓口が分離されたあとで、Ａ窓口の資格を有する者が、Ｂ窓口でも資格を認められることとは異なる。後者の場合には、資格も分離され、それがのちにおこる司法代書人と行政代書人の区別につながるのである。

(17)　従来は、明治時代には、一元的な「代書人」があり、それが、大正八年の司法代書人法ないし九年の代書人規則によって、司法代書人と行政代書人に分化したとの見解が一般であるが、私見では、もともと多元的なものでなかったかと思われる。すなわち、裁判所の代書人と警察の代書人といったような分化はあり、裁判所の認可をうけた代書人だからといって、これに付随せずに、当然に後者でも代書業務ができたとは思われないのである。もっとも、その場合に、処罰までがあったかは明らかではない。

しかし、この監督的、取締的規定があったからといって、それが同時に業務独占の目的をもっていたと即断することもできないのである。戦前の官庁や裁判所は、かなり監督的・超然的であり、今日とは異なり、国家目的以外の観点から業界の個別の利益までを代表することは少なかったからである。

(18)　いわば司法書士法の側からする「外在的・発展的な」付随業務の規定は削除されたが、それぞれの法が認める「内在的な」付随業務は、業務の性質上当然予定されているのである。

(19)　ここで、とくに司法書士による登記の完結までの手続の代行機能が明確にされたことは、一面では、登記手続中の疑問点を明らかにしたことになるが（たとえば、登記原因証書の作成能力）、他面では、裁判所に提出する書類の作成については、登記に関する手続とのアンバランスから、その機能が限定されることが明らかにされたものともいえる。

(20)　昭和五三年の改正説明は、前述・第八四回国会衆議院法務委員会議事録二七号（昭和五三年六月二日・四八五）一九頁以下。また、二八号（昭和五三年六月六日・四九一）一頁に、香川委員の改正説明およびこれに対する質疑がみられる。

二八号（昭和五三年六月六日）四頁では、業務相談を司法書士の業務に加える見解について、香川委員は、訴状の作成に関連・付随してする法律相談は可能であるが、独立して法律相談に応じることは、弁護士法との関係もあり、疑問としている。とくに問題とされているのは、弁護士法との関係である。同五頁参照。「嘱託人の趣旨どおりの法律的整序までが司法書士の業務の限界」であるとする。また、昭和五三年の改正によって、司法書士の性格に変更があったとはいえないとの答弁がみられる（香川発言・二八号二七頁）。

(21)　たとえば、明治三九年一月発布の神奈川県令二号・代書人取締規則ほか。後藤紘和編著・行政書士法の解説〔一九八二年）三九頁。

(22)　後藤・前掲書五一頁。

(23)　明治時代、一元的に「代書人」であったものが、大正八年または九年にいたって、分化したというよりは、もともと官庁ごとに多元的な存在であった「代書人」が、この時期に、「司法」と「行政」に集約されたとみるほうが、実体に近いものと思われる。前注（17）参照。

(24)　また、大判大一〇・五・二七刑録二七輯一三巻四八七頁は、他人の嘱託をうけて「裁判所及検事局ニ」提出する書類の作成を業とするには、代書人規則二条所定の警察官署の許可をうけてもたりず、司法代書人法によって地方裁判所長の認可をうけなければならないとする。

本文の大判大一〇・五・二五の判決は、代書人規則の処罰規定によって、司法代書人業務をした者を処断している点で、ねじれがある。司法代書人法には、処罰規定がなかったからである。非司法代書人の取締りであれば、司法代書人法自体に規定があってしかるべきである。そうでないとすれば、むしろ、司法代書人も、代書人の一部という考えかたもうかがわれる。両者が分離された今日では、その先例的価値は疑問とするべきである。また、その場合の違反事件の内容も不明であるが、「裁判所及検事局」に提出する書類の作成ということから訴訟書類作成の事務に関するものではなかったかと思われる。

(25)　もっとも、司法書士法の相当する改正よりも一三年も遅れている。内容的なものというよりは、字句的な統一が目ざされたものと思われる。

第三章　付随業務、相談業務

第一節　業務の区分

(1)　監督的・取締的な規定

(ア)　第二章における沿革的考察から、司法書士と行政書士は、かなり早くから区分され、裁判所に提出する書類の作成が「司法」代書人の業務とされていたこと、また、かつて登記事務を裁判所が扱うものとされたことから、登記書類の作成がこれに追加されたことが明らかとなった[26]。

そして、これは、司法代書人法と代書人規則の制定によって、明確にされた。司法代書人とその他の代書人の業務は、代書する文書の提出先が、裁判所かその他の官公署であるかによって区分されたのである。しかし、これらは、もっぱら監督的・取締的な規定にとどまり、業務独占のための規定であったわけではない。また、各種の代書人の職務の本質は、「代書」すなわち書類の作成にあり、登記手続の代行は、それに付随するか、せいぜい黙認されたものにすぎなかったことが注目されるべきである。

(ｲ)　昭和二五年（一九五〇年）の司法書士法の全面改正によっても、このような区分には基本的には変化がない。もっとも、従来の司法書士法に比較して、条文数や罰則規定の増加によって、むしろ代書人規則に類似した取締規定的な性格の変化がみられる。しかし、これらの取締的な規定の多くは、代書人の時代の訴訟書類作成の事務の規制に由来するにすぎない。他の業務（登記関係）への一律の適用には疑問がある。

新たな司法書士の業務は、裁判所と法務局に提出する書類の作成を対象とする。しかも、ここで新たに、司法書士でない者は、その業務をなしえないとされ、罰則も定められた。「付随業務」には、この取締規定は適用されないとされたが、これは、昭和二六年の改正によって削除された。しかし、これによって、各法の付随業務に関する解釈の余地がなくなったと解するべきではない（司法書士の登記権能の拡大とみることもできない）。

昭和四二年（一九六七年）の改正によって、登記申請手続の代理は、司法書士の業務として、はじめて明文化された。形式的には、司法書士でない者がこれを行うことも取締の対象となったが、もともと取締的規制は、訴訟書類作成の事務を念頭にしたものであり、それ以外の場合をも当然に念頭においたものととらえるべきではない。

(2)　職域区分

(ア)　行政代書人・行政書士の業務は、代書人規則の制定以来、明文上も、司法代書人・司法書士の業務と区別されていたが、この区分は、行政書士法にもうけつがれたと思われる。すなわち、(独立して）業として行う登記申請書の作成は、おもに司法書士の業務領域とされている。

昭和五五年〔一九八〇年〕の改正によって、行政書士の作成した書類の提出手続の代理が、その業務とされたが、この場合の書類も、行政書士法一条の規定によって行政書士が作成しうる書類を予定したものであろう。

(イ)　このように登記申請書の作成は、沿革にもとづくと、主として司法書士の事務対象となっており、登記申請手続の代理も、これに対応するものと位置づけられる。しかし、その内容と範囲は、必ずしも一貫したものではなかったことが注目される必要がある。

第二節　現代的意義

(1)　合　理　性

(ア)　沿革的には、以上のように両者の業務は区分できるのであるが、すでにみたように、かなり偶然的な要素に左右された面もあり、これが今日でもあてはまるというためには、よりいっそうの理由づけが必要である。なによりも、その区分が現在合理的であるかが問題である。

(a)　まず、業務の制限の趣旨が、当初代書人の統制にあったことから、しだいに職業の制限へと内容的に代わってきたことが注目される必要がある。初期の制限は、裁判所あるいは官公署に出入りする代書人を各認可機関が把握することを目的としていた。したがって、代書人の業務は、もっぱら裁判所あるいは官公署の範囲によって決定されたのである。これが、取締的・行政的規定のおかれたゆえんでもある。反面、利用者の保護や利便性などは、二次的なものにすぎず、また業務の範囲も偶然的に決定されたのである。

(b)　また、沿革的には、司法書士・代書人への規制は、監督と弁護士類似の行為の取締りを対象としたのみであり、業務の独占の趣旨はみられなかった。そこで、司法代書人以外の者の業務に付随してする行為までも禁止されていたとはいえず[27]、昭和二五年の司法書士法も、付随業務には、取締規定は適用されないとされた。もっとも、これは、昭和二六年の改正によって明文上は削除された。

登記や裁判制度から国家やその官吏が利益をうることは、中世のヨーロッパでしばしばとられた制度であるが、わが国の伝統からは疎遠な考えかたであり、戦前の司法制度の段階でも、取締法規を同時に業界保護に転用する考えかたは、少なくとも意識的にはみられなかったといえよう。

(イ)　職業独占の趣旨が強調されるようになったのは、昭和四〇年代の産業保護主義的な思潮の反映にすぎない(昭和四二年改正)。とくに、昭和五三年〔一九七八年〕の改正のおりには、司法書士の職業保護の趣旨が、立法担当者によって強調されている（もっとも、これとても裁判所職員の退職後の特任制度に関する議論にすぎない[28]）。しかし、このような保護思想は、それほど長い伝統にもとづくものとはいえず、時代に制約された一時的な主張というべきであろう。

現代的見地からすると、このようななわばり的あるいは職業独占的な意識には問題がある。必要なのは、サービスをうける利用者にとってどのような意味があるかである。もちろん、一定の業務に資格が必要とされる例は多い。生命・身体の安全を目的とする場合に、これが必要とされ、場合によってはその違反に対して罰則のおかれることも必要である[29]。これは、たとえば、弁護士業務については、今日でも相当程度まで意義があろう。

しかし、これが不必要な範囲にわたってならないことは、契約や営業の自由との関係からも当然である[30]。はたして、業務の制限が、業務独占の趣旨かを問い直す必要があろう。サービスの受益者からすれば、一連の手続が、業務の制限によって分割されることは、不必要なことにすぎない。そのような手続は、最低限たがいに「付随」的な業務として承認される必要がある[31]。

たとえば、このような例として、弁護士が依頼された事件に関連して、登記の申請を代行する場合があり、これは、少なくとも付随業務として容認されている。これは、前述のように、司法書士埼玉訴訟判決でも確認されている。もっとも、依頼された事件に関係なく反復継続して登記の申請を代行することを業することはできないとの見解もある(32)。また、弁護士法三条二項は、明文で、弁護士は、当然弁理士および税理士の事務を行うことができるとする。

弁護士のほか、公認会計士、会計士補、計理士も、会社などの委託をうけた場合に、業務の付随行為として登記申請の代理のできる場合がある。司法書士法一九条一項の但書に該当するとされるからである。公認会計士法二条二項、旧計理士法一条の「会計業務」の中に、商業登記申請書類の作成や申請代理行為が含まれている(33)。しかし、税理士では違法となるというのが、従来の解釈であったが、昭和五五年の改正税理士法二条二項では、会計業務規定が新設されたので、税理士でも、商業登記申請書類の作成や申請代理行為は、業務の付随行為に該当することになったとの見解がみられる(34)。また、行政書士にも、この会計業務が認められている(35)。

さらに、司法書士自身にも、訴訟書類作成の「付随業務」の可能性があることは、前述の高松高判昭五四・六・一一の認めるところである。

(2)　利用者の利便性

(ア)　また、司法書士の業務が専門的知識を必要とし、利用者にとってもその質を維持することが必要であるとの議論についても(36)、一般論以外には疑義がある。たしかに、登記自体にはその信頼性や公共性が重要ではあるが、登記の申請は、本来当事者本人ができるものであり、いちいち専門家を必要とするとすること自体に問題がある。各人の自由な登記申請行為を前提とすれば（明治六年の訴答文例が唯一のこの例外である）、少なくとも付随的な登記申請の代理行為を制限する必要はない(37)。

まして、その業務の間で争いのある場合や、一連の手続が分断されるような場合にこれを強いることは、利用者にとっては迷惑以外のものではないであろう[38]。

(イ)　さらに、外国との比較が、これについて有益であろう。ヨーロッパでは、法律関係の専門家とは裁判官、弁護士、検事といった法曹のみをさし、沿革的・基本的には、わが国のような多様な士業は存在しない[39]。法廷での訴訟代理のみが制限され、書類の作成も代理も可能である。

アメリカでも、わが国のような多様な士業は存在しない。もっとも、ここではヨーロッパとは異なる現象がみられる。アメリカには多数の弁護士（lawyer）がいることから、これが実務上一定の分野の特化することが多く、そのなかで事実上司法書士のような機能を果たす者がいることにはなるが、わが国のように、はじめから資格が分化しているわけではない[40]。ここでは、性質上、士業間の競合という問題は生じない。

また、登記の「調査人」がいるが、これは、登記に公信力がないことから、取得する不動産の権原を確認する作業に対して報酬をうけるのであり、法律によって職務を独占している結果によるわけではない[41]。

わが国でも司法書士などの士業は、専門的知識を有していることをアピールすることができ、独自の存在意義をもっている。また、質のよいものにはおのずから顧客が集まるであろう。しかし、それは自由競争にまかされるべき事項であり、法によって独占が強制されるべきものではない。

(3)　登記業務の位置づけ、付随業務

(ア)　つぎに、「登記」関係の業務の位置づけの変化が問題となる。

司法のなかにおける裁判所の位置づけ、行政と司法の関係の変化もみすごすことはできない。前述のように、司法代書人の業務に、登記申請行為が含まれたのは、登記業務が裁判所の事務の一部とされた結果にすぎない。非司法代書人に対する業務の制限、とりわけ罰則規定も、明文のものは訴訟事件を念頭においたものにすぎなかったのである。

戦後の改正によっても、業務の制限が拡大されたものと解するべきではない。業務の独占は、一時期の思潮のもたらしたものにすぎない。訴訟書類作成の事務と同列の扱いは、いぜんとしてできないというべきであり、むしろ登記事務が裁判所の手を離れたことによって、区別が明らかになったともいえるのである。

(イ) さらに、いっさいの付随業務を認めないとの見解には、特定の行為に一定の資格を要求することの趣旨が、ただちにその行為の禁止あるいは独占の趣旨を認めるとの考えかたがあるように思われる。しかし、資格を要求することは、業務の独占を認めることとは異なる。これは、とくに私法上の効果を考えるにあたって、意味をもってくるので（後述第三節参照）簡単にふれておく必要があろう。

ある業務活動をするのに一定の資格が必要という場合には、行為そのものが禁じられているわけではない。したがって、私法上の効果までがただちに否定されるわけではない。また、それによって実際上、業務の独占が行われるとしても、それは結果にすぎず、法の目的とはいえない。法の趣旨は、あくまでも、そのような行為を業務として行う場合に、サービスの質を落とさないことにあるにすぎないからである。したがって、公益性が強い場合には、私法上の効力をも否定する必要があるが、そうでない場合には、これを肯定し、さらに、結果として生じる独占の弊害をこそ考慮する必要がある。

第三節　私法上の効果

(1) 取締規定と私法上の効果

(ア) 私法上の効果は、必ずしも本稿の主題ではないが、簡単にふれておこう。行政書士法一九条一項、司法書士法一九条、弁護士法七二条などの、一定の行為をとくに業とすることが資格のある者以外には禁じられ、これに違反する者には刑罰の課せられる場合に、違反したときの私法上の効果が問題である。一般には当然に私法上の効果までが無効とはいえない。

(イ)　この分野で先例の豊富なのは、弁護士法七二条違反の効力に関するものである。たとえば、福岡高判昭三五・一一・二二下民集一一巻一一号二五五二頁、最判昭三八・六・一三民集一七巻五号七四四頁は、同条項に反する委任契約を民法九〇条に違反する無効のものとしている。また、東京地判昭六一・二・二四判時一二二一八号九〇頁も、民法九〇条違反としている（なお、刑事判決として、最判昭四六・七・一四刑集二五巻五号六九〇頁参照）。

〔東京地判平五・四・二二判タ八二九号二二七頁も、行政書士Xが遺産分割に関し紛争が起こり争訟性が生じている相続財産の取得について、相続人の一人Yから依頼され他の相続人と交渉することが、弁護士法七二条にいう法律事務にあたり、非弁活動にあたり、遺産分割の折衝に関する報酬請求権が認められないとした事例である。なお、相続財産、相続人の調査、相続分なきことの証明書や遺産分割協議書などの書類の作成、書類の内容について他の相続人に説明することは、行政書士法一条の「権利義務又は事実証明に関する書類」の作成にあたるから行政書士の業務の範囲内であり、報酬を請求することができる、とされた。第一篇〔67〕参照。〕

また、行政書士法一九条一項違反の行為（無資格者による著作権の登録申請の代理）についても、東京地判昭六三・七・二二判タ六八三号一五八頁は、委任契約の効力を否定して、報酬の支払請求を否定した。[42]

(2)　学　説

(ア)　学説は、行政的取締法規に違反した場合の私法上の効果について、「立法の趣旨、違反行為に対する社会の倫理的非難の程度、一般取引に及ぼす影響、当事者間の信義・公正などを仔細に検討して」決定するほかはないとする。[43]特定の営業を一定の資格者以外の者に禁じる場合に、これに違反した取引行為をしても、その行為の私法上の効力は原則として妨げられないとする見解が強い。

もっとも、弁護士法七二条の違反に関しては、取引資格の制限をとおして「当該行政法規が保護・実現しようとする社会的利益が極度に公共性の強いもの」である場合として、例外的に私法的効力を否定するべきとされる。[44]

(イ)　これに反して、司法書士法一九条、あるいは行政書士法一九条違反の場合はどうか。弁護士法違反の場合に比して、国民の法的生活に対する影響の大きさに差異があることが否定しえない。[45]もっとも、資格の定めによって業務が制限されていることから、まったくの無資格者が独立した業務として行うことは、少なくとも解釈論としては困難であろう。しかし、付随業務の範囲では、必ずしも倫理的非難の程度が大とはいえず、私法上の効力をも否定することはできない。[46]

(26)　これは、代書人の種類が区分されるまえからも、実質的にそうであったと推察される。前述第二章二節注(17)参照。

(27)　前述のように、旧司法代書人法には取締規定そのものがない。

(28)　香川・前掲議事録二八号一二頁。「率直に申し上げまして、たとえば私どもの法務局で長年勤めていただいた方あるいは裁判所書記官として苦労された方の退職後のめんどうを見るということについて、私どもの努力が足りない、力が足りないことから十分でないことは十分承知しております。そういうわずか一つの退職後の職業として司法書士というものもあるわけでございまして、さような趣旨から特認の制度も、先ほど来の需給関係も十分考えながら、さような退職後の人たちの職場として、わずかではございますけれども十分配慮してまいりたいというふうに考えております。」

直接には、特認司法書士の制度に関する答弁であり、司法書士界内部の問題であるが、ひいては、司法書士と他の業種にもつながる議論であろう。

(29)　たとえば、医師法・看護婦法などの場合である。このような契約締結上の資格の制限は、たんに契約の相手方選択の自由を制限するだけではなく(注釈民法(13)〔一九九六年〕六二頁〔白羽〕参照)、むしろ契約の申込・承諾など締結の制限を意味するものとなる(逐条民法特別法講座⑥契約I〔一九八六年〕五頁〔小野〕参照)。

(30)　資格付与と契約自由、契約の締結自由との関係については、前掲逐条民法特別法講座四〜五頁参照。

(31)　また、これを積極的には肯定しない場合でも、たとえば、付随的な部分が無償で行われた場合には、業務性を否定するべきであろう。主たる部分で仕事を受注したいがために、付随的な部分は無償で引きうけることもあるからである。もちろん、名目上は無償でも、事実上有償とする行為は問題となるが、書類の作成には基準価格があるから、明細により区別できないわけではない。無償の行為については、その質が問題たることもあるが、これは、サービス受益者の判断によるべきである。有償で行為をする者は、質のよいことをアピールすることができるのであって、最終的判断は自由競争の問題に帰し、法による独占をあてにするべきではない。

なお、「業務として」とは、不特定、多数の者から、有償で登記申請代理行為をうけることをいう。したがって、たんに「社会生活上の相互扶助や協力の範囲」では、この範囲に含まれない。

(32)　登研二一八号七三頁（質疑・応答の部。もっとも、法務省の公式見解ではない）。

しかし、日弁連の見解は、この見解と反対であり、「弁護士は、弁護士法第三条に定める「法律事務」として、訴訟事件その他の争訟に関連するか否かにかかわらず、当然に登記申請手続の代理を行うことができる」とする。司法書士業務自体が弁護士の業務の一部をなしており、司法書士法のもとで一定の資格を有する者にのみ、とくに許されているとの見解による（日弁連総一第一七三号昭和六〇年九月二七日回答、岡田・前掲書二一六頁以下（資料Ⅱ所収のもの）による）。

前述の福島地裁郡山支部平成八年判決の出される前に、民事の名誉毀損にもとづく損害賠償請求事件（請求棄却）があるが、それに関する福島地判平二・一二・六は、いくつかの付随義務についてふれている。登記手続の代理などを司法書士法二条、一九条が司法書士の職域としていることにつき、「今日の解釈においては、右の原則に対する例外は、わずかに弁護士が行う場合（司書一九条二項、弁護士三条一項）のほか、公認会計士が本来業務の付随義務として行う場合が認められているにすぎないという状態にあることに照らすと、行政書士の業務として登記申請代理行為等を行うことができるという法解釈は当然成立するものとは言いがた」いとする。

このように、弁護士の場合にも付随的な場合に許されているにすぎないとの見解をとるとすれば、行政書士の場合も、独立した業務としてはおろか、付随した業務として行うことも解釈論としては困難なことは、当然となろう。

(33)　前述の昭和二五年七月六日民甲一八六七号民事局長回答。

(34) 従来の解釈につき、昭和三五年三月二八日民甲七三四号民事局長回答。また、昭和三五年七月二九日法務省民事局長回答でも、税理士が顧問として関与している会社の商業登記書類の作成および登記手続の代行を付随業務としてすることが違法とされていたという（鬼塚・前掲論文二五頁）。改正法に関して、井上隆司・前掲論文一三〇号二七頁。

(35) 公認会計士の独占業務は、公認会計士法四七条の二、五〇条の監査業務のみで、会計業務は任意業務だからである（井上・前掲論文二五〜二六頁、二八頁）。たとえば、記帳処理、会計帳簿作成、決算書類作成などである。

(36) 前掲の福島地裁平成八年判決は、このような立場から、「登記業務は、その公共性や技術性からして、相当の法律的専門知識を有する者が取扱うことが公共性の強い登記業務を適性円滑に行わしめ、登記に対する国民の信頼を高めるという登記制度に内在する要請であるところ、司法書士は、資格取得に不動産登記法や商業登記法といった登記の専門知識の習得を必須とするなど登記に関し相当の専門知識を持つために登記業務を扱う十分な適格性を有する。これに対して、行政書士は、前身こそ司法書士と同じくするものの、行政書士制度の沿革等に照らし、主に行政官庁への提出書類の作成、私人間の権利義務関係や事実証明文書の作成等を専門とすること、行政書士としての業務を行うに当たっては、不動産登記法、商業登記法の知識が必ずしも必要的ではないこと、行政書士は、社会通念上、必ずしも登記等の専門家とはみなされていないこと等に照らせば、行政書士に対し登記業務を許さないことが不合理ではいえない」とする。

しかし、登記の公共性や信頼性の維持は当然であるが、これと、司法書士に業務を独占させることが当然に結合するわけではない。さもなければ、本人の登記申請をも否定する結果にいたるであろう。また、行政書士がもっぱら登記業務を営むのではなく、付随的に行う場合に限れば、登記の専門家としての能力までは必要ではなく、やはり司法書士のみに業務を独占させる根拠とはならない。

(37) 神崎・前掲論文一月号二二頁は、商業登記が、従来司法書士によって行われなかった原因として、①司法書士が熱心でなかったこと、②まず実体上の手続がされ、ついで登記申請手続に移行するが、司法書士の仕事が後者を中心にするので、本人申請がされやすいこと、③申請書が解説つきで販売されているので、本人申請がされやすい、また、税理士、行政書士が付随サービス的に申請書の作成にタッチすること、をあげている。

(38)　弁護士のような法律一般職と結合することなくしては、外国との比較からは理解に苦しむ業態であって、外国人には、官公署の不親切の産物と理解されることが多い。もっとも、かつて日本の植民地支配をうけた地域には、この種のものがみられる（韓国のそれについては、小川勝久「韓国『法務士法』の研究(1)～(5)および最終回」月報司法書士一九九四年二月号（二六五号）～七月号（二七〇号）が詳しい）。

(39)　ほかに、ありうるのは公証人のみである。小野「ドイツにおける大学再建と法学教育の改革」一論一一一巻一号五一頁以下では、裁判官、検察官、弁護士、公証人の法曹養成の比較法的検討を行っている。また、前掲「司法書士の責任」の序の部分（三二八頁以下参照）。

　つまり、公証人以外は、沿革的・基本的に自由なのである。士業に相当する活動のうち、資格により制限されるのは、弁護士による訴訟活動だけである。これはアメリカでも基本的には同様であるが、アメリカには、八〇万人以上といわれる多数の弁護士（lawyer）が存在することから、事実上、弁護士の業務対象となっている。アメリカの弁護士には、訴訟に関与しない者も多く、その実体はわが国の士業、ソーシャルワーカー、公認会計士（これには資格が必要である）、企業の法務担当者などに近い。各業界ごとに特化しているのが特徴である。

〔一九九九年以降の司法改革との関連では、①無用な資格試験の廃止や類似分野の資格の統合が目ざされているが（後述の規制緩和委員会の答申）、べつの行き方としては、②これらをアメリカ式に、一元的に弁護士職に取りこむ方法もあろう。①の場合でも、各種士業を濫立させるのは望ましくないから、なるべく統合するとすれば弁護士と隣接法律職との二元的な制度ということになる。司法改革、規制緩和、教育改革のすべてに係わってくるので、困難な問題ではあるが、私見は、②に近く、かりに二元的なものをとる場合でも、二者の相互参入が可能な制度が望ましいので、二者の区別は、質的なものというよりは、量的なもの（試験課目の最大限の共通化、法廷活動以外の共通化、上昇可能性など）にとどめるべきであると考えている。〕

(40)　近時、これに簡単に言及したものとして、横飯「行政書士とImmigration Lawyer」国際商事法務一七巻六号六三五頁。

(41)　小野・前掲論文三二八頁、成田博「米国の不動産登記制度と権原保険会社」東北学院大学論集・法律学四五号、「米国の権原保険について」同四六号参照。

(42) その判例評釈として、有吉一郎・判タ七三五号二八頁。
(43) 我妻栄・民法講義Ⅰ〔一九六五年〕二六四頁、幾代通・民法総則〔一九八四年〕二〇一頁。
(44) 幾代・前掲書二〇一頁、四宮和夫・民法総則〔一九八六年〕一九七頁。いずれも、弁護士法七二条違反に関する最高裁昭和三八年判決を例に、取締法規の保護法益が例外的に公益的色彩が強く、無資格者の取引行為が無効となる場合としている。また、このような考えかたの一種といえようが、取締法規違反の場合を、取引にたんに資格が要求されるにすぎない無免許営業型と、取引自体が禁じられる規制品取引型に分け、前者の場合には、取引行為そのものが禁止されるのではないから、契約はなるべく有効として扱い、資格に公益性が強い場合、たとえば、弁護士法七二条違反の場合のみが無効となるとする見解もある（内田貴・民法Ⅰ〔一九九四年〕二三〇頁）。
(45) 有吉・前掲論文二九頁。
(46) これだけが基準となるわけではないが、弁護士法七二条、七七条に対する違反行為に対する罰則規定（二年以下の懲役または一〇〇万円以下の罰金と、司法書士法一九条一項、二五条一項の、一年以下の懲役または三〇万円以下の罰金あるいは行政書士法一九条一項、二一条の、一年以下の懲役または一〇万円以下の罰金）の相違は、たんに量的なものとはいえず、かなりの国民感情の相違を反映したものといえよう。ただし、司法書士法上、司法書士の非弁活動を禁じた一〇条、二二条も、実質的には弁護士法七二条と共通していながら、罰則を一年以下の懲役または三〇万円化の罰金としているから、かなり形式的な基準にすぎないものともいえる。
　近時、取締法規によって取引が擬制にされることを避けるために、公法と私法を分離する伝統的学説に対して、消費者保護法あるいは独占禁止法の領域においては、両者の補完関係を強調する学説がある（長尾治助「消費者取引と公序良俗則」ＮＢＬ四五七号、四五九号、四六〇号、大村敦志「取引と公序」ジュリ一〇二三号八二頁、一〇二五号六六頁）。この場合の効果は、私法上の効果の否定であり、適用対象が異なることから本稿の場合と方向は異なるが、基本的な思想が、「営業の自由」や競争の確保（同・ジュリ一〇二五号六七頁参照）という点では共通する。また、全体的な法秩序の動向（独占的法秩序への反省）という点で注目に値しよう。

第四章　むすび

第一節　取締規定と業務の独占、自由競争

(1)　契約の自由

すでにみたように、司法書士と行政書士の職域に関する規制は、戦前のものは、監督的・取締的であり、戦後長らくは、保護主義的なものとして展開してきたのである。前者は、おもに弁護士法違反の行為の規制を念頭においたものと目され、それ自体では合理性をもっていたが、これがそれ以外の場合にも拡張される場合には、独占的機能をも果たすようになるのである。したがって、その範囲を限定することが必要である。

取締規定の本来の目的は、利用者の保護であるはずであるが、いずれの場合にも、従来欠けてきたものは、利用者の観点である。これが、今日の規制緩和あるいは自由競争の理念に反することはいうまでもない。契約の自由や営業の自由との関係も検討する余地がある。

(2)　規制緩和、付随業務

(ア)　総務庁が平成七年（一九九五年）一一月に取りまとめた「規制緩和等に関する意見・要望」（未定稿）には、司法書士法に関連して、「行政書士が作成した原因証書に限り行政書士が自ら登記を行うことを容認」することがあげられている。資格・権利の制限に対して、このような一般的な規制緩和あるいは自由競争の視点からの動向があることも無視しえないであろう(47)。

(イ)　また、付随業務に関しては、これが各士業にとって相互的なものであることが指摘できる。すなわち、一

方で、司法書士の業務に付随業務があり、たとえば、相続登記、法人設立などで添附書類、附属書類の作成、収集をすることに関し、「申請手続、申請書の添附書類の作成というふうな関係では当然業務の中に入っておるというものもございますし、先ほど申しましたような相続登記の場合の戸籍謄本の市町村に対する請求というのは、むしろ付随業務ということで、いわば業務としてやっていいというふうな解釈になっております(48)」との議論があるように、いわば一連の業務は、すでに解釈上、付随業務として行為可能なことが当然のことになっているともいえる。

この司法書士の業務に付随した権利義務あるいは事実証明に関する文書の作成についていえることは、逆に、行政書士の業務に付随した登記手続の代理についてもいえなければならない。よほど形式的かつ代書的にとらえないかぎりは、付随業務が含まれることは否定しえない。

(ウ)　また、司法書士法二条一項一号の「登記又は供託に関する手続について代理すること」から、たんなる書類の作成や申請手続の代理に限らず、各種の相談業務を取りこむことが目ざされている。士業の業務に関する規定は、厳密に限定的にのみ解されるべきものではない。その限度で、相互の乗り入れがありうるのは当然であろう。これは、とりわけ一連の業務がそれぞれの法において予定されている場合に欠けてはならない視点であろう。さもなければ、際限のない綱引きが続くことになろう。また、立法論的には、資格の統一や再編も考慮されるべきである(49)。

第二節　業務内容の実質化

士業の内容については、それが、嘱託人の指示どおりに執務をすればたりるとみるべきか、あるいは専門家としてより主体性をだして行われるべきかという根本的な対立があり(50)、それとの関連も見過ごせない。前者のように理解するときには、たとえば、司法書士の場合に、報酬はもっぱら登記書類の作成と申請手続の代理に対するものとなり、職能としては、代書人的なものとなる。おそらくこの場合には、法の規定による独占が必須のものとなろう。

しかし、後者のように理解するときには、その業務に「一般的な法律常識の範囲内で」、かつ「個別的な書類作成行為に収束される」範囲で、相談業務など専門家として実質をともなうことに必要な行為が含まれることが可能となる。この場合には、業務の内容がより実質的なものとなり、報酬は、たんなる法の独占による結果ではなく、サービスに対する対価としての性格を帯びることになる。

このような意味では、登記業務の独占を目ざすことは、代書的な方向に逆行するものであり、二一世紀の士業の職能像としても、望ましくはあるまい。また、一般的にうけいれられるものともならないであろう。[51]

(47)　規制緩和では、司法書士法についてだけではなく、行政書士法の規制緩和にもふれられている（経団連の要望書）。

(48)　第八四回国会衆議院法務委員会における加地委員の質問に対する香川委員の答弁。前述（法務委員会議事録）二九号二〜三頁参照。

(49)　もっとも、これには、それぞれを管轄してきた省庁の関係も無視はできない問題となろう。弁護士法、司法書士法の所轄は法務省であるが、行政書士法は、古くは内務省、現在は自治省であり、特認制度との関係から省益もからむからである。しかし、行政や司法の裾野も、広い意味ではサービス産業であることに留意しなければならない。

(50)　小野・前掲「司法書士の責任」三四九頁参照。もっとも、士業の会員の中にも、その指向するところが必ずしも一致しているわけではなく、この両者の対立がある。代書的な発想は、どちらかというと古いものであるが、これを墨守するかぎりでは報酬も安定的であるし、また実質的なサービスとは異なり、比較の上では手間も少ない（ひいては責任もない）からである。

(51)　商業登記に関する指摘であるが、司法書士業務と税理士業務の職際問題について、「隣接職域に一〇メートル越境して対応しないと、国民は」満足しないとの指摘がある（神崎・前掲論文（月報司法書士）一九九四年二月号六〇頁）。たんに、嘱託人の指示どおりに執務をすればたりるわけではないことをいうものであるが、法による独占のうえにあぐらをかいていることへの警告ともとることができよう。

(a)　平成一一年（一九九九年）三月三〇日、改定された規制緩和推進三カ年計画は、政府の行政改革推進本部規制緩和委員会の見解をうけて、公的規制の改革をめぐる新しい指針案を提示したが、そこでは、「事前規制型」から「事後チェック型」行政に転換することを目指す改革が提言されている。士業との関係では、各種の国家資格制度を見直し、有名無実化している資格試験の廃止や、類似分野の資格の統合を検討することとされている。なお、行政書士による業務独占の廃止などは、平成八年（九六年）から検討項目となっている。

(b)　資格制度については、平成一〇年（一九九八年）一二月一五日の「規制緩和についての第一次見解」において、詳細な言及が行われている。すなわち、「2. 資格制度（業務独占資格等）」の項目において、「資格制度は、企業の市場参入規制に相当する個人の特定の市場への参入規制の側面を持つものである。業務の独占、合格者数の制限、受験資格要件などの規制が維持され、新規参入者が抑制されたり、資格者以外の者が市場から排除されることにより、当該業務サービスに係る競争が排除されることになるのであれば、その弊害は大きい」とし、「現時点では合理性について疑問があると考えられる規制が見受けられ」るとし、「国民生活の利便性の向上、当該業務サービスに係る競争の活性化等の観点から、廃止又は必置資格若しくは名称独占等資格への移行を含め、業務独占規定、資格要件、業務範囲等の資格制度の在り方を見直すべき」ものとした。

そして、「各資格の業務範囲を余りに細分化し、資格と資格との間の垣根を余りに高く設定することは、業務サービスを受ける国民に不便を強いることになるとともに、それぞれの資格を取得しようとする者にとっても自分の参入したい業務領域への参入の障壁が高くなることを意味する。」

このようなことから、弁護士については平成八年三月の改定後の規制緩和推進計画において、法曹人口の大幅増員の状況等を見つつ隣接職種との役割分担の在り方について検討するとされており、また、行政書士については規制緩和推進三か年計画に基づき既に業務独占の在り方についての検討が開始されている。

したがって、各種の資格について業務の実施状況、当該資格業務の実施に必要とされる資格要件、資格区分の合理性等を調査し、その結果を踏まえて、業務範囲が余りに細分化され資格と資格の間の垣根が高すぎると思われるものについては、その垣根を低くし資格相互の間での参入を容易とする方向で業務範囲の見直し、相互乗り入れなどについて検討すべきである。」—と述べている。

(c)　平成一一年〔一九九九年〕一二月一四日の規制改革に関する第二次見解においても、資格制度への言及がみられるが、やや各論的言及にとどまっている。弁護士が「供給責任」を果たしていないとの指摘がされ、弁護士の隣接法律関係専門職種である司法書士、弁理士、税理士などについて、「法律事務の一部を業務として認める」とし、とくに司法書士に「簡易裁判所における通常訴訟、調停・和解に代理権を認めるべきである」としている。しかし、資格間の垣根の問題や隣接法律職の全面的な見直しには立ちいっていない。

また、第二次「見解」では、これら三者のみがとりあげられているが、「より広くは、不動産鑑定士、公認会計士、社会保険労務士、行政書士等の隣接法律関係専門職種全体の問題として、これら資格者の資質・能力をどのように活用するかという観点からも検討していく必要がある」ともしている。

これらの規制改革に関する諸論点は、規制改革委員会のホームページからも検索することができる〔http://www.somucho.go.jp/gyoukan/kanri/990707a.htm〕。

なお、近時の行政書士法の改正作業では、試験事務の民営化が検討されている（後述）。現在、自治大臣が、毎年一回以上行うとされている行政書士法試験（四条一項。ただし、同条三項で、自治大臣は、試験の施行に関する事務を都道府県知事に委任するものとされる）に関する修正である。規制緩和や民営化という近時の潮流にのるものであり、同様のことは、他の省庁にもみられる（たとえば、本書第三部一篇で引用する登記付随サービスの民営化）。しかし、他の士業との調整がないのでは、利用者サービスとしての面で問題が残り、また実質的な規制緩和となりうるかにも疑問がある（指定機関には、監督官庁の認可した公益法人のみに対象が限定されている）。むしろ、いわゆる準法曹資格として再構成していくとすれば、アメリカの例などをみると、自律的監督との連帯であろうし（American Bar Association, American Law Institute など）、試験といったあまり民営化に適しない特殊な領域の民営化にも疑問がある。他方、規制緩和の一環として、将来的に業務独占を廃止する趣旨を含むものであれば、端的にその資格認定も、自律組織の運営に委ねてしまうことが望ましいであろう（中途半端では、かりに権限は離すことがあっても、試験組織を媒介とした省益は手離さないという感が残るのである）。

第三条（行政書士試験）　行政書士試験は、自治大臣が定めるところにより、行政書士の業務に関し必要な知識及び能力について、毎年一回以上行う。

2　行政書士試験の施行に関する事務は、都道府県知事が行う。

第四条（指定試験機関の指定）　都道府県知事は、自治大臣の指定する者（以下「指定試験機関」という。）に、行政書士試験の施行に関する事務（自治省令で定めるものを除く。以下「試験事務」という。）を行わせることができる。

2　前項の規定による指定は、自治省令で定めるところにより、試験事務を行おうとする者の申請により行う。

3　都道府県知事は、第一項の規定により指定試験機関に試験事務を行わせるときは、試験事務を行わないものとする。

第四条の二（指定の基準）　自治大臣は、前条第二項の規定による申請が次の要件を満たしていると認めるときでなければ、同条第一項の規定による指定をしてはならない。

一　職員、設備、試験事務の実施の方法その他の事項についての試験事務の実施に関する計画が試験事務の適正かつ確実な実施のために適切なものであること。

二　前号の試験事務の実施に関する計画の適正かつ確実な実施に必要な経理的及び技術的な基礎を有するも

のであること。
三　申請者が、試験事務以外の業務を行っている場合には、その業務を行うことによって試験事務が不公正になるおそれがないこと。
2　自治大臣は、前条第二項の規定による申請をした者が、次の各号のいずれかに該当するときは、同条第一項の規定による指定をしてはならない。
一　民法（明治二十九年法律第八十九号）第三十四条の規定により設立された法人以外の者であること。
二　第四条の一四第一項又は第二項の規定により指定を取り消され、その取消しの日から起算して二年を経過しない者であること。
三　その役員のうちに、次のいずれかに該当する者があること。
イ　この法律に違反して、刑に処せられ、その執行を終わり、又は執行を受けることがなくなった日から起算して二年を経過しない者
ロ　第四条の五第二項の規定による命令により解任され、その解任の日から起算して二年を経過しない者
以下、第四条の三（指定の公示等）、第四条の四（委任の公示等）、第四条の五（役員の選任及び解任）、第四条の六（試験委員）、第四条の七（指定試験機関の役員等の秘密を守る義務等）、第四条の八（試験事務規程）、第四条の九（事業計画等）、第四条の十（試験事務に関する帳簿の備付け及び保存）、第四条の十一（監督命令等）、第四条の十二（報告の徴収及び立入検査）、第四条の十三（試験事務の休廃止）、第四条の十四（指定の取消し等）、第四条の十五（委任の撤回の通知等）、第四条の十六（委任都道府県知事による試験事務の実施）、第四条の十七（試験事務の引継ぎ等に関する自治省令への委任）、第四条の十八（指定試験機関がした処分等に係る審査請求）、第四条の十九（手数料）の規定がある。

第二部　公証人の職務と責任

第一篇　公証人と公証人弁護士

第一章　はじめに

第一節　公証人弁護士の制度

(1)　連邦公証人法

ドイツの連邦公証人法三条二項によると、一九六一年四月一日に、公証人の業務が、もっぱら〔弁護士の〕副業（Nebenberuf）として行われていた裁判所管轄区域においては、弁護士は、その特定の裁判所における許可をえれば（Zulassung bei einem bestimmten Gericht als Notare）、弁護士の職務の副業として同時に公証人として行為を行うことができる、とされている（公証人弁護士、Anwaltsnotar）。このような区域には、北ドイツを中心に〔基本的には、もとのプロイセン地域。ただし旧東ドイツの部分を除く〕、ベルリン、ブレーメン、ヘッセン、ニーダーザクセン、ノルトライン・ヴェストファーレンの一部、シュレスヴィヒ・ホルシュタインなどの各州、すなわち北部・西部ドイツの広範囲な諸地域が含まれている。また、バーデン・ヴュルテンベルク州の一部〔もとのプロイセン領のホーエンツォレルンの地域〕も含まれる（同法一一六条一項）。本稿は、このドイツのかなりの部分にみられる公証人弁護士の制度の機能をその沿革に遡って検討しようとするものである。(1)

もっとも、ドイツの公証人職がすべてこのような弁護士の副業だけで行われているわけではない。もっぱら公証人の職務を行う純粋の〔ラテン系の〕公証人（Nurnotar）も、ライン川沿岸と南ドイツに広く存在する。バイエルン、ノルトライン・ヴェストファーレン、ラインラント・ファルツ、ハンブルク、ザールラントなどの州、バーデン・ヴュルテンベルク州の一部〔主として南ドイツと、かつてのライン・フランス法の地域である〕、および旧東ドイツの公証人はこのタイプに属する。[2]

さらに、第三の類型として、小規模ながら、官吏公証人（Beamtennotar）というものも存在する。バーデン・ヴュルテンベルク州の一部であるカールスルーエの高等裁判所管轄地域の公証人は、このタイプのものである。[3]

なお、弁護士が公証人の職務を副業として行う公証人弁護士（Anwaltsnotar）と似たものとして、弁護士公証人（Notaranwalt）の概念がある。これは、両者を兼ねうる点で公証人弁護士と共通するが、その主たる職務が公証人の職務である点で異なり、前者とは逆の関係である。この公証人は、管轄の区裁判所では、その職務に関連して、弁護士業務を行うことができ、この場合には、連邦弁護士法二三条の制限は課せられない（連邦公証人法三条三項）[4]。

(2) 沿　革

公証人と公証人弁護士の地域的な分布区分は、歴史的な理由からおもに州によるが、州の領域が第二次大戦後にかなりの変更をうけたこともあり、バーデン・ヴュルテンベルク州のようにきわめて複雑なものもある。ここには、連邦公証人法三条二項の一九六一年の基準時に、官吏的な地区公証人（Bezirksnotar）も、純粋の公証人（Nurnotar）も、公証人弁護士（Anwaltsnotar）もいたからである。つまり、ここは、たんなる公証人弁護士の地域とはいえない。

まず、地区公証人については、同法一一四条二項により、公証人の職務が保障されている（一一五条参照。前述のカールスルーエ高裁の管轄区域）。また、ヴュルテンベルクとホーエンツォレルンの裁判所管轄地域では（現在のシュトゥットガルト高裁の管轄区域の一部）、ここは、公証人の職務が「もっぱら」（nur）副業として行われていたともいえないから、当然には三条二項の適用がない。そこで、一一六条一項は、特則をおいて、公証人弁護士をもおくことができるものとしている（ほかに、ハンブルク、ラインラント・ファルツ両州も同様）(5)。さらに、純粋の公証人も存在するのである。

以上のタイプ別の制度は、普通法以来の沿革によるところが多いので、次頁の図を参照されたい。公証人制度の区分は、必ずしも普通法の（実体法上の）地域区分とも一致せず（たとえば、現在のバーデン・ヴュルテンベルクのホーエンツォレルン地域は普通法地域であったが、公証人はプロイセン型であった）、一部を除くと、むしろ領邦国家の領域区分に近いものである。また、ドイツ統一当時（一八七一年）、プロイセン領ラインラントの北半分（Westfalen）にはＡＬＲ（プロイセン一般ラント法典・一七九四年）の適用があったが、ライン沿岸地域は、ライン・フランス法の地域であった。一八六六年にプロイセンに併合されたハノーバー領などの北ドイツの大半は普通法地域である。

しかし、普通法地域であっても、ラントによる公証人の規制があることが通常であったから（比較的遅くプロイセンに併合された地域〔ハノーバーなど〕における公証人弁護士）、普通法的な公証人の分布は、普通法の適用領域よりは狭く、概括的にいえば、公証人の種類の区別は、かつての領邦国家の領域のほうに近いものとなったのである。

詳細を除くと、ほぼ一八六六年の北ドイツ連邦の地域からライン沿岸を除いた部分では、プロイセン的な公証人弁護士が一般的であり、この地域外の南ドイツとライン沿岸地域では、本来の公証人が一般的であった。

19世紀の法分裂と民法典の編纂

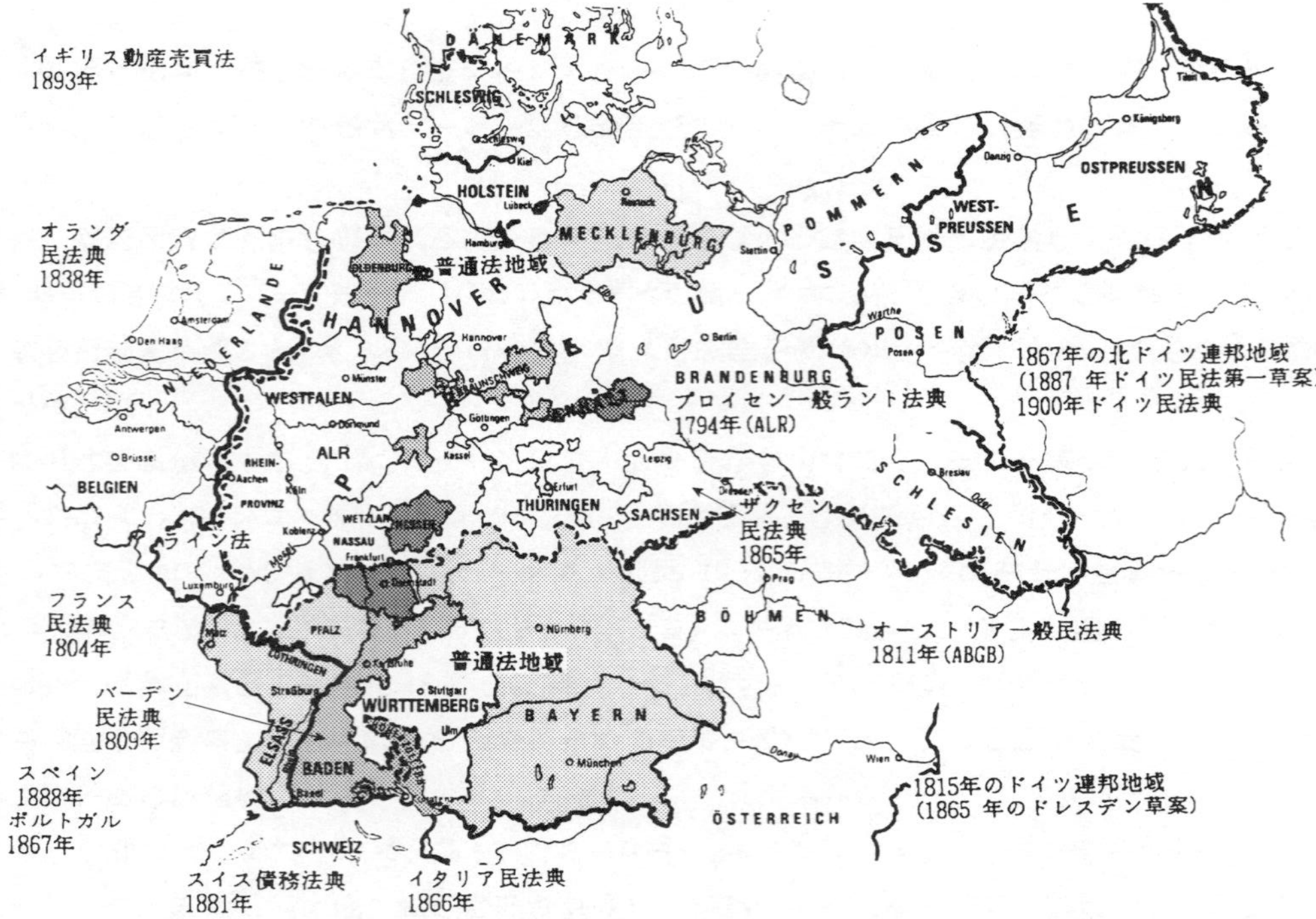

おもに, Hübner, Grundzüge des Deutschen Privatrecht, 1908 (4. Aufl., 1922) の付図により, ほかに Scarre, Atlas der Weltgeschichte, 1997, S. 115 ; Westermann, Grosser Atlas zur Weltgeschichte, 1980, S. 88 ; Zentner, Der große Bildatlas zur Weltgeschichte, 1989, 501. などの地図を参考としているが, 法典の記述は筆者の構成したものである。

バーデン・ヴュルテンベルグにおける公証人の形態の分裂

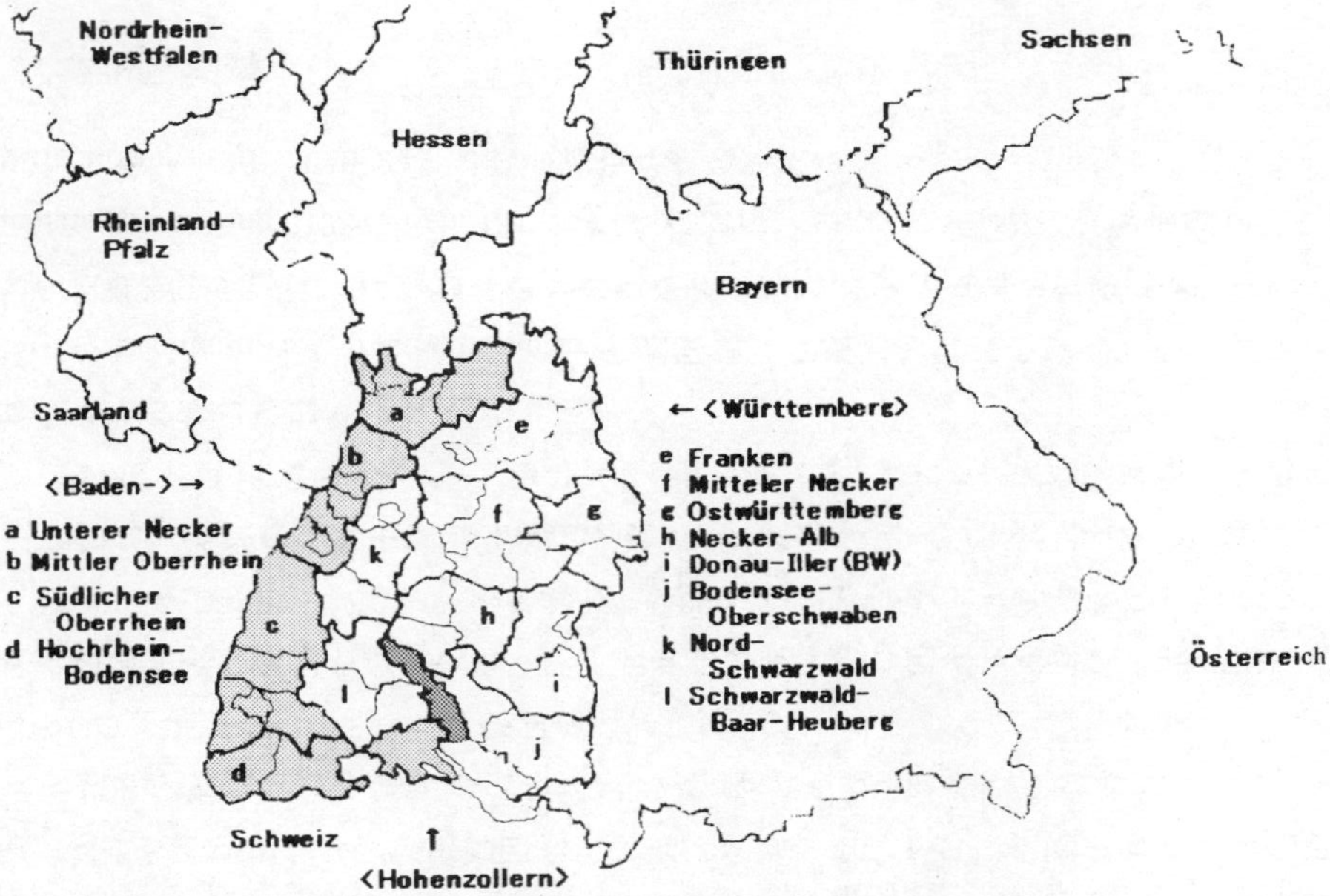

旧バーデンとヴュルテンベルグの中央の狭い細長い部分が，ホーエンツォレルン地域である。プロイセンのホーエンツォレルン王家の故地であることから，バーデンやヴュルテンベルグへの併合を免れていた領域である。現在でも，ホーエンツォレルン家の遺物が数多く残されている。区分については，上図を参照。

もっとも，今日，ホーエンツォレルンの区分は，公証人区域のほかには，一般の行政区分としては，あまり用いられることはない。

第二節　統　計

一九九一年の統計によると、ドイツの裁判官の数は一万七九三二人（うち女性が三四四九人）、検察官の数は三八八七人（女性が七五六人）、また弁護士の数は、五万一二六六人である。また、一九九三年の統計によると、裁判官二万六七二人（女性が四七五二人）、検察官四九二〇人（女性一一七二人）、弁護士五万八五〇四人である。さらに、近時の一九九七年の統計では、裁判官二万九九九人（女性が五三五八人）、検察官五二一一人（女性が一四五六人）、弁護士七万六〇七四人へとかなりの増加をしている。

これらに比較すると公証人の数はかなり少なく、一九九一年で一〇一四人であり、一九九三年には一五六二人、一九九七年には一六五七人に増加している。その数は、近年になってもそう大きなものではない(6)。しかし、弁護士の数は、本来の弁護士（Rechtsanwalt）七万六〇七四人（一九九七年）に対して、公証人弁護士（Anwaltsnotar）は九〇三一人（一九九七年。なお、一九九三年には、八六一六人）であり、公証人を兼ねることのできる者の数はかなりの数にのぼっている。

そして、このような Rechtsanwalt と Anwaltsnotar の区別は、司法統計においても、なお重要な区別として分けられている。社会的機能上の区別としてはかなり重要なものとされている証左であろう。両者の区別は、ライヒ公証人法（Reichsnotarordnung, 1937. Feb. 13）にさかのぼる。これが、戦後の改正を経て、現行の連邦公証人法（Bundesnotarordnung, 1961. Feb. 24）に引き継がれたのである(7)。

第三節　実体法的意義

(1)　登　記

公証人の重要な職務については、連邦公証人法（Bundesnotarordnung, 1961; BGBl. I, S. 98）二〇条に列挙されている。とくに、同法二〇条二項によれば、Auflassung（不動産所有権移転の意思表示）の受領が含まれるとされる。しかし、ここでは、北ドイツの慣行と南ドイツのそれには差異がみられ、このような相違には、公証人の機能の相違も反映されているのである。

すなわち、ドイツ民法典（ＢＧＢ・一九〇〇年）八七三条一項によれば、不動産所有権の移転には、物権的合意（Einigung）と移転登記（Eintragung）が必要とされるが、同条二項によれば、移転登記の前に、当事者が物権的合意に拘束されるのは、意思表示が公証人によって認証されるか登記官に対して行われた場合のみである。ここで、公証人による認証が付加されているのは、バイエルンなど南ドイツの取引形態にそくしたものである。他方、同法三一三条一文によれば、土地の所有権を移転する契約では、公証人による認証が必要である。もっとも、このような形式がなくても、登記官によってAuflassungが受領され登記簿に登記されれば、契約は有効となる（同条二文）。二文の場合には、必ずしも公証人の関与は必要とされない。プロイセンなど北ドイツの取引形態にそくしたものである。しかし、後者の場合には、同法九二五条によれば、Auflassungのために、登記官の面前で、両当事者が物権的合意を表示しなければならない。

(2)　民法典への影響

簡単に述べれば、かつてのプロイセンなど北部の地域では、官吏や登記官の権能が重視されてきたのである。一部地域で、弁護士が公証人の代わりをするのは、従来後者が、独立した存在として必ずしも必要とされなかったことの代替である。これに類するものは、現在でも、オーストリアで、裁判所の審判官が公証業務を行う権限を有する制度に残されている（オーストリア一般民法典〔一八一一年〕五六八条、五八七条〜五九〇条ほか）[8]。

ところが、一九五三年に、ＢＧＢ九二五条が改正され、また九二五ａ条が追加された結果（Gesetz zur Wiederherstellung der Gesetzeseinheit auf dem Gebiete des bürgerlichen Rechts, 1953. März. 5; BGBl. I, S. 33）、

Auflassung の意思表示は、三一三条一文の文書が提出されたときにのみ受領されるとされた。そこで、同条二文による Auflassung（「当事者双方が同時に登記官の面前に出頭してする意思表示」）の受領はよちがなくなった。そこで、つねに公証人の認証が必要となり、また公証人も、Auflassung の受領が可能とされたから（九二五条一項二文新規定、「管轄権ある者の面前でする意思表示」、一九六九年八月二八日公証法（Beurkundungsgesetz, BGBl.I, S. 1513）による）、公証取引が一般的なものとされたのである（前述のように、公証人の Auflassung の受領権限については、連邦公証人法＝Bundesnotarordnung 二〇条二項の側からも規定された）。

公証人の制度は、このように実際の取引の形態にも影響を与えてきたものであるが、ではなぜ公証人の職と弁護士の職が重なり合う制度ができたのか、が問題である。これは、歴史的には公証人制度の長い沿革に根ざすものでもあるから、その検討をすることは、この制度のみならず、公証人制度そのものの本質や意義をめぐる問題の解明にも寄与するものとなる。(9)

（1） Vgl. Seybold, Horing und Schippel, Bundesnotarordnung, 1995, S. 59ff. S. 674ff. 一九六一年連邦公証人法制定の当時の公証人、公証人弁護士の領域の詳細については、Saage, Das neue Notarrecht, Deutsche Notarzeitschrift, 1961, 116ff.（S. 118f.）; vgl. Seybold, Horing und Schippel, a. a. O., S. 675. おおざっぱにみて、公証人弁護士の地域はひろく北ドイツに広がり、ライン沿岸や南ドイツの公証人制度とは、かなりはっきり対立している。

そこで、連邦公証人法に先立つライヒ公証人法は、その最終目標を、一元的な公証人（Nurnotar）制度におき、公証人弁護士は過渡的な（vorläufig）ものと位置づけていた（八条二項）。Seybold, Hornig und Wolpers, Reichsnotarordnung, 1937, S. 12. 同法では、七五条以下、とくに八四条以下に、各州の相違について詳細な経過規定をおいていた。Seybold und Schippel, a. a. O., S. 56.

ハンブルク州とラインラント・ファルツ州では、もはや公証人弁護士の任命は行われない。これらは、伝統的に純粋の公証人（Nurnotar）のみを認めた地域である。ただし、ハンブルクを例にとると、旧ハンブルクは純粋の公証人地域であったが、その周辺を含む大ハンブルクは、公証人弁護士を認めていた地域であった。そこで、三条二項を適用すると、なお公証人弁護士を任命しうることになるが、一一六条二項は、これを排除して、新規の任命は行わないとしているのである。もっとも、一九六一年四月一日に、弁護士が副業として公証人の職務を行っていた場合には、その地位を保持するものとされている（一一六条二項）。Vgl. Seybold und Schippel, a. a. O., S. 58.

限定的ながら、州内の統一を目ざしているのである。

（2）　旧東ドイツ地域は、もともと北ドイツのタイプ、公証人弁護士の地域であったが（ベルリンはその伝統をひく）、旧東ドイツ時代にこれが廃止されたことから、再統一後は、純粋の公証人（Nurnotar）の地域とされたのである。後注（62）参照。

また、もとのプロイセン領ラインラント（ほぼ現在のNordrhein-Westfalen, Rheinland-Pfalzの両州を含む）は、フランス革命期にフランス民法典が一時適用され、その後プロイセン領に帰属した後も、プロイセン法の適用は限定されていた。いわゆるライン・フランス法地域である。その特殊性は、民法の適用だけに限られるわけではない。後述第三章のような特殊性が、プロイセン的な公証人弁護士の制度をも排したのである。

（3）　官吏あるいは審判官公証人（Behörden- und Richternotar）は、今日でもカールスルーエ高等裁判所の管轄区域に残されており、登記審判官や遺言裁判所裁判官など（Grundbuchrichter, Nachlaßrichter, Zwangsversteigerungsrichter）に公証人の地位を認めるものである（連邦公証人法一一五条参照）。

（4）　Seybold und Schippel, a. a. O., S. 63.

（5）　バーデン・ヴュルテンベルク州の裁判管轄地域は、Karlsruhe, Stuttgartの二つのOLG（高等裁判所）区域に大別される（Gesetz über die Organisation der ordentlichen Gerichte in Baden-Württemberg, § 1）。Oberlandesgericht Karlsruheのもとには、Baden-Baden, Freiburg im Breisgau, Heidelberg, Karlsruhe, Konstanz, Mannheim, Mosbach, Offenburg, Waldshut-TiengenのLG（地方裁判所）があり、Oberlandesgericht Stuttgartのもとには、Ellwangen（Jagst）, Hechingen, Heilbronn, Ravensburg, Rottweil, Stuttgart, Tübingen, UlmのLGがある（同法二条）。各地方裁判所のもとには、三から一〇の区裁判所がおかれている（同法四条）。詳細については、Vgl. Dürig, Gesetz des Landes Baden-Württemberg, 24 Gerichtsorganisationsgesetz.

公証人，公証人弁護士の数の推移

	1983	1985	1987	1989	1991	1993	1995	1997
公証人　○	964	990	1003	1014	1014	1562	1628	1657
公証人弁護士　△	6913	7175	7520	7710	8180	8616	8715	9031

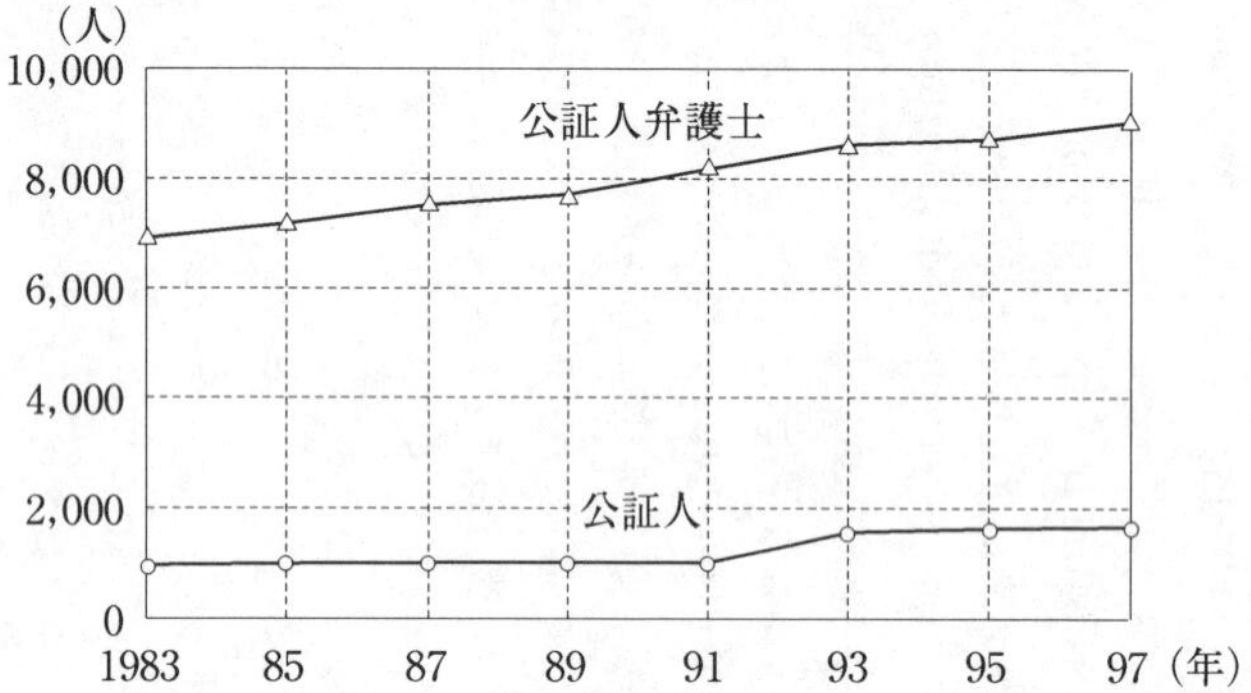

このうち、Oberlandesgericht Karlsruhe は、おもに旧バーデン地域を、Oberlandesgericht Stuttgart は、旧ヴュルテンベルク地域とホーエンツォーレルン地域をカバーし、後二者が公証人弁護士の領域となっている（連邦公証人法一一六条一項）。

なお、ドイツ国内だけではなく、EU内の公証人制度の違いも興味のあるところであるが、本稿では立ちいらない。公証人の数は、ギリシア、フランス、ドイツで比較的多く、これに対しスペインとオランダには少ないといわれる。しかし、スペインでは、弁護士が公証人を兼任することができ、これを補っている。また、スコットランドでは、Solicitor が公証人の代わりをしている（簡単には、cf. Europe, No. 212, 7/8, 1998, p. 25）。

（6） このドイツの法曹に関する数字の詳細は、Statistisches Jahrbuch für die Bundesrepublik Deutschland, 1994, S. 382; ib., 1998, S. 350 (15. 1-15. 3). による。

法曹の数は近時いちじるしく増大しているが（これについては、小野「ドイツにおける大学再建と法学教育の改革(3)」一論一一六巻二〇頁、二二頁参照）、その多くは継続的に増加している。これに反して、公証人に関しては、一九九一〜九三年の急増がきわだっている。再統一の余波の一部である。

（7） 沿革に遡ったヨーロッパの公証人に関する文献には、後注（9）の文献のほか以下のものがあり有益である。G. Aders, Das Testamentsrecht der Stadt Köln im Mittelalter,

不動産所有権の移転の方式と民法規定

	313条・契約の方式	925条・Auflassung
プロイセン型	2文—Auflassungと登記があれば有効。	1文—登記官の前でのAuflassungで土地所有権移転。⇔☆
南ドイツ型☆	1文—土地の所有権の移転には，公正証書が必要☆。	2文—Auflassungの受領は，公証人も可能☆。

☆925a—Auflassungの意思表示は，313条1文の文書のあるときにのみ受領される。

土地不動産の取得に関する873条にも，公正証書による場合と登記官の面前でする場合の双方が規定されている。313条は，南ドイツ型の公正証書を原則とするのに反し，物権法の，873条と925条は，プロイセン型の登記官の面前でするAuflassungが原則とされている点で，規定の中には二重性が反映され，また原則とする部分にねじれがみられる。1953年の改正は，これを南ドイツ型を原則とすることで統一したものといえよう。

925条と925a条については，本文でふれた。

873条2項に関しても，もともとの規定では，登記まえに当事者が物権的合意に拘束されるのは，意思が裁判上または公正証書で認証され，または登記官のまえで表示されたときとされていたのが（gerichtlich oder notariell beurkundet oder vor dem Grundbuchamt abgegeben），1969年8月28日の改正（BGBl. I, S. 1513）で，「裁判上」という文言が削除され，公正証書が第一義的な場合とされたのである。公証人の任務にあたるものを，官吏や裁判所が代行するのは，プロイセン法に特有の方式である（後述第二部二篇参照）。

1932 ; P. M. Baumgarten, Von der Apostolischen Kanzlei, 1908 ; H. Bresslau, Handbuch der Urkundenlehre für Deutschland und Italien, Bd. 1-3, 1912-1931 ; E. Döhring, Geschichte der deutschen Rechtspflege seit 1500, 1955 ; L. Gerber, Die Notariatsurkunde in Frankfurt am Main im 14. und 15. Jahrhundert, 1916 ; E. Hornig, Das Niedersächsische Gesetz über die freiwillige Gerichtsbarkeit, in Deutsche Notarzeitschrift, 1958, 340ff. ; L. Koeschling, Untersuchungen über die Anfänge des öffentlichen Notariats in Deutschland, 1925 ; F. Leist, Die Notarsignete, 1896. また、Seybold, Hornig und Wolpers, a. a. O., S. 6ff. にも簡単な概略がある。

(8)　なお、このような沿革については、後述第三章参照。また、このオーストリア法上の公証制度については、民商一二一巻一号＝本書第二部二篇参照。

わが国の公証人の沿革は、現行の公証人法（明治四一年四月一四日法律五三号）のまえに、明治五年の司法職務定制（明治五年八月三日太政官達）によって、その第一〇章以下に「証書人代書人代言人職制」が定められたことに発する。これについては本書第一部二篇。

第四一条「証書人

第一　各区戸長役所ニ於テ証書人ヲ置キ田畑家屋等不

動産ノ売買貸借及生存中所持物ヲ人ニ贈与スル約定書ニ奥印セシム
第二　証書奥印手数ノ為ニ其世話料ヲ出サシム」
四二条が代書人、四三条が代言人に関する規定であり、代言人および代書人の業務がはじめて規則上現れたものとして著名である。

（9）以下の沿革については、前注（7）の文献のほか、とくに Kaspers, Schmidt-Thomé und Gerig, Vom Sachsenspiegel zum Code Napoléon, 1961, S. 151ff.（Das Notariat）; H.Conrad, Die geschichtlichen Grundlagen des modernen Notariats in Deutschland, in Deutsche Notarzeitschrift, 1960, 8ff.; F. Oesterley, Das deutsche Notariat, Bd. 1-2, 1842-1845（Neud. 1965）, Bd. 2（Darstellung des geltenden Rechts）, S. 17ff によるところが多い。最初の文献のうち、公証人の部分の担当は、Schmidt-Thomé である。
また、近時の登記と公証人の関わりについては、登記簿のコンピュータ化との関係で、国際商事法務二七巻一〇号一一号＝本書第三部一篇参照。

第二章　中央ヨーロッパ、とくにドイツの公証人の沿革──中世まで──

第一節　ローマ法

(1)　公証人の起源

ドイツ、ひいては広く中央ヨーロッパの公証人は、ローマの皇帝時代の Tabellio に遡る。これは、特別な国家的な授権によって、費用を徴収して特定の法律行為に関する証書の作成に携わった者である。Tabellio は、官吏ではなく、その作成する証書も公の信用を有するものではなかった。しかし、国家の監督のもとにおかれ、公の場所にその席（statio）がおかれるのが通例であった。そこで、のちの公証人にも、「公」（öffentlich）という肩書が付されるのである。

公証は、証人にしたがって証書を作成し、Tabellio がそれに署名し、自分を表す特殊な組み合わせ文字(Monogramm) を付け加えて行われた。

他方、これとは別に、ローマには証書人 (notare) もおり、これは、もともと私的な書記であったが、皇帝期には、国家によって任命された官庁の書記となった。彼らは、notae と呼ばれる。その地位と職域は、Tabellio とは、区別されていた。(10)

(2) 中世まで

ローマ帝国の崩壊後は、Tabellio は、イタリアの都市の中で、その職業を存続させた。また、Notar も、とくに教会関係の領域で存続したのである。フランク王国の時代も同様であった。

カール大帝 (七四二~八一二年、カールマンと共同位七六八年・単独位七七一年から) の法令によって、公証人(Notar) の数はいちじるしく増大された。すでに七七四年に、聖職者が職業的な公証をすることは禁じられ、他方、王の下僚 (Königsboten) である Missi は、その職域においてみずから公証人を任命する権限を与えられた。王権による公証行為の独占の趣旨である。また、七七六年には、すべての司教、修道院長、地方伯には、その裁判管轄内、行政管轄内で、みずから公証人を任命することができるようになった。

カロリンガー朝の公証人の意義は、現在なお完全には解明されていない。Wandalgarius という地位も存在したが、これは、公職上の書記であり、包括的な法令の集成の作成者でもあった。そして、公証のさいには、その名前とともに、Tabellio と同様に、特殊な署名を付加した。

カロリンガー朝の崩壊後は混乱期であったから、公証人の職に関する法令も忘れ去られた。しかし、公証人の裁判書記あるいは記録作成者としての活動が、その地位を尊重させるには十分であった。Tabellio は、この間いっそう裁判手続に関与するようになり、名誉のある称号として公証人（Notar）と呼ばれるようになり、その結果、後代にはもっぱらこの名称で呼ばれるようになったのである。他方、ローマ時代の notae に相当するものは、フランク王国の時代にはもはや存在しない。

イタリアでは、Notar（notarius publicus, notàio）と呼ばれるようになった Tabellio が、裁判所の仕事に関与し、厳格な職業団体を形成し、教育や選別にたずさわることによって、名声を獲得していった。公証人も、中世の諸団体と同様に、ツンフト的な団体を形成し、また特別法によってその権利義務を明らかにし、イタリアの諸都市で確固たる地位を獲得したのである。(11)

(3)　ローマ法の再生と継受

(a)　一二世紀初頭から、イタリアにおいてはローマ法の再生があったことから、それとともに、法律学と公証人との関連が生じてきた。公証技術は、法学的な研究の対象となり、イタリアの諸大学の授業科目ともなったのである。公証人の職務の学問的な解明については、著名なボローニァ学派の功績が大きい。イルネリウス（Irnerius,ca. 1050-ca. 1125）は、「公証の方式」（Formularium tabellionum）を著した。(12) 後期注釈学派では、一三世紀のオドフレードス（Odofredus, ca. 1228-1265）のものが著名である。

ボローニァでは、公証人のための特別の学校もできた。そこでは、公証人の同業者団体のメンバーが講義を行い、公証技術の習得者として公に学位を付与したのである。同様の公証人の学校は、イタリアのモデルにならって、一三世紀の中央ヨーロッパでも、のちの大学の所在地にできた。たとえば、一二七〇年のプラハでは、ボヘミア王 Ottokar の公証人 Henricus de Isernia が、学校を作ったのである。(13) これは、一三四八年のプラハ大学（プラハ大学は〔ドイツの〕神聖ローマ帝国の領域、つまりアルプス以北の中央ヨーロッパにできた大学ではもっとも早いものであった）の創設に先立つものである。

(b)　イタリアとは異なり、ドイツではかなり遅くまで、読み書きの能力じたいが、異例な特技であり特別な学識とみなされた。また、裁判手続は、まったくの口頭主義によった。そこで、法律関係を文書によって確定することは、ほとんど必要とされなかった。しかし、一三世紀の終わりから、ドイツでもしばしば証書に関係する人間が登場して、公証人（öffentlicher Notar）と呼ばれるようになったのである。その数はしだいに増して、やがてほとんどすべての大都市では、少なくとも一人、たいていは複数の公証人がいるようになった。この現象は、ドイツの学生が外国の大学、とくにボローニァで学んだことの影響であり、ローマ法継受の一側面と目される。また、このような公証人の増大には、カノン法も重要な役割を果たしていた。(14)

第二節　カノン法

(1)　カノン法

カノン法は、一二世紀には独立した学問領域となっていた。そして、教会裁判所は、この新たに獲得された知識にしたがって組織された。そこで、一三世紀には、教会の裁判所では、すべての手続につき公証人によって確定された記録を作成するとの原則が作りあげられたのである。また、初期の公証は、聖職者によって行われた。そして、教会の法律実務は、公証人の文書を当初から公の文書とみていたので、イタリアの公証人の意義は、いっそう高まった。ドイツの教会は、この訴訟手続上の慣行をドイツにももちこんだのである。

ドイツでも最初の公証人は、おもに司教座都市にみられる。ここには、教会裁判所があったからである。まず、Lüttich（Liège）, 1274、さらに、Osnabrück, 1277 ; Köln, 1279 ; Breslau, 1282 ; Lübeck, 1283 ; Koblenz, 1285 ; Essen, 1292 ; Mainz, 1292 ; Güglingen/Württemberg, 1293 ; Villich, 1296 ; Soest, 1296 ; Utrecht und Metz, 1298 ; Trier, 1299 ; Frankfurt, 1300 と続いたのである。(15)

(2)　公証制度の発展

(a)　ボローニァにおいても、のちにドイツで公証人となったドイツの学生の数はそう多くはなかったから、ここれらドイツの公証人がみなイタリアで学んだとみることにはむりがある。公証人のなかには、任命後にはじめて学んだ者さえある。公証人としての任命には、必ずしも大学での教育が要件とはされなかったから、その養成はべつの方法によった。

前述のイタリア人の公証人 Henricus de Isernia の指導のもとで、一二七〇年にボヘミア王によって創設されたプラハの公証人学校は、重要な意義を有する。もっとも、教員の構成や学生数や名前、この学校の存続期間などの個々の事項の詳細は、今日なお明確にされていない。しかし、これをモデルとして、多くのこの種の学校がドイツ法の領域に作られた[16]。そして、公証人の就学期間は、たんに実務だけではなく、理論指導にも及んでいた。公証技術に関するテキストだけではなく、「方式」に関するテキスト（Formel-Bücher）や修辞学（Rhetorik）も教えられた。修辞学は、同時に書類作成の技術の導入をも意味していたから、実質的に大きな役割を果したのである。

さらに、ドイツで公証人制度が発達した理由としては、つぎのことがある。すなわち、新しい法制度が、イタリアにもっとも近い南ドイツからではなく、西の部分にまず現れたことが注目される。つまり、最初のドイツの公証人は、ケルン、トリアー、マインツの大司教区と教会の領域で任命された（前述(1)参照。いずれも一二〇〇年代）。これらの大司教は、同時にライヒの大諸侯（選帝侯）でもあり、またイタリアにたびたび滞在したことから、その影響をうけやすかったのである。

そして、これと並んで、北のリューベックと東のブレスラウで早くに生じた（前述(1)。一二〇〇年代）。リューベックは、ハンザ都市として西方地域との関係が深かったことから、またブレスラウは、プラハの学校との関係にもとづくといわれる（一三二七年以降、シレジアは、ボヘミア王国（一五二六年からハプスブルク家領）に帰属）。

他方、中央ドイツでは遅れて一三二四年、南ドイツでも一三三九年にようやくみられたにすぎないのである。[17]

(b)　ドイツに公証人（öffentlicher Notar）が登場するまえに、一三世紀初頭に、書記的な仕事をする人間がおり、これも、Notar, Tabellio と呼ばれた。書記は、教会または世俗の高位者から私的な書記として任命された者である。公証人は「公」である点で、これと異なる。ローマの Tabellio と同様に、自由業的に公証行為を行い、その職務は、非当事者的に費用の支払によって、誰に対しても行われた。このような公証人の地位は、自由業でありながら、かつ公職（öffentlicher Amt）である点に特徴がある。[18]

第三節　任命権の濫用と公証人の過剰

(1)　宮中伯権能

公証人を任命する権利は、もともと皇帝権に属するものとされていた。しかし、皇帝がみずからこの権利を行使することはまれであったから、ドイツに公証人が現れるまえに、イタリアで慣行となっていたように、任命権は、宮中伯（Pfalzgrafen）に与えられた。しかし、皇帝権の衰退とともに、宮中伯も名目となったから、一四世紀には、これは、下位宮中伯（Hofpfalzgrafen, comes sacri palatii Lateranensis）と改称され、広く法律の学識者、市民、聖職者、大学にも与えられるようになったのである。

宮中伯の権能は、貴族の叙任、認知、裁判官の任命などの権能とならんで、公証人の任命権を含んでいた。任命は、終身（kleine Comitive）または、世襲も可能なものとして（große Comitive）行われた。特別な場合には、さらに下位宮中伯（Hofpfalzgrafen）を任命する権利をも含むことがあった。また、皇帝のほかに、教皇も、公証人を任命することができるとされた。そして、教皇庁は、この権利を比較的制限的にのみ行使したから、任命される公証人の数は固定されていた。そこで、教皇の公証人は、比較的安定的なものとして供給されたが、皇帝の任命権には、数的な制限がなかったから、大量の公証人を生み出すこととなった。これは、一方ではその普及には役立ったのであるが、他方では、必然的にその地位の低下をもたらしたのである。[19]

(2) 公証人の職務

(a) 当時の公証人の資格としては、敬虔な、名誉ある、隷属身分でない者、かつ破門されたり、帝国追放(Acht)になっていないことが必要であった。しかし、生まれが嫡出であること(Eheliche Geburt)は必要ではない。任命は、候補者の試験による。もっとも、これは多くの場合に形式的なものにとどまった。任命された者は、宣誓し、職務の遂行のために任命証書のほかに、羽ペンとインクつぼをもたなければならないとされた。皇帝または教皇によって任命された者は(もっとも、双方の資格を有することも多い。皇帝の公証人＝notarius auctoritate imperiali、教皇の公証人＝notaris apostolice sedis)、いずれも「公」証人とよばれる(たんなるNotarではなく、öffentlicher Notarである)。

公証人は、広義では聖職者の階層に属したが、聖職としては下位の叙品をうけただけであるから、婚姻は妨げられなかった。

当時の公証人には、固定された事務所も管轄区域もなく、任意にドイツのどこでも開業し、公証業務を行うことができた。さらに、公証人は、ドイツだけではなく、一六世紀中ごろまでは、西ヨーロッパのキリスト教世界すべてで通用する資格を有したのである。もっとも、外国では、人的・都市的な関係によって、証書に、その真正の証明を軽減するための公証人どおしの共同の印をおしてもらうことによって、それを有効にすること(今日の意味に近い認証(legalisieren))が行われた。そこで、証書は、長らく中世の西ヨーロッパ地域の共通語であるラテン語で作成されたのである。[20]

(b) 公証行為は、一般に、公証人が全当事者と証人とともに、口頭の審査によって記録(Aktennotiz, Konzept)を作り、これに文書の形式を整えることによってなされる。公証人の署名と印(Signum, Signet)を付して清書されたものは、法的な取引において、公証人証書としての意味を有する。

このような証書には、ドイツでは、イタリアの公証人の業務からうけつがれた形式的な要件が必要とされる。たとえば、皇帝の名前、作成の場所、年月日、および利息の記載、当事者と証人の記載、公証人の署名と標識(Zeichen)である。これらなしには、文書には効力がないか、必要な証明力を有しない。ドイツの公証人の文書は、当初から形式的な要件を求めてきた。そこで、公証人の印章文字のない文書は、公証人文書ではなく、たんなる謄本か認証された文書(beglaubigte Anschriften)にすぎないとされた。

印章文字(Signet)を付することは、特別な意味を有している。今日の公証人の印でも同様であるが、印章文字は、つねに文書の左側に付され、もともとは手書きの、のちには型によった標識(Zeichen)により、しばしば格言などをともなっている。印章は、公証人がみずから選定し変更されずに長く使用されることが通常であった。

この印章文字の起源は、いまだ明確にされていない。署名に付加された文字は、ローマのTabellioの組み合わせ文字と近似したものである。一七世紀には、印章文字と格言(Sinnspruch, Devise)は、紋章と同様に、宮中伯から付与され、正確に任命証書に書きこまれた。おそらく、公証人となる者の希望が考慮されたと推測される。というのは、印章文字としては、紋章(ヨーロッパの紋章は基本的に個人紋章である)や家族紋章が多く用いられているからである。[21] また、しだいにたんなる文字というよりも、装飾性を増していったことも、紋章と類似している。

(c)　印章文字のほか、公証人は、一三世紀から、他の自由人がするような捺印(Siegel)をも使うことがあった。しかし、これは、署名の認証と謄本に用いられたものであり、印章文字を代替するものではない。

正当な事由なくして、公証人は、公証行為を拒否することができない。錯誤をしたり、形式的に欠陥のある文書を作ったときには、公証人は、当事者に全額の賠償義務を負担した。誤った文書を作ったり、文書の偽造をした場合には、かなり重い刑罰が課せられた。右手の切断、さらしもの、地位の剥奪、追放刑などである。

古い慣習によれば、文書には、羊皮紙のみが用いられた。長期の保存を可能にするためである。一二三一年に、皇帝フリードリヒ二世（在位一二一五年～一二五〇年）は、紙の使用を禁じている。そして、この禁令は、ドイツの公証人にもひきつがれている。書くための道具には、黒インクのみが用いられた。文書の削除、変更、付加は禁じられており、場合によっては、文書に明確に記されなければならなかった。

(d)　公証人の任務は、法律行為の公証である。たとえば、売買契約、代理権の授与、遺言状、債務証書、保証、婚姻契約に関する証書を作成し、また、二重証明（他の公証人の文書にさらに認証を与える）をし、あるいは教会裁判手続での控訴事務、送達、証人の尋問なども行うのである。非訟事件（freiwillige Gerichtsbarkeit）の領域に属するものも多い。また、当事者が任意に法律関係を決定しうる場合が広く含まれた。(22)

(e)　これらの公証行為も、必ずしも公証人のみによって行われたわけではない。職務独占の法律の規定はなかったから、聖界または俗権の官庁の文書官（Urkundspersonen）、都市の書記によっても有効になされえたのである。(23)

早くに、公証人のための方式に関するラテン語のテキストがあった。(24)そして、のちには、ドイツでも、多くの文献が印刷された。(25)

第四節　公証人の過剰と対策

(1)　公証人の過剰

(a)　イタリアやフランスの同業者と異なり、ドイツの公証人は、ツンフト、ギルドといった同業組合に組織されることがなかった。中世の他の身分秩序とは異なり、身分による組織がなかったのである。同じ身分の者の結合によって、イタリアの公証人はその地位を強固にしたが、このような結合はドイツでは欠けていた。また、国家的な統合の遅れたドイツでは国家による監督もなかった。すなわち、中世の職としてはめずらしく、公証人の任命は、まったく放任されていたのである。

また、後進者の選択や教育、公証人の事務所の許可や営業、場所的な調整、費用についてのルールや監視の統一された指針もなかった。さらに、増大しつつあった聖俗の官吏書記の文書活動に対する防止がなかったのである。後者は、官吏として、しばしばきわめて低い費用で公証人としての仕事を行うことができた。さらに、宮中伯の権能が制限されなかったことから、新たな公証人が次々に生まれた[26]。そこで、ドイツの公証人の数は、いちじるしく増大することになった[27]。

	1300年まで	1301-1330年	1450-1480年
Breslau	4	14	65
Trier	3	23	25
Koblenz	3	10	16
Köln	4	19	—(不明)
Lübeck	2	6	—
Mainz	3	7	—

その結果、公証人は、しだいに身分相応の生活を維持できなくなり、これは、不正を生み出すもとともなった。公証人に対する批判の源は、なによりもその膨大な数にある。ドイツの一部地域に関する研究が、これに関する像をみせてくれる[28]（上表参照）。

(b)　もっとも、増大したといっても、ドイツの公証人の数は、中世イタリアの公証人との比較では、いちじるしく小さい。一二九三年のピサでは二三二人、ジェノヴァで二〇〇人、フィレンツェで六〇〇人であり、人口一五〇人あたり一名の公証人がいたといわれている。しかし、それでも、一三世紀のイタリアでは、記録の必要性が増大したために、公証人は、すべてのケースについて正式の証書を作成する時間がなくなり、争いが生じてはじめて証書の作成を手がけることになり、その結果、登録簿の重要性が増大し、登録簿こそが基本的な公証力をもつとの原則が確立したのである[29]。

イタリアの公証人も、ギルドを形成していたとはいうものの、加入の規制はごく弱かったから、イタリアにおいて公証人の過剰が問題にならなかったことは、一三世紀以降の商工業の発展による社会的変化が[30]、ドイツとは異なっていたことに求められなければならない。これに反し、ドイツでは、公証人職が独立した時期自体が遅く、記録の保管は、長らく都市の書記によって担われていたのである[31]。おそらく、このような伝統が、独立した公証人とはべつの官吏的な記録保存職の制度（後述するプロイセン的・裁判所書記的な公証人）を作る遠因の一つとなったと考えられる。

(c)　公証人を任命する宮中伯の権能の実数も、必ずしも明確ではない。ライヒ宰相府（Reichskanzlei）が金銭上の必要から濫用の先例を作った。任命可能な宮中伯権能には、大きな対価を支払わなければならなかった。一例では、宰相府が三〇年戦争（一六一八年～四八年）の経済的に苦しい時期には、修道院諸侯であるKemptenは、小さなComitive（終身の権能）の受封のために、三八〇〇フローリンを支払った。また、大きなPalatinat（世襲可能な権能）には、一万一五九〇フローリンが支払われたという[32]。

そこで、宮中伯権能を取得した者が、自分の支出を早く取り戻すために、多くの再任命権を行使したことは、驚くにはあたらないであろう。

(2)　兼職と弊害

(a)　そこで、多くの公証人が、同時に第二の職業を有したこともみられた。たとえば、弁護士などの司法職（Procuratoren）だけではなく、聖職者の補助や寺男、オルガニスト、学校の教師などである。これは、公証人の職務が生活に必要な収入をえるには十分ではないという証左である。他方、兼業は、公証人にとって危険の原因ともなっており、通常の業務の妨げとなることにもなった。そして、第二の職業をするさいには、公証人としての表示はなされなかったから、職業についている公証人は、他の職業上の名前だけが明らかであり、これがのちの研究を困難にしている[33]。

(b)　片手間で行われた公証人の仕事やその質に対する批判は多い。しかし、公証人に関する批判にもかかわらず、一部の有能な公証人の作成した文書は、今日まで伝わり、作成者の博識のおかげで、時代の有力な証人となっている。そこで、当時の公証人が教育をうけていないとの批判も、一般化するのは危険である。たとえ当時の公証人の教育の重点が、他の公証人のもとでの実務にすぎなかったとしても、公証人の多くは教育をうけていた(34)。もっとも、その全体像を明らかにするような研究は、いまだ存在しない。一五世紀から一八〇六年の神聖ローマ帝国の解体までの時期については、公証人職についての批判がとくに強い。しかし、この時代の公証人が無能であったとの観念は、必ずしも正しくない。少なくとも無能な公証人と同数の有能な公証人が存在した。これは、公証人が困難な仕事の解決のために関係し、都市や教会の高いポストについていることからもいえる。また、公証人は、諸侯の書記や文書人となり、また大使館の重要なメンバーとなっている。他方で、大学の教師、学長、校長ともなっている。初期のドイツの公証人は、同時に、多くの都市の教会裁判所の書記ともなっている。これらの多様な仕事へのかかわりは、専門的知識の存在を前提にするものである(35)。

(c)　公証人の事務所における業務の実態も、いまだ解明されていない。羊皮紙に書くことは、大きな貯えを必要としたであろうし、多くの文書を作成するときには、その材料を備えるだけでも資金を要することであった。また、文書を実際に作成させるための書記が必要であるし、清書は、他の人間の手によることが多かった。公証人は、これを労働の過重とその他の緊急の作業のあることで理由づけたのである。

この共同作業者がどこで仕事をしたか、公証人の家かあるいは自分の家か、どのように支払がされ、組織化されていたかなども、明確ではない。記録作成は、しばしば当事者の家で行われた。また、記録作成の場所として、教会や礼拝堂も好まれたという(36)。しかし、ときには、文書の中に、公証人の家に関する表示がある。これは、公証人の家で記録作成が行われた場合である。その場合には、その階と作成された正確な位置が記載されたのである(37)。

第五節　一五一二年ライヒ公証人規則

(1)　対策と立法

(a)　公証人に関する種々の弊害から、聖俗の支配者による法律の発布がみられた。たとえば、一三四四年と一四四九年のトリアーの法律である。ニュルンベルク市は、一四七六年に、その都市内では都市によって公認された者だけが公証業務を許可されるとの皇帝特許状を獲得した。これらの場所的な規制のほかに、ライヒの立法もできた。一四九五年以来発せられてきた帝室裁判所規則には、種々の規定があるし、一四九八年にフライブルクで開かれた帝国議会は、公証人制度の改革に着手し、帝室裁判所による公証人の許可の原則をたてたのである。それによれば、公証人としての能力の証明か試験が要求された。そして、これらの改革が、最終的には一五一二年のマクシミリアン一世（Maxmilian I, Kaiser, 1493-1519）による公証人規則の制定につながるのである。[38]

(b)　一五一二年のケルンにおける帝国議会は、ライヒ議員による審議と専門家による調整のあと、一〇月八日に、皇帝マクシミリアン一世によって発せられたライヒ公証人規則（Reichsnotariatsordnung）を定めた。これは、全五部のもので、おもに公証人が業務の遂行に際して注意するべき原則を定めている。

規則には前文が付され、前文は、改革の必要性、公証の重要性と現在の欠陥にふれている。本文は、五部から成る。第一部は、規則の適用領域を定め、公証人にこの規則にしたがった業務を命じている。しかし、「普通法と称賛すべき慣習と地域の慣行」を尊重するべきものとしている。また、公証人の人格、「公証行為の再生」のための方式規定、記録を備える義務などにふれている。つぎの四部は、遺言、皇帝勅書の告示（Verkündigung der Kaiserlichen Briefe）、弁護士との関係（Setzung der Anwälte）、控訴状を扱っている。この規則は、おもに当時の法を確認したものにすぎない。しかし、一八〇六年の神聖ローマ帝国の解体まで効力をもったのである。[39]

この公証人規則は、皇帝秘書官の Cyprianus de Serentein によってラテン語に翻訳された。当時ラテン語は、まだドイツ語とならんで官庁の法律用語であった。さらに、ライヒ決議の集成の印刷にさいして、多くの版が存在する。比較的早くに、一五二七年、一五三六年、一五四九年の版があり、さらにライヒの解体（一八〇六年）まで多くの版が存在する。また、注釈つきの版や公証人に関する教科書の多くにもこの規則が付されている。こうして、一六世紀から一九世紀までに多くの印刷物が出されたことから、この公証人規則の重要性が推測できるのである。(40)

(2)　実効性

もっとも、一五一二年のライヒ公証人規則は、当時のドイツ内の諸国の関係から、基本的・一般的な規定を設けるにとどまり、公証人の教育や任命に関する規定も、公証人の数の制限や監督に関する具体的な規定も置かなかった。そこで、弊害の主要な原因である宮中伯権能は、制限されなかったのである。

宮中伯権能じたいを制限することは、困難であった。ライヒの全域で、当時の公証人職の現状にかかわらず、任意の者を公証人に任命できるという権利は、軽視できない力を有した。(41) 宮中伯権能が皇帝の留保権から部分的に逸脱しているために、その新たな制限は、皇帝とラントの関係に影響を与える可能性をもったからである。また、このようにして任命された公証人の職務じたいも、ときには国家法的な影響がみられることがあった。たとえば、スイスは、一六世紀のはじめから、政治的にはドイツのライヒから完全に分離していたが、ドイツの皇帝は、あいかわらずスイス人にも皇帝の宮中伯権能を与えることができた。そして、一八世紀まで、宮中伯権能によってスイスでも、ドイツと同様に皇帝の（両国で通用する）公証人が任命されていた。これによって作成された文書は、両国で特別な形式なしに法的な効力を有するものとされたのである。(42)

(10)　Kaspers, Schmidt-Thomé und Gerig, p. 153 ; Oesterley, Bd. 1 (Geschichte des Notariats), S. 5ff.　以下の第二章の記述には、これによるところが多い。

公証人の制度の沿革については、三堀博「各国公証制度の沿革と現状」公証法学一号〔一九七二年〕二〇頁以下、久保正幡「公証人と法律学の歴史」同二号〔一九七二年〕一頁がある。後者は講演記録であるが、もととなっているのは、上述の Kaspers, Schmidt-Thomé und Gerig の著作のようであり、以下で、Kaspers, Schmidt-Thomé und Gerig の著書を引用する限度で本稿（とくに二章の一部）とも重複することを、あらかじめ指摘しておきたい。ただし、本稿は、後者では省略されている部分をかなり復元している。対象とするところがおのずから異なるからである。

また、各国別の検討としては、清水廣一郎「中世末期イタリアにおける公証人の活動―史料としての公証人文書」公証法学七号〔一九七八年〕一頁、同「中世イタリア都市における公証人―民衆の法意識との関連で―」史潮一六号〔一九八五年〕二六頁、ハンス・シタリエン「スイスの公証人制度について」公証一九号〔一九六六年〕一頁、加藤哲夫・吉野正三郎・岩志和一郎「オーストリア公証人法補遺」公証法学六号〔一九七七年〕九九頁など。

フランスの公証人については、比較的文献が多い（三堀・前掲論文もこれを中心とする。四九頁以下参照）。また、鎌田薫「フランスの公証制度と公証人」公証法学一一号〔一九八二年〕一頁、同「フランスの公証人」法セ特集二四号＝市民のための法律家〔一九八三年〕一八六頁、西沢宗英「公証人の職務上の責任―フランスの場合―」公証法学一七号〔一九八八年〕一頁、大野實雄「フランス公証人法」公証法学一九号〔一九九〇年〕七五頁、山本和彦「フランス司法見聞録―公証人」判時一四六六号〔一九九三年〕二三頁、リヨン＝カーン（Lyon＝Caen）「フランスの公証人制度」法と民主主義三一五号〔一九九七年〕六四頁、鈴木正道「フランスの公証人制度と不動産公示制度のコンピュータ化」法と民主主義三一五号四六頁、松尾翼「ベルギーの公証人について」法の支配〔一九八九年〕七八号五一頁、藤野豊「公証人の国際組織―ラテン系公証人国際連合の常務理事となって―」公証法学二三号〔一九九四年〕四一頁。

英米法系については、池田寅二郎「英国ノ公証制度ニ関スル調査」公証法学一五号一一九頁、一六号六五頁〔一九八六年～八七年。これは、大正五年～六年の法曹記事二六巻九号～二七巻一号の連載と、昭和五年～九年の公証人同志会雑誌一巻一号、日本公証人雑誌一巻二号、日本公証人協会雑誌二巻一号～一〇号までの論文の再録である〕、土屋真一「アメリカの公証人制度とその実務の動向―日米の両制度を比較して―」自由と正義四九巻〔一九九八年〕二号などがある。

(11) Kaspers, Schmidt-Thomé und Gerig, a. a. O., p. 154 ; Oesterley, a. a. O., Bd. 1, S. 59ff.

(12) もっとも、この本は、後代にいたって失われてしまった。Kaspers, Schmidt-Thomé und Gerig, a. a. O., p. 154.

(13) Ib., p. 154-156.

(14) Ib., p. 156 ; Oesterley, a. a. O., Bd.1, S. 356.

カノン法の書面主義については、小野「私法におけるカノン法の適用」商論五六巻三号〔一九八八年〕四〇頁およびその注（13）参照。(〔利息〕〔一九九九年〕一三頁にも所収)。

(15) Kaspers, Schmidt-Thomé und Gerig, a. a. O., p. 156.

(16) 個別の研究はまだ十分ではない。もっとも、大司教座の所在地であるトリアーの領域については、研究があり、それによれば、多くの公証人が教会裁判所の特別なコースで養成されていたとされる。Ib., p. 156.（F. Michel, Zur Geschichte der geistlichen Gerichtsbarkeit und Verwaltung der Trierer Erzbischofe im Mittelalter, 1953. の研究によるものである)。

(17) Kaspers, Schmidt-Thomé und Gerig, a. a. O., p. 157.

ドイツ初期の公証人は、イタリアで書かれた方式に関するテキストを使用したが、一五世紀から一六世紀の転換期に、これらは、ドイツ語に翻訳され、シュトラスブルクとケルンで印刷された。Riedrer, Formulare und Deutsch-rethorica という本は、書記や公証人の実務に直接に必要とされることすべてに指針を与えるように構成されていた。また、イタリアの先例と同様に、たんに法律的な指針だけではなく、書式や手紙、文書の構成に対する理論的な助言も含まれており、さらに、必要に応じて使用できるように、書式の慣用句、言い回し、修飾語も付されていた。

「書式」(Titulatur) に関する部分が最大で、かつ詳細な指導が行われている。Riedrer の本は、三つの部分からなり、第一は、修辞学であり、ここではキケロの修辞学が要約されている。第二に、文書と手紙の作成が、手紙の模範集によって扱われている。第三に、契約と他の法律行為が扱われている。内容的には、ローマ法を主体としていた。

現存する最古の本は、一四九三年にフライブルクで出版されたものであり、ついで一五〇九年にシュトラスブルクで印刷されたものがある。著者のRiedrerは、エルザスのMühlhausenで生まれ、一四九三年フライブルクで、最初の版を印刷した。著者のうけた教育は、まず裁判所書記として、ついでフライブルク大学での勉学によるものであった。Ib., p. 157.

(18) Ib., p. 160. 都市書記については、小野「ツァシウス（Urlich Zasius, 1461-1535）とフライブルク市法の改革」一論一二一巻一号一頁、三頁参照。もっとも、都市書記は、しだいに市庁や裁判所の役人とみなされるようになったから、むしろローマのnotaeに近いともいえよう。したがって、本来の公証人、すなわち後代のラインラントの公証人（Nurnotar）とは異なる。

なお、ごく古い時代には、筆記の能力が聖職者に限られていたために、文書の保存は、教会によって行われた。また、カロリンガー朝の高等文書官の多くも聖職者であった。しかし、教会による公証は、それが、ときに教会の裁判管轄を生じることから、カノン法の適用を避ける必要から、しだいに、世俗の文書書記や公証人が求められるようになったのである（小野・前掲書〔利息〕三六頁注（28）、三四頁注（10）参照）。

(19) Ib., p. 160.

中世において、皇帝と教皇がともに権威の源になりえたものとしては、ほかに大学がある。大学は、皇帝または教皇の一方あるいはその双方の特許状をうることによって設立されたからである。小野「ドイツにおける大学再建と法学教育の改革(4)」一論一一七巻一〇一頁注（11）参照。

(20) Ib., p. 161.

(21) Ib., p. 162. この印章に関しては、さらに、Ib., p. 177-S. 189. 格言や装飾的な模様、方式を伴うことは、紋章に近く、おそらく当時の紋章学の影響をうけたものであると思われ、興味ぶかいが、本稿では立ちいらない。

(22) Ib., p. 163. vgl. Hornig, a. a. O., S. 340.

(23) Kaspers, Schmidt-Thomé und Gerig, a. a. O., S. 163.

(24) Ib., p. 164. この種の本は、一三世紀以降、長年、公証人の技術に影響を与え、また全ヨーロッパの公証人の仕事を統一するのに貢献してきたといわれる。一つは、Salathiel の Summa artis notariae であり、もう一つは、Rolandinus Passagier の同名の本である。ともに、のちには、ドイツでも印刷されている。

Rolandinus Passagier（ca. 1207-1300）は、一二三四年に、ボローニァで公証人として開業し、また、のちに、Doktors der Notarkunst のタイトルを獲得した。公証人学校（Kollegium）で名声を博し、理事（Proconsul）となり、公証人団体の sechs Consuln の団長ともなった。彼の本は、Rolandina, Orlandina, Rolandinus などという題名のもとで、全ヨーロッパ的な名声をえた。多くの注釈もあるが、内容的には、著名な注釈学派のイルネリウスの公証行為に関する Formularium tabellionum が基礎になっているとされる。

ドイツ語への翻訳と改定は、一六世紀に Andreas Perneder（インゴルシュタット大学に入学したのが一五一八年、死亡は一五四〇年）によって行われている。この本への需要は多く、一五四五年から一五六七年の間に、一〇版以上も出されたという。

(25) Ib., p. 166. ドイツで最初に印刷されたボローニァ学派の本は、一五〇四年にシュトラスブルクとケルンで出された Formulare instrumentorum necnon ars notariatus cum tabulis subjunctis であった。イタリアの多くの法律家の業績を集成したものである。二六章の tractatulus de arte notariatus、最後に ars notariatus が扱われている。一二三七年以降ボローニァで用いられていた Summa artis notariae と、一二四九年に doctor notariae として著名な公証人 Salathiel のものを統合したものである。

Salathiel の Ars notariatus には、多くの版があり、印刷されたものだけでも、ドイツで一二種が確認されており、すでに、一五〇二年に、ニュルンベルクで、ドイツ語の翻訳が、Kunst des Notariats und wie sich der Notarius in seinem Ampt halten und regieren solt. の題名で印刷されている。

(26) Kaspers, Schmidt-Thomé und Gerig, a. a. O., p. 167. 宮中伯権能がいかに行使されたかについては、以下の例がある。バーゼル大学の教授であった Heinrich Pantaleon（1522-95）は、およそ三〇年間に、一三二人の公証人を認可したが、そこには、自分の一五才に満たない二人の息子と、娘むこ、義理の兄弟が含まれていた。彼に支払われた費用は、平均六クローネであった。また、弁護士の August Geldern, 1763-1836 は、一七八七年から一八〇四年の間に、三二人の公証人を認可し、それには、四人の自分の兄弟が含まれていた。さらに、皇帝参事会員でマグデブルクの司教座聖堂主任司祭 Dompropst の Wilhelm Böcklin von Böcklinsau は、一七年間に、六八人の公証人を認可し、ケルン大学の教授 Petrus Holtzemius も、一六〇七年から五三年の間に、七五人を認可したのである。ヘルムステット大学は、一五七六年から一八〇六年の二三〇年間に、七三五人を認可したという。

(27) Ib., p. 166.

(28) Ib., p. 167. これは、個々の活動の（今日残っている）文書から算定したとされる数字であり、数百年の間に多くの文書が失われたことからすると、実際の数はもっと多かったであろうことが、注目されるべきである。

(29) 清水・前掲論文九頁、三頁。初期の商人は、売買契約をも公証人のもとで、記録していたという。同七頁。

(30) 清水・前掲論文九頁は、イタリアにおける公証人の発達を社会的変化に求めている。

(31) もっとも、清水・前掲論文一一頁によれば、イタリアでも、行政官や司法官の職は、公証人出身者の書記によって支えられていることが多かったとする。

(32) Kaspers, Schmidt-Thomé und Gerig, p. 167.
これらの金額がどの程度のものであったかは、一四世紀から一九世紀までの一フローリン（Florin）＝一グルデン（Gulden）が、およそ金三・五グラムであったことから推定するほかはない。金一グラム一二八二円（一九九五年の時価）とすると、およそ一〇〇〇フローリンは、四四九万円となる。また、金一グラムを、四二二〇円、六四九五円（それぞれ一九八二年、その前の騰貴時の一九八〇年の時価）とすると、一五四七万円、二二七三万円となる（週刊朝日編・戦後値段史年表〔一九九五年〕六〇頁）。ただし、一九九〇年、一九九五年には、それぞれ二〇〇八円、一二八二円にまで値下がりしている。

選帝侯であるマインツ大司教の就任承認料が（一五一三年）一万フローリンであったこと、エラスムス（一四六九年～一五三六年）がカール五世（皇帝位一五一九年～五六年、スペイン王位一五一六年～五六年）の顧問（Kaiserlicher Rat）として年額二〇〇グルデンを受領したとされることも考慮すると、決してわずかな金額とはいえないであろう（vgl. Gail, Erasmus, 1994, S. 50, 62, 145）。

(33) Ib., p. 168. 一六世紀のケルンについては、年代史家である Weinsberg のした研究（H. v. Weinsberg, Das Buch Weinsberg. Kölner Denkwürdigkeiten aus dem 16. Jahrhundert, 1886-1926）が著名であり、それによ

ると、ケルンの多くの学校教師と寺男は、同時に公証人でもあったという。

(34) Kaspers, Schmidt-Thomé und Gerig, a. a. O., S. 168. ケルン大学の学籍名簿は、一三八九年から一五五九年（そして、それ以後は公表されていない）、のちに公証人となった学生の数を示しているという。

(35) Ib., p. 168-169 ; Conrad, a. a. O., S. 4.
中世において、しばしば公証人と同様の機能を果たしていた各都市の都市書記については、前掲注（18）の小野・一論一二一巻一号三頁をも参照。

(36) Ib., p. 170. どのような理由で宗教施設が利用されたのか、たんに適当な部屋がないからか、それとも宗教的な理由によるのかは、まだ研究されていない。ブレスラウの公文書では、記録作成の場所として、原則として裁判所の玄関口が指定されており、小さな屋根のある大聖堂の北前面の玄関は、作成した記録の公表のために用いられたという。なお、中世イタリアの公証人の業務については、清水・前掲論文七頁参照。

(37) Kaspers, Schmidt-Thomé und Gerig, a. a. O., p. 170.

(38) Ib. ; Conrad. a. a. O., S. 5. 帝室裁判所規則については、Conrad, ib., S. 7ff.

(39) Ib., p. 171 ; Oesterley, a. a. O., Bd. 1, S. 480ff. ライヒ公証人規則の発布は、法律を印刷の形式で公告することが一般になっていた時期にあたる。そこで、最初の印刷が、一五一二年の発布の年に、マインツの Peter Schöffer によって行われた。
なお、法律の公布については、cf. Ono, Comparative Law and the Civil Code of Japan (2), vol. 25, p. 33 (1997). すなわち、公布による法の革新（少なくともその再構成）が期待されていたのである。慣習法の確認のみの段階では、公布は必ずしも必要とはされないからである。

(40) Kaspers, Schmidt-Thomé und Gerig, a. a. O., p. 171.

(41) 他方、イギリスで、大陸と別個の公証人制度が発達した理由の一つとして、一三二〇年にエドワード二世（在位一三〇七年～一三二七年）が、皇帝と教皇の任命による公証人を追放したことに発し（三堀博「各国公証制度の沿革と現状」前掲公証法学一号二〇頁、三二頁参照）、百年戦争（一三三九年～一四五三年）やヘンリー八世（在位一五〇九年～一五四七年）によるイングランドの宗教改革（一五三四年、首長令）などの反大陸的傾向がこれを助長したことがあげられる。

(42)　Ib., p. 174. バーゼルの公証人について、この関係を研究したものがある。E. His, Zur Geschichte der Basler Notariats : in Basler Zeitschrift f. Geschichte u. Altertumskunde, 20 (1922), S. 1ff.

今日でも、公証行為は、公証人がその管轄の地域外または任命されたラント外（außerhalb seines Amtsbezirks oder außerhalb des Landes..., in dem er zum Notar bestellt ist）でしたというだけでは、無効とはならないとされる（公証法二条参照）。

なお、スイスでは、官吏が公証人の代替をすることがあり（たとえば、公正証書遺言の場合。スイス民法〔一九〇七年〕四九九条、五〇四条ほか）、これは、一面では、後述するプロイセン（第三章参照）やオーストリアの制度に近く、一九世紀以降、公証行為を国家的に管理することが必要になったさいに生じたものである。ラテン系の公証人と違う形態のものは、ドイツ〔プロイセン地域〕だけではなく、オーストリア、スイスにもみられるのである。

第三章　諸ラントにおける公証人の規制――近代法――

第一節　その後の公証人立法

皇帝マクシミリアンの公証人規則は、実効的な資格制限を行うことができず、公証人の濫造による弊害を阻止しえなかった。そこで、同規則が制定されたのちにおいても、各ラントや都市は、可能な限りその領域において、弊害を防止するために、みずからこれに対応することが必要となった。そして、各ラント政府によって大学の入学許可を要件とすること、あるいは裁判所または都市の参事会によって、みずからの委員会の厳格な専門試験を課することなどが行われた。こうして、公証人の任命に、人的および専門的な要件が付加されたことによって、間接的に公証人の制限が試みられたのである。

これらの規則は、一五九八年と一七二七年にはトリアー選帝侯領、一六〇九年、一六七三年、一七一七年にはケルン選帝侯領に、一五二八年、一五八一年、一七四六年にベルク（Jülich = Cleve = Berg）に、一五五三年にはバイエルンに、一五七五年にマグデブルクに、一五八二年に帝国自由都市ケルンに、一五九八年にフランクフルト・アム・マインに、一五四八年、一五五五年、一五五七年、一五六〇年、一五六一年の帝室裁判所規則にもみられる。しかし、これらの規則の多くは、地域的か、そうでなくても部分的なものであり、一般的な効力をもつものではなかった。(43)

第二節　プロイセンによる司法改革

(1)　プロイセンの司法委員制度

プロイセンは、絶対主義確立のプロセスで、公証人制度の改革に着手した。まず、一七七一年七月一一日の公証人に関する指令によって、プロイセン国王によって任命された公証人のみが業務を行えることとされた。これによって、皇帝と教皇の公証人は、公証業務から締め出され、宮中伯による任命権は、完全に否定された。領邦国家による一元的な管理である。

ついで、プロイセンは、一七八一年四月二六日の手続規則において、自由業的な公証人職を廃止し、その業務を特別な国家官吏におわせることとした。いわゆる司法委員（Justizkommissar）の制度の創設である。(44)〔オーストリアでは、現在でも、公証人が裁判所委員（Gerichtskommissar）として、裁判所の機能に関与することがある。〕同時に、自由業的な弁護士も廃止され、官吏として任命される補助参事（beamteter Assistenzrat）がこれに代わった。もっとも、後者は、じきに廃止され、その職務は、司法委員におわされることになったのである。そこで、司法委員は、弁護士業務をも占めることになった。司法委員は、適正検査と試験（Eignung und Bewährung）によって任命され、また試用期間後、公証人に補されるものとされた。しかし、公証人職を許された司法委員は、皇帝の公証人とは異なり、ラント官庁の監督をうけたのである。司法学校（Justizkollegium）にはいることが要件とされ、ときには、作成した書類が有効であるためには、この学校の校長の共同署名が必要とされた。証拠力においても、公証人の文書は、裁判所の文書に劣るものとされた。すべての重要な公証人の職務は、裁判所に移された（非訟事件手続の増大と並んで）。それによって、プロイセンの公証人は、意義の乏しい司法官吏になりさがったのである。

(2)　弁護士制度との結合

その後、試用期間後は、申請により当然に司法委員に公証人の職を与えることが通例となった。弁護士活動とともに、これは十分な収入を保障するものであった。弁護士に公証人の資格が付与されることの原型は、ここに始まる。

このような制度は、プロイセンでは、司法改革の提案にもかかわらず、一八七九年の自由業的な弁護士の創設まで続いたのである。そして、経済的な考慮から、公証人職を自由業的な弁護士に授与することは続き、試用期間後に申請によって当然に行われるものとされた(45)。公証人と弁護士の職の合体した形態は、なおも継続することになったのである。

第三節　ラインラントとライン・フランス法

(1)　二重の資格

プロイセンの公証人は、その任命や業務領域が国家的に管理される点においては、ライン地方のNurnotarと異ならない。しかし、この新たな制度によって、プロイセンでは、自由業的な公証人弁護士（Anwaltsnotar）一人に、当事者の一方の代理人としての任務をおうことと、中立的な官吏的な文書人としての資格が統一されることになったのである。

しかし、この二重の資格の付与が、多くの職業上の衝突や困難を生じさせた。また、裁判所の文書機能を強めることにも貢献しなかった。このようなプロイセンの公証人弁護士の制度は、わずかな例外を除いて、他のラントにも外国にも類似のものは見出しえない(46)。

(2)　他の地域とフランス法

ドイツの他の地域では、一九世紀の初頭にはじめて、根本的な変化が生じた。フランス革命のさいに併合されたライン左岸と他の占領地域では、フランスの公証人制度が導入された。これは、イタリアのモデルによったドイツ普通法地域の公証人制度と同じ起源をもち、それを発展させたものである。したがって、この新たな変更によって、従来の皇帝の公証人と他の文書官吏の形態はラインラントで廃止されたが、この新たな制度によっても、フランス法的な公証人制度の導入の結果、ドイツに従来まったく知られていなかった法制度ができたということを意味するものではない、と位置づけられる。

革命による変化は、フランスにおいても公証人制度のもつ同様な問題と欠陥を解決した。厳格に組織された官吏公証人（Beamtennotariat）、業務地の確定、数の制限、統一的な費用基準、業務遂行に関する規定などが定められた。これは、なお現行法でもある共和暦一一年風月二五日〔一八〇三年三月一六日〕の法律（Loi du 25 ventôse an XI (1799), Contenant organisation du notariat, (cf. Code civil, art. 1317)）によるものである。同法は、六九条に及ぶ詳細なものであるが、一九四五年以降たびたび修正され、近時では、Décret n° 71-941 du 26 novembre 1971 (Relatif aux actes établis par les notaires) ほかによるかなり大幅な修正がある。一九九八年の段階では、すでに、数条しか残っておらず、そのうち改正を経ていないのは、第三条〔公証人の嘱託受任義務〕のみである。

国家による任命は、専門の試験のあとはじめて行われた。そして、ライン地域の公証人は、従来の自分の印（Signete）の代わりに、国家の紋章による統一的な職務印を使うようになった。これは今日では、全ヨーロッパの公証人制度がうけ継いでいる。また、公証人固有の団体（Standesvertretung）の創設は、公証人に権利と義務を自覚させた。こうして何世紀間もできなかった制度改革が、可能になったのである。(47)

(3)　ライン・フランス法

(a)　ナポレオンの没落後、ラインラントは一八一三年にプロイセンに、またファルツはバイエルンに帰属した。一八一六年以降、前者には、プロイセン法が導入されることとされたが、ライン地方の公証人（Nurnotar）制度は、すでに住民に定着していたから、その存続が主張されることになった。
そこで、一八二二年四月二五日の法（Die Verordnung und Taxordnung für die Notarien in den Niederrheinischen Provinzen v. 25. April 1822）によって、ラインラントのプロイセン地域には、自由業でありながら、公証役場と結合したNurnotarが、明示に認められ保持されたのである。(48)また、バイエルンのライン・ファルツ地域でも、Nurnotarの制度があまり変更されることなく維持された。

(b)　ラインラントを中心として、ナポレオンの没落後に、諸ラントに帰属した地域において、フランス法あるいはそれに由来する制度が存続した例は、たんに公証人制度に限られない。同様の現象については、私法に限定してみても、近時広く指摘されるところである。そこで、以下では、とくに重要なラインラントにおけるフランス法の影響について、簡単にふれておこう。(49)
ライン地方におけるフランス法の適用は、ラインラントがプロイセン領に帰しても当然に消滅したわけではなく、その後も残り、それによって長くプロイセン法、ひいてはドイツ法に影響を与えることとなったのである。

もちろん、ＡＬＲ（プロイセン一般ラント法典・一七九四年）とフランス民法典は、その基盤とする背景において異なっている。フランス民法典は、フランス革命の、ひいては近代法の産物であるが、ＡＬＲは、なお身分的・封建的性格を有しており、それはとりわけ公法にとっては調和しがたい問題をもたらした。しかし、民法においては、多くの影響関係がみられたのである。

まず、ＡＬＲの成立したのは、ようやく一七九四年であった。他方、ラインの左岸の大部分は、もともとケルン、トリアー、マインツの宗教諸侯の支配する普通法地域であった。しかし、まもなく、一七九五年には、フランス革命の余波をうけ革命軍に占領された。そして、ナポレオンによるエルザス地域の領土併合の代償として、聖界領土が世俗化されプロイセン領となったことから、まずＡＬＲが適用された。

さらに、その後ライン左岸の全面的な併合により、フランス法の適用が始まったのである。フランス法の適用は、革命の理念の輸出という観点から、西方地域では地域法に対する補充的適用を目ざしたＡＬＲよりも、その適用は徹底したものであった。ＡＬＲの適用じたいいまだ日が浅い時期であり、ＡＬＲが単独で適用された時期はむしろ少なかったのである。もっとも、一八〇四年までは、フランスに併合されたラインの左岸地域でも、ＡＬＲの適用がみられたという。(50)

(c)　一八一四年に、ライン左岸は、プロイセン領として回復された。しかし、当然にＡＬＲの適用も回復されたというわけではない。ＡＬＲは、ライン右岸のみに適用されたにとどまる。ナポレオンの没落と占領の解消後にも、フランス法は、その民法典の輸出された他の諸国でと同様に、必ずしも外国支配の遺物とはみなされなかったのである。その内容的な普遍性によるものであろう。ライン・フランス法の適用は、結局ドイツ民法典の制定までほぼ一〇〇年にわたって続くことになるのである。

もっとも、同法は、純粋なフランス法というよりは、ライン地域法（Rheinisches Recht）と呼ばれるにふさわしい性格のものである。(51) すでに継受され同化されたものとみなされたのである。フランス民法典へのこの地方の要求が強かったことは、ＡＬＲの適用に反対して、ライン・フランス法の適用を求める広範囲な運動があったことからも明らかである。[52] また、その適用は、民法にかぎらず、ナポレオンの四法におよんだのである。そこで、ずっと下って、ドイツ民法典制定時でさえ、ラインの両岸で、たとえば所有権の移転に関し、物権行為の独自性を認めるか、についての法の抵触も生じたのである。[53]

(d)　これらフランス法の直接適用、ついで継受された法としての適用のみならず、第三の影響もみられる。これは、たんにライン沿岸地域にとどまるのではなく、プロイセン・ドイツ法学一般への影響である。たとえば、著名なデルンブルクの「プロイセン私法」（Dernburg, Preußisches Privatrecht, 2. Aufl., 1879/81.）では、本文と注をあわせて三〇〇カ所に、フランス法が言及され、たんにライン地域法の特殊事情あるいは、プロイセン内部での法の抵触に関してだけではなく、プロイセン法とフランス法の類似性やフランス法をモデルとしたＡＬＲの修正が述べられている。[54] しかも、これはデルンブルクに特有の現象ではなく、その他のプロイセン法に関する代表的著作などにも、[55] 共通してみられる現象なのである。[56]

第四節　その他の地域

一八〇六年の〔ドイツの〕神聖ローマ帝国の解体によって、他のラントでも、公証人に関する法規をみずから新たに規定することが可能となった。宮中伯の任命権は否定され、公証人の任命は各ラントの高権のもとにおかれた。

もっとも、そのさいに、各ラントがとった方法はかなり異なる。ハンブルクは、フランス革命期の一八一〇年に導入したフランス的な公証人（Nurnotar）の制度を維持した。バーデンは、審判官公証人（Richternotar）、ヴュルテンベルクは、独立した公証人と並んで、地区公証人（Bezirksnotar）の制度を作った。バイエルンの改革は遅く、一八六一年一一月一〇日と一八九九年六月一八日の法が、弁護士と分離した官吏公証人（Behördennotar）の制度を定めた。ザクセンとヘッセン・ナッサウとフランクフルト（アム・マイン）では、プロイセンをモデルとした公証人弁護士（Anwaltsnotar）の制度が導入された[57]。

一九五二年に、東ドイツで国家的公証人（staatlicher Nurnotar）の制度が新たに導入されたことを除くと、公証人と公証人弁護士の関係は、他のドイツの部分には全体として維持され、今日まで存続しているのである[58]。

（43）　Kaspers, Schmidt-Thomé und Gerig, a. a. O., p. 174 ; Conrad, a. a. O., S. 11f.　公証人の数は、神聖ローマ帝国の解体により皇帝の公証人が廃止されるまで事実上減らなかったとされる。W. Weisweiler, Geschichte des rheinpreußischen Notariats, Bd. 1-2, 1916-1925（1998 Neud.）, S. 28ff.

普通法のもとでの概観は、さらに、vgl. Oesterley, a. a. O., Bd. 2, S. 17ff.　初期のラント法については、Ib., S. 28,Anm. 2 に詳しい。

（44）　Kaspers, Schmidt-Thomé und Gerig, a. a. O., p. 174-175 ; Conrad, a. a. O., S. 15ff.

プロイセンの司法改革は、一七七一年の公証人に関する指令（Instruktion für die Notarien in den königlichen preußischen sämtlichen Provinzien, v. 11. Juli 1771.）に始まり、一七九三年・九五年の裁判所構成法（Allgemeine Gerichtsordnung für die Preußischen Staaten v. 1793/95）にいたる。後者は、従来必ずしも明確ではなかった公証人と弁護士の結びつきを、プロイセンの司法形態として明確に承認したのである（第三部七章二条参照。3. Teil, 7. Titel, Von dem Amte der Justizkommissarien und Notarien. §2 “Aus diesem Grunde haben Seine Königlilche Majestät resolvirt, in den verschiedenen Oertern und Gegenden von Höchstdero gesammten Provinzen *dergleichen Person anzusetzen*, welche dazu bestimmt und autorisirt sind, den Einwohnern und Unterthanen *sowohl in ihren Prozessen als Rechtsbeistände oder Bevollmächtigte zu dienen* *, als ihnen *in ihren keinen Prozeß betreffenden Rechtsangelegenheiten* ** mit ihrem Rath und Beistande auf Verlangen an die Hand zu gehen.”）。もっとも、すべての司法委員が公証業務をなしうるのではなく、べつの許可を要することについては、その九条に規定がある。

従前の一七八一年の法（Corpus Juris Fridericianum III 7 §2）までは、司法委員（Justizkommissar＝dergleicher Person）は、"Aus diesem Grunde haben seine Königliche Majestät resolvirt, in den verschiedenen Oerten und Gegenden von Höchstdero gesammten Provinzen *dergleichen Person anzusetzen*, welche dazu bestimmt und autorisirt sind, den Einwohnern und Unterthanen *in ihren keinen Prozeß betreffenden Rechtsangelegenheiten* ** mit ihrem Rath und Beistande auf Verlangen an die Hand zu gehen." とされ、たんに、非訟事項のみを行うこととされていた**が、一七九三年／九五年法では（前述）、訴訟事件をも扱うこととされたのである。*つまり、弁護士業務の兼任である。

（45）　Ib., p. 174.　プロイセン法については、J. Euler, Handbuch des Notariats in Preußen, Bde. I-2, 1858, S. 36f.

プロイセンとオーストリアでは、不動産登記簿の管理も裁判所に委ねられた。わが国でも明治初期には、登記事務は、治安裁判所が扱うものとされ、また、明治二三年の裁判所構成法でも、区裁判所において非訟事件として扱われた（一五条）。ドイツ法の影響は、従来考えられていた以上に大きいと思われる。登記事務が行政事務とされたのは、昭和二二年、日本国憲法の施行後である（第一部第二篇）。〔小野・前掲ＮＢＬ六一一号一六頁）。〔本書第一部二篇所収〕

今日的な見地では、東ヨーロッパの土地の私有化に伴って、登記簿を司法と行政のいずれが管理するかが問題となっている。一八世紀的な理由は、行政や自由業との結合に対する不信であったが、今日では、手続の安定性に求められるべきであろう。東ヨーロッパの場合、行政の管理による場合には、時々の政権により私有化政策の維持が必ずしも明確ではなくなるし、また、近時のわが国においても、登記簿を法務省が管轄することから、大深度地下権などで新たな権利の創設が各省庁ごとに意図されるのである（かりに、司法の管轄下にある場合であれば、各行政省庁ごとの主導という事態は生じないであろう）。

（46）　Kaspers, Schmidt-Thomé und Gerig, a. a. O., p. 175.　もっとも、スイスとオーストリアには、別個の形態である、官吏の公証人的な機能がみられる。

（47）　Ib., p. 175-176 ; Conrad, a. a. O., S. 18ff.　フランス法の発展プロセスについては、ほかに、vgl. Oesterley, a. a. O., Bd. 2, S. 43ff. ; Weisweiler, a. a. O. Bd. 1, S. 10ff.　革命期につき、S. 15ff.　また、Seybold, Hornig und

Wolpers, a. a. O., S.7. による。

フランスでも、ルイ一四世の公証人の数の制限法は失敗に帰し、アンシャン・レジームのもと一七九〇年には約四万人の公証人がおり、そのうち三万三〇〇〇人は実質的に過剰であったとされる。これは、公証人が官職株保有者であり、官職は国庫の窮乏にさいしてしばしば過剰に売却されたからである。したがって、公証人の過剰は、必ずしもドイツに特有な問題だったわけではないのである。中世のイタリアとの比較では、社会的な必要度よりも供給がいちじるしく上回ったことが過剰の原因であり、中央権力の欠如という国家構造だけに求めることはできまい。

ちなみに、近時のフランスの公証人の数は、一九八〇年に六六八六人、一九九五年に七五九〇人に増加した（リヨン＝カーン・前掲論文六五頁）。

ラインラントへのフランス法の導入については、前注（2）のほか、Weisweiler, a. a. O., Bd. 1, S. 39ff.

(48) Kaspers, Schmidt-Thomé und Gerig, a. a. O., p. 176; Conrad, a. a. O., S.20-21; Weisweiler, a. a. O., Bd. 2, S. 3ff.

また、ラインラントにおけるライン・フランス法の維持については、たんに公証人法の領域だけの問題ではなく、私法一般の問題としてみる必要がある。

(49) 近時、国民国家が万能であった時代と目されてきた一九世紀における比較法あるいは法の影響という観点から、ライン・フランス法の研究が盛んである。近時のＥＵの統合やヨーロッパ法の進展に促された見地といえようが、現象的には、ローマ法によって統一されていた中世法への回帰ともいえる。Vgl. Schulze, Preußisches Allgemeines Landrecht und rheinisch-französisches Recht, in 200 Jahre Allgemeines Landrecht für die Preußischen Staaten, hrsg. v. Dolemeyer und Mohnhaupt, 1995, S. 387-413.

(50) Schulze, a. a. O., S. 395.

したがって、フランス民法典の導入という、法典論争におけるティボーの主張も、まったくの外国法の適用という唐突なものではなかったのである。すでにフランス民法典がライン地域で実質的に適用されていたことからすれば、サヴィニーとの見解の相違は、法の技術的な問題というよりは、フランス的な法典を採用するか、ひいてはフランス革命の理念に対し肯定的態度をとるかという思想的な問題に由来したとみることができるのである。

（51）　Ib., S. 397; Schubert, Das französische Recht in Deutschland, ZRG（GA）94（1977）, 129ff., S. 158.
さらに、バーデン民法典（一八〇九年）のように、ほとんどフランス民法典の忠実な翻訳というべきものもあり、この場合には、フランス法の適用はたんなる慣習以上のものであった。これにつき、〔研究〕三五〇頁およびその注（６）参照。また、一五八頁の図参照。もっとも、同法典には、かなり詳細なドイツ法との調整規定もあった。

（52）　これに関する文献は豊富であるが、近時の研究としては、Schubert, Der rheinische Provinziallandtag und der Kampf um die Beibehaltung des französisch-rheinischen Recht（1826-1845）, in Schulze（hrsg.）, Französischens Zivilrecht in Europa während des 19. Jahrhunderts, 1994, S. 123-155.

（53）　Schulze, a. a. O., S. 397.　これにつき、小野・〔研究〕三一三頁注（１）参照。

（54）　Ib., S. 408.
もっとも、このようなＡＬＲの軽視には、より根源的には、一九世紀の時代思想との関連が無視しえないであろう。すなわち、一九世紀の初頭を除いて、一八世紀末までの自然法的傾向が阻止された結果、法解釈学では、ローマ法の現代的慣用の名のもとに、普通法の研究が盛んとなったし、その結果、大学教育も、普通法を中心とするものとなり、ＡＬＲの研究はもっぱら実務に委ねられ、法曹教育でも、実務と理論の分離が生じ、ＡＬＲの学習は実務研修に任されることとなった。ドイツに特有な大学と実務研修の二段階法曹教育の源ともなった（小野「ドイツにおける大学再建と法学教育の改革(1)」一論一一〇巻一号一四四頁、同・〔研究〕三三五頁注（６）参照）。

他方、フランス法も、思想的には自然法の系譜をひくものであるが、一九世紀の歴史法学の手法には、いわゆる隠棲自然法（パンデクテン法学の名のもとに隠された、実質的には自然法に由来する解釈）もあり（これについても、小野・〔研究〕九頁）、必ずしも否定されるものではなかった。結局、ＡＬＲとの違いは、その法典としての優秀性（内容的あるいは構成上の）の違いということになろう。後注（56）をも参照。

（55）　たとえば、代表的な著作とされる Förster-Eccius, Preußische Privatrecht, 6. Aufl., 1892. である。
逆に、ドイツ法学のフランスへの影響については、古くは、ツァハリエのドイツ語によるフランス法の注釈があり（Zachariä, Handbuch des Französischen Civilrechts, 1808）、同書は、Aubry et Rau（Cours de droit civil français, 5e et 6e éd., 12 vols. 1897）によってフランス語に訳され、大きな影響を与えた（小野・〔研究〕

五三頁注（10）、三三五頁注（8）参照）。比較的近時のものでは、Crome, Die Grundlehren des französischen Obligationenrechts, 1894. および Saleilles, Théorie générale de l'obligation d'après le premier projet de Code civil allemand, 1901. がある（小野・〔研究〕三三八頁注（23）、同「ドイツにおける大学再建と法学教育の改革(4)」一論一一七巻一号九六頁とその注（16）参照）。

（56）Schulze, a. a. O., S. 409ff.

前注（54）に指摘したように、フランス民法典は、ＡＬＲよりもはるかに大きな影響力をもったのであるが、その理由としては、たんに法典構成上、後者は二万条を有し、実用に耐えがたかったというだけではなく、内容的・思想的なものがある、というべきである。ＡＬＲが多数の条文を擁したのは、たんに実務の便宜のためではなく、裁判官への不信に由来するものであったから、それ自体としては、時代の変遷にあわせた解釈の変遷に対応する能力は乏しかったのである。これは、技術革新後の時代である一九世紀には適したものとはならなかった。また、条文が多すぎた結果、実務にとっても煩雑なものとなったのである。

プロイセンの司法改革は、公証人制度に関しては、時代を画する意味をもっていたが、人に対する不信から発した点では、ＡＬＲと共通したものである。その結果、公証人や弁護士の官吏化を計ったのであるが、それはかえって伝統的な司法制度の長所をも削ぐ結果となったのである。

他方、フランス民法典は、フランス革命の産物といわれるものの、内容的には、はるかにアンシャン・レジームのもとの先駆的学説とも整合するものであったことを指摘する必要がある。たしかに、婚姻法や婚姻財産、相続に関して、カノン法を廃した点で新しい。しかし、近時の見解によれば、家族法はかなり反動的なものを含んでおり、妥協の産物であったと位置づけるほうが正しい。より革新的なのは、財産法、すなわち、所有権法、契約法、不法行為法である。法典によって、自由な所有権、契約の自由、過失責任主義が導入されたからである。

しかしながら、これらの原理は、必ずしも民法の起草者たちのみの創作によるものではなく、一七世紀あるいは一八世紀の産物である。すでにフランス古法のなかに、その発展は基礎づけられていたのである（近時のゴルドレーの研究によれば、民法典の法文の三分の二は、ドマやポティエの著作ときわめて近似している。Gordley, Myths of the French Civil Code, 42 Am. J. C. L 459（1994）, p. 460）。

一九世紀の学説は、ともすれば注釈学派として批判の対象とされてきたが、その功績も無視しえない（同じくゴルドレーによれば、学説が民法の諸原則を法典に読みこみ発展させたことが、これらの原則を生かすことになったというのである）。これを反面からみれば、起草者は、たんにその当時古い概念を書きこんだにすぎないということにもなる。もっとも、そうだとすれば、フランス民法典とフランス革命とを関連づけるものはなにかという疑問が生じる（ゴルドレーは、そのようなものがあったとしても、私法の再構成にはそれほど役にはたっておらず、むしろ、起草者には、とくに新しいところはなかったとさえいうのである。op. cit., p. 462）。

ゴルドレーの指摘をまつまでもなく、フランス民法典の基礎の一端は一七世紀あるいは一八世紀の自然法理論にある。民法典じたいは、所有権、契約、不法行為の概念をとくに新たには再構成しなかったのである（なお、ゴルドレーは、意思理論も、一九世紀までは必ずしも明確なものではなかったという）。この主張にそくしてみれば、一九世紀の学説は、従来たんなる注釈学派として位置づけられていたが、より積極的な意義を有したものと見直す必要があろう（ゴルドレーによれば、革命の原理は、法の人民主権的な見地と人間の平等の観念につき、起草者に影響を与えた。しかし、前者は起草者が必ずしも採用しなかったものであり、また後者は私法の再構成にとってはさほど有益なものとはならなかった、とされる）。

しかし、所有権、契約あるいは不法行為の原則が、すでに古法の中にみられたとしても、それは、他の多くの封建法の中に埋もれていたのであり、これを取り出して民法典の基礎としたことに関しては、起草者あるいは民法典の意義を見出しえよう。民法典によって、古法の中にあった近代に通じる部分が生かされたのであり、それが、民法典に与えた革命の影響のもっとも重要なものともいえる（すなわち、逆説的に考えれば、ポティエが民法典の源流と考えられているのは、革命によってその原理が採用されたからであり、かりに革命の成果がなくその後が封建法的民法、あるいは第三の民法の時代であれば、ポティエは、現行法と無関係の過去の学説を体現しているかもしれないのである）。

ALRには、古法との連続性を指向していながら、このような連続性がなく（すなわちプロイセンにはそのような伝統がなかったから）、しかも、近代法の原則を貫徹する内容もなかったのである（したがって、フランス民法典が革命の産物であるということは、財産法においてもなお当たっているのである）。

(57) Saage, a. a. O., S. 119 ; Conrad, a. a. O., S. 24ff. Nurnotar の地域は、連邦公証人法の当初の一九六一年法では、バイエルン、ハンブルク、ノルトライン・ヴェストファーレンの大部分とラインラント・ファルツとザールであった。バーデンにつき、vgl. Carlebach, Das Notariat im Großherzogtum Baden nach der Einführung des bürgerlichen Gesetzbuches, 1899, S. 41ff.

(58) Kaspers, Schmidt-Thomé und Gerig, a. a. O., S. 176 ; Conrad, a. a. O., S. 27.

第四章　むすび

第一節　一九三七年ライヒ公証人法

(1)　法の分裂

各ラントによって異なった公証人への規制が統一に向かったのは、ようやく一九三七年のライヒ公証人法によってであった（Reichsnotarordnung v. 13. Feb. 1937 ; RGBl. 191）。これは、前述のように、ラントによって異なる公証人の制度をできるかぎり統一しようとする方向性を打ち出した。しかし、そこには、従来の各ラントの状況を前提にせざるをえないものがあった。

大きく分けると、公証人に関する従来のラント法は、三つに大別することができた。

第一は、公証人弁護士（Anwaltsnotar）である。北ドイツで一般的な制度であった。プロイセン法がモデルである。

第二は、純粋の公証人（Nurnotar）であり、もともとフランス法によって導入されたライン地方の法を中心とする。プロイセン領ラインラント、ベルグ、ライン・バイエルン、ライン・ヘッセンとハンブルクにみられる。

第三は、審判官公証人（Richternotar）であり、これは、南ドイツのバーデンとヴュルテンベルクを中心とする。バイエルンの官吏公証人（Behördennotar）もその一種とされる。[59]

(2)　一元化への動向

ドイツ法曹大会（DJT）は、弁護士と公証人の職務の分離を求める決議を一八六三年（第四回大会）と一八七一年（第九回大会）に行っている。中立的かつ公職的な公証人が、同時に当事者の一方の代理人である弁護士の資格を兼ねることが、認証行為にとって望ましくはないからである。

そこで、一九三七年法は、公証人と弁護士の兼任を例外的なものと位置づけた。これは、公証人弁護士にも、審判官公証人にも否定的な態度を示したのである。しかし、第二次大戦による中断をうけて、各ラントの公証制度が分裂した状態は、なお継続した。これに対して新たな規制をしたのが、冒頭の一九六一年の連邦公証人法であった。その結果、後者には、従来の制度の分裂が複雑に反映されることになったのである。

第二節　概観と展望

(1)　要　約

最後に要約すれば、以下のようになろう。現在もみられる公証人と公証人弁護士の制度の併存は、沿革にもとづくものである。

(a)　普通法上の公証人は、公の信頼をもった認証のための独立した職であった。その作成した証書は、高度の証拠力を有した（instrumentum publicum）。この公証人は、しばしば裁判所的な任務もおわされていたから（送達、召還、控訴状の登録、証人の尋問など）、裁判所の職務と必ずしも分離されなかった。[60]

(b)　しかし、公証人が濫造された結果、ラントや都市による特別法の制定をもたらすこととなった。これによって、公証人の職務は、ラントや都市の許可にかかることになったのである。

とりわけ、プロイセンはその司法改革の一環として（弁護士制度の廃止）、公証人が、司法委員や官吏としての弁護士になるものとし、普通法的な公証人とはまったく異なるものをつくり出した。これが、公証人弁護士（Anwaltsnotar）の起源である。[61]

他方、フランス法的な公証人（Nurnotar）制度は、古典的なイタリアの公証人の発展と目される。特徴は、裁判所の職務との分離、自由職としての地位にある。近代的な民法の自由主義にも一致する。ライン沿岸地方に広く採用された。そして、第三の形態として、南ドイツで採用された官吏、審判官公証人（Behörden-u. Richternotar）の制度がある。

(2) 公証人と弁護士の分離

公証人の職務は、当事者の利益を第一義的なものとする弁護士のそれとは異なる。したがって、公証人に弁護士の職務をおわせることは、利益の衝突を招き、当事者に対する義務を危殆化せしめるであろう。公証人の公的活動は、弁護士の活動とは必ずしも一致しないからである。しかし、沿革的な理由から、この分離を実現した公証人（Nurnotar）制度は、ドイツではなお実現していないのである。[62]

なお、一九九〇年のドイツの再統一は、東ドイツ地域の公証人の地位を当然に旧（プロイセン型の公証人弁護士）に復せしめるものではない。統一条約の規定によって（Einigungsvertrag v. 31. Aug. 1990; BGB l. II, S. 889, 921）、連邦公証人法はなお適用されない。この場合には、旧東ドイツ法が適用されるのである（Verordnung über die Tätigkeit von Notaren in eigener Praxis v. 20. Juni. 1990; GBl. I, S. 475）[63]。内容的には、ライン沿岸の公証人（Nurnotar）に近く、このカテゴリーの公証人の範囲を拡大することになったのである。

(59) Conrad, a. a. O., S. 26; Kaspers, Schmidt-Thomé und Gerig, a. a. O., p. 174.

沿革的な地位をごく簡単に図式化してみると，以下のようになろう。

<table>
<tr><th></th><th>独立性</th><th>当事者性</th><th>公職</th><th colspan="2"></th></tr>
<tr><td>弁護士(RechtsA)</td><td>自由業</td><td>当事者的</td><td>×</td><td rowspan="2">Anwaltsnotar
(公証人弁護士)</td><td></td></tr>
<tr><td>公証人(ö. Notar)</td><td>自由業</td><td>中立</td><td>△</td><td>Nurnotar ☆</td></tr>
<tr><td>書記(Schreiber)</td><td>官吏の一部</td><td>中立</td><td>○</td><td colspan="2">Justizkommissor（官吏）※</td></tr>
</table>

※Behörden-u.Richternotar
☆自由業で公職

(60) 帝室裁判所規則は、公証人を執行機関としても利用するものとしていたという。Conrad, a. a. O., S. 32.

(61) もっとも、公証や登記に関し、自由業的な公証人ではなく、裁判官や審判官の機能を重視することは、広くドイツ、オーストリア、スイスにみられるが（前注（42）参照）、必ずしもドイツ法系の制度のみにみられるわけではなく、たとえば、ローマ法において、法務官（praetor）の面前でする所有権移転の制度がみられるように（mancipatio）、重要な法律事項や証明に関し、どのような権威を根拠とするかが問題なのである。公証人に皇帝や教皇（のちには国民国家）の権威が体現されればそれで十分であるし（ラテン系の公証人）、不十分であれば、直接官吏の権威による必要が生じる。

逆に、むしろ皇帝の権威を排斥しようとする場合には、皇帝の任命する公証人とはべつの、自前の官吏（スイス）や、国民国家的な公証人（イギリス）によることになるのである。そして、プロイセンやオーストリアは単独では国民国家を体現できず、領邦国家の形成にあたっては、強力な官僚制によらなければならなかったから、公証や証明にも官吏的な権威を必要としたのである。

この公証や登記の専門家と類似のことは、大学や、裁判官、官吏の養成制度にもいえる。すなわち、ドイツの二段階法曹養成制度は、プロイセンのそれに由来するものであり、もともとは、さまざまな地域からなる一八世紀のプロイセン国家にとって、能力ある同質の司法、行政官僚を獲得することが必要であったことのほか種々の実務的、政治的な理由によるものであった（小野「ドイツにおける大学再建と法学教育の改革(1)」一論一一〇巻一号一四四頁、〔研究〕三三五頁注（6）参照）。大学の設立は、一七世紀以降、ラントの権限となり（これにつき、小野・「ドイツにおける大学再建と法学教育の改革(4)」一論一一七巻一号一〇一頁注（11））、地域の多様性を反映するものとなったからである。

官吏の養成にも、地域的な権威である（中世的には、大学は、皇帝や教皇によって認可されたことから、全ヨーロッパ的な権威を根拠としていたが、これらの権威は近代には失われたから）大学のほかに、国家的・中央集権的な権威による修習（たんに実務的理由だけにとどまらず）が必要となったのである。プロイセンなどの領邦国家は、国民国家としては小さすぎ、他方、一つの地域国家としては大きすぎたからである。

(62)　普通法のもとの公証人ですら、裁判所的な機能をおわされるという意味では、このNurnotarほどには、その活動は自由ではなかった。Conrad, a. a. O., S. 33.

一九六九年の公証法の制定と民法、連邦公証人法の修正においては、従来、裁判官や審判官などが行っていた公証権限を公証人に一元化する作業が部分的に行われた。〔これについては、第二篇三章一節(5)および二節(1)参照。〕

なお、公証人と弁護士が分離されていることは、ドイツ以外の国においても一般的であり、それなりの合理性を有すると思われる。認証を行う公証人には、当事者の一方の代理人との兼職が望ましくないからである。その他の職業との関係でも、公証人の兼職が弊害をもつことは、中世法に関し本稿がみたところでもある。

わが国では、一部に、司法書士を公証人的なものと位置づけようとする見解がみられるが、それには、将来の司法書士の職能像の統一が必要である。他方では、これをむしろ準法律職として、弁護士的なものと位置づけようとする動向もみられるからである。双方を混在させるとすれば、それは、結局「公証人弁護士」的なものに行きつくことになろう。

(63)　Vgl. Schönfelder II, Nr. 321.　この東ドイツの一九九〇年法は、統一前の〔民主化後の〕法であるが、公証人を司法の独立機関として（als unabhängiges Organ）国家的機能の一部をなすものとし、依頼者の非当事者的な世話人として位置づけている（unparteiischer Betreuer der Rechtssuchenden、二条一項）。

〔なお、近時、公証人職のドイツ国内的あるいはヨーロッパ的な統一化の観点から、つぎの二論文がある。Tätigkeitsbericht der Deutschen Notarrechtlichen Vereinigung e. V. 1998/99, DNotZ 1999, 264; Schippel, Das deutsche Notariat im europäischen Feld, DNotZ 1999, 282.〕

第二篇　公正証書遺言と方式

第一章　はじめに

第一節　遺言規定の改正

(a)　本稿は、公正証書遺言の方式の問題を、とくに近時の遺言規定の改正との関係で比較法的に検討しようとするものである。改正にあたって、民法九六九条について、以下のような指摘がされた(1)。

(b)　現行民法は、公正証書遺言の方式について、九六九条において、「口授」、「口述」「読み聞かせ」を要件としており、また秘密証書遺言が九七二条においたような例外規定を設けていないため、手話通訳や筆談によることができず、聴覚・言語機能障害者は公正証書遺言をすることができないものとされている。

現行民法が、フランス民法と同様（後述第二章二節）、遺言意思の真正を確保するために、遺言の方式についてとくに厳格な口頭主義を採用していることによる。

しかし、聴覚・言語機能障害者についても、手話の発達した状況にかんがみると、公証人の関与による遺言の適法性の担保、滅失・改ざんの防止の観点から公証人役場における証書の保管や、家庭裁判所の検認の省略などのメリットを有する公正証書遺言を利用することができるようにするべきであるという社会的要請が高い。

そこで、法務省は、平成一〇年〔一九九八年〕一月、聴覚・言語機能障害者が手話通訳または筆談により公正証書遺言をする途を開くための民法改正法案を同一一年の通常国会に提出する方針を打ち出し、法制審議会の答申に沿って立案作業を進め、一四五通常国会〔一九九九年〕に成年後見制度の改正のための民法改正法案などと一括の法案が提出された。(2)

なお、同法案は、同一一年三月一五日に提出されたが、会期中審議未了で成立せず、同年八月一三日参議院で継続審議となった。また、同国会では、広義における情報管理関連の法案、すなわち通信回線を通じてするコンピュータへの不正なアクセスを禁じる①「不正アクセス行為の禁止等に関する法律」、②すべての国民の住民票に一〇けたのコード番号をつけて一元的に管理する改正住民基本台帳法、③捜査機関に電話などの傍受を認める通信傍受〔盗聴〕法を含む組織的犯罪三法などが成立した。法務省提出の④「電気通信回線による登記情報の提供に関する法律」も、継続審議となった。〔④については、本書第三部一篇参照〕。他方、プライバシー保護の観点から、民間部門を含む包括的な個人情報の保護法は、なお将来の課題となっている。〔公正証書遺言の改正法案と成年後見制度の改正のための民法改正法案と一括の法案は、その後、一二月一日、一四六〔臨時・一九九九年一一月〕国会で、修正なく成立。〕

第二節　改正法の趣旨

(a)　法案では、①聴覚・言語機能障害者は、「口授」に代えて、「通訳人の通訳〔手話通訳等〕による申述」または「自書」〔筆談〕により、遺言の趣旨を公証人に伝えること、②公証人が、「読み聞かせ」に代えて、「通訳人の通訳」または「閲覧」により、筆記した内容の正確性について確認することが、九六九条の改正およびその特則規定の新設により、はかられた。

(b)　また、①の改正とパラレルに、口頭主義を原則とする秘密証書遺言、死亡危急者遺言および船舶遭難者遺言についても、聴覚・言語機能障害者が「通訳人の通訳」（手話通訳等）によりこれらの方式の遺言をすることを可能にするため、民法九七二条、九七六条および九七九条の各規定にも改正が加えられることになった。改正法は、平成一二年〔二〇〇〇年〕四月一日から施行され、公正証書遺言などの方式に関する改正規定は、公布の日〔一九九九年一二月八日〕から起算して一月を経過した日〔二〇〇〇年一月八日〕から施行される。(3)

第三節　改　正　法

(1)　条　文

(a)　改正された九六九条のつぎに、九六九条の二が追加される。

「一　口がきけない者が公正証書によって遺言をする場合には、遺言者は、公証人及び証人の前で、遺言の趣旨を通訳人の通訳により申述し、又は自書して、前〔第九六九〕条第二号の口授に代えなければならない。この場合における同条第三号の規定の適用については、同号中「口述」とあるのは、「通訳人の通訳による申述」又は「自書」とする。（九六九条の二第一項関係）

二　第九六九条の遺言者又は証人が耳が聞こえない者である場合には、公証人は、同条第三号に規定する筆記した内容を通訳人の通訳により遺言者又は証人に伝えて、同号の読み聞かせに代えることができる。（九六九条の二第二項関係）

三　公証人は、一又は二に定める方式に従って公正証書を作ったときは、その旨をその証書に付記しなければならない。（九六九条の二第三項関係）」。

また、九六九条三号の「読み聞かせ」を「読み聞かせ、又は閲覧させ」に改める。

(b)　秘密証書遺言の方式については、九七二条に関して、以下の改正が行われる。

「１　口がきけない者が秘密証書によって遺言をする場合には、遺言者は、公証人及び証人の前で、その証書は自己の遺言書である旨並びにその筆者の氏名及び住所を通訳人の通訳により申述し、又は封紙に自書して、第九七〇条第一項第三号の申述に代えなければならない。（九七二条一項関係）
2　前項の場合において、遺言者が通訳人の通訳により申述したときは、公証人は、その旨を封紙に記載しなければならない。（第九七二条第二項関係）
3　第一項の場合において、遺言者が封紙に自書したときは、公証人は、その旨を封紙に記載して、第九七〇条第一項第四号に規定する申述の記載に代えなければならない。（九七二条三項関係）」。
(c)　死亡危急者遺言の方式については、九七六条に関して、以下の改正が行われる。
「1　疾病その他の事由によって死亡の危急に迫った者が遺言をしようとするときは、証人三人以上の立会いをもって、その一人に遺言の趣旨を口授して、これをすることができる。この場合には、その口授を受けた者が、これを筆記して、遺言者及び他の証人に読み聞かせ、又は閲覧させ、各証人がその筆記の正確なことを承認した後、これに署名し、印を押さなければならない。（九七六条一項関係）
2　口がきけない者が前項によって遺言をする場合には、遺言者は、証人の前で、遺言の趣旨を通訳人の通訳により申述して、同項の口授に代えなければならない。（九七六条二項関係）
3　第一項後段の遺言者又は他の証人が耳が聞こえない者である場合には、遺言の趣旨の口授又は申述を受けた者は、同項後段に規定する筆記した内容を通訳人の通訳によりその遺言者又は他の証人に伝えて、同項後段の読み聞かせに代えることができる。（九七六条三項関係）」。
(d)　さらに、船舶遭難者遺言の方式に関する九七九条も、以下のように改正される。
「1　船舶遭難の場合において、船舶中に在って死亡の危急に迫った者は、証人二人以上の立会いをもって口頭で遺言をすることができる。（九七九条一項関係・旧規定と同じ）
2　口がきけない者が前項の規定によって遺言をする場合には、遺言者は、通訳人の通訳によりこれをしなければならない。(九七九条二項関係)」。

すなわち、遺言に関する個々の規定のなかに、手話などの通訳の規定が盛りこまれ、すべての遺言につき、これによる方法が認められたのである。

(2) 手話通訳

(1) 第一節(b)前半の部分は、つぎの文献による。法務省民事局参事官室・民事局第二課「民法の一部を改正する法律案等要綱の概要」NBL六六〇号、ジュリ一一五二号一二七頁。および、法務省民事局「民法の一部を改正する法律案等要綱の概要」のうち「Ⅱ 公正証書遺言等の方式の改正について」。この「概要」と法制審議会の議事録は、法務省のホームページからも閲覧できる。http://www.moj.go.jp/（「民法の一部を改正する法律案等要綱案（案）」について」法制審議会民法部会第三三回会議（平成一一年一月二六日開催）議事録）。〔このホームページの審議会議事録は、資料的に、明治時代の法典調査会の民法議事速記録にはおよばないが、他の省庁のものがおおむね概略にすぎないこととの対比では、詳細という点でまさるものである。〕

また、九六九条が、公正証書遺言につき手話を認めない欠陥につき指摘するものとして、山田裕明「公正証書遺言と聴覚障害者差別」法セ五二二号一四頁参照。

(2) 前掲NBL二六頁、ジュリ一三二頁参照。法制審議会では、民法部会の身分法小委員会（奥田昌道・小委員会委員長）において、手話通訳をめぐる現在の状況、公正証書遺言に関する諸外国の法制などに関する調査研究の結果、全日本聾唖連盟、手話通訳士協会、日本公証人連合会など関係団体のヒアリングの結果を踏まえて、民法改正についての審議・検討を行い、平成一一年二月一六日の総会において改正要綱を決定し、法務大臣に答申した。

(3) 前掲NBL二六頁、ジュリ一三二頁参照。もっとも、公証人法のもとでは、従来から「嘱託人日本語ヲ解セサル場合又ハ聾者若ハ唖者其他言語ヲ発スルコト能ハサル者ニシテ文字ヲ解セサル場合ニ於テ公証人証書ヲ作成スルニハ通事ヲ立会ハシムルコトヲ要ス」（二九条）とし、また「嘱託人盲者ナル場合又ハ文字ヲ解セサル場合ニ於テ公証人証書ヲ作成スルニハ立会人ヲ立会ハシムルコトヲ要ス」（三〇条一項）とされていることから、これらの障害者も、公正証書の作成は通訳により可能であった。

第二章　沿　革

第一節　民法の規定の系譜

(a)　従来の公証の方法は、伝統的に確立してきた依頼人の口授と公証人の筆記、読み聞かせを典型とする。これは、諸外国の多くの民法で、公正証書遺言の方式に共通してみられる。わが民法のもとでも、九六九条がこれを定めてきた。すなわち、証人二人の立会のもとで(同条一号)、遺言者が遺言の趣旨を公証人に口授し(二号)、公証人がこれを筆記し、読み聞かせるのである(三号)。遺言者と証人がその筆記の正確なことを承認した後、各自これに署名し、印をおすことが必要であるが、遺言者が署名できない場合には、公証人はその事由を附記して、署名に代えることができる(四号)。そして、公証人が、その証書が方式にしたがって作ったものである旨を附記して、署名、捺印するのである(五号)。

(b)　この方式は、明治民法一〇六九条をほぼ引き継いだものであり、そこでも、証人二人(同条一号)、口授(二号)、筆記と読み聞かせ(三号)、承認、署名、捺印(四号)、公証人の署名、捺印(五号)が必要であるとされていた[4]。

さらに、この明治民法の方式は、旧民法を修正したものであるが、旧民法・財産取得編三七〇条の定める要件も、ごく類似している(一項—公証人一人、証人二人、口授、筆記、遺言者と証人の自署、捺印)。ここでも、氏名を自署できない者がいるときには、その事由を証書に記載すればたりるとされていた(同条二項)[5]。

以上のように、無筆の者がいる場合でも、口授にとっては妨げとはならないし、自署のできない場合には、これが文字を知らないことによるだけではなく、身体上の障害によるときでも、妨げとはならないようにされている。公証人の役割が伝統的に、無筆の者の遺言状の作成にもあったことから、この場合に関する規定は、かなり整備されている。

他方、「口授」もできない身体上（言語上）の障害の場合については規定がない。

(c)　もっとも、秘密証書遺言に関しては特則が設けられており（九七二条）、公正証書遺言と対照的である。起草者は、三種類の遺言を組み合わせることにより、各種の障害者に遺言の形式を割り振る立場をとったものと考えられる。

九七二条の原案は、法典調査会提出案の一〇七四条であり、もとになったのは、フランス民法典九七九条である。この規定は、秘密証書遺言（testament mystique）につき特則を定めたものである。わが民法の起草者は、このフランス法にしたがい秘密証書遺言の特則規定を設けたのである。わが民法典審議のさいに、九七二条の原規定（一〇七四条）に関しては、ほとんど議論はなかった(6)。また、ドイツでは、公正証書遺言に関して、ドイツ民法第一草案一九二一条（第二草案二一〇九条）、現行二二四三条に早くからわが九七二条と類似の規定がある（後述第三章）。

ほかに、民法起草時の議論で参考となるのは、「読めない者」の遺言能力を否定する規定が削除されたことだけである(7)。

第二節　比較法

(1)　フランス民法典

(a)　現行の公正証書遺言の方式は、前述のように、口頭主義を原則とするフランス法の構造をうけついだものである。フランス民法典のもとでも、遺言は、自筆証書、公正証書、秘密証書の方式による（九六九条）。

そのうち、公正証書による遺言は、公証人二人・証人二人〔一九五〇年改正後は公証人二人〕の場合と、公証人一人・証人四人〔同改正後は公証人一人・証人二人〕の場合に分けられるが（九七一条）、遺言者（testateur）による口授（dicté par le testateur）、筆記〔改正後は、公証人みずからの筆記だけではなく、手書きさせまたは機械的方法で書かせることも可能になった。notaire l'écrit lui-même ou le fait écrire à la main ou mécaniquement〕、読み聞かせ（donné lecture au testateur、以上九七二条）、遺言者の署名が必要（九七三条前段）とされる。また、遺言者が署名できない場合には、その事由を記載すればたりるとされる（九七三条後段）。公正証書遺言は、証人と公証人〔後者は五〇年法による修正〕によっても署名されなければならない（九七四条）。

(b) フランス民法典の構成には、わが民法の制定時より後の改正によってかなりの修正が行われているものの、その基本的な構造には変化がないものと位置づけることができる。とりわけ、方式の口頭主義には変化がみられない(8)。

(2) スイス民法典

(a) ドイツ法には比較的詳細な規定があるが（後述第三章）、他の外国法にも若干ふれておこう。

(b) スイス民法典（一九〇七年）にも、公正証書による遺言の規定があるが、口頭主義からの例外規定は限定的なものにすぎない。まず、同法のもとでは、「遺言者＝被相続人（Erblasser）は、最終の処分（eine letztwillige Verfügung）を、公正証書（詳細は四九九条～五〇四条）または自書（五〇五条 eigenhändig〔自筆証書〕）、あるいは口頭の意思表示（五〇六条～五〇八条〔危急時遺言〕）によって行うことができる」ものとする（四九八条）。

公正証書遺言は、官吏（Beamte）、公証人または州法により立会いを許された文書人（Urkundsperson, これについては五〇四条に州法への授権がある）の面前で、二人の証人の立会いのもとで、作成される（四九九条）。遺言者は、官吏に意思を表示し、この者が文書を作成し、遺言者に読ませる（五〇〇条一項）。文書は、遺言者によって署名される（同条二項）。官吏は、文書に日時を記載し、署名しなければならない（同条三項）。

その後、遺言者は、証人に対し官吏の面前で、自分がその文書を読んだことと自分の最終処分がそれに包含されている旨を表示しなければならない（五〇一条一項）。証人は、自分たちの面前で、遺言者がこの意思表示をし遺言者が処分能力があると確認した旨を文書上に記載し署名しなければならない（同条二項）。そのさいに、証人が文書の内容を知る必要はないものとされる（同条三項）。

(c)　しかし、遺言者が、作成された文書を読むことができず（五〇一条の要件）、また署名できない場合には（五〇〇条の要件）、二人の証人の面前で、官吏がそれをあらかじめ読み聞かせ、遺言者は文書には自分の処分が包含されている旨の表示をしなければならない（五〇二条一項）。この場合には、証人は、遺言者の意思表示とその処分能力についての確認のみではなく、文書が面前において官吏によって読み聞かせられたことも記載して、署名しなければならない（同条二項）。[9] すなわち、特則は、読むことと署名のできない場合（Errichtung ohne Lesen und Unterschrift）に関するもの（つまり無筆と視覚障害）だけであり、民法典上、聾唖者に対する特則はとくにみられない。

スイス法は、口頭主義が貫かれている立場と位置づけられる。

(3)　オーストリア一般民法典

(a)　オーストリア一般民法典（一八一一年）では、裁判所外の書面による遺言（自筆証書遺言、五七八条以下）、裁判所外の口頭の遺言（五八五条以下）、裁判所での遺言（五八七条以下）の区別がある。裁判所での遺言が、公正証書遺言に近い。[10]

遺言者＝被相続人（Erblasser）は、裁判官の面前において（vor einem Gerichte）、書面によりまたは口頭で、遺言を作成することができる。書面による場合には、遺言者は、自署し裁判官に差し出さなければならない。裁判官は、自署されるように注意を向けさせ、書面に裁判所による封緘をし、だれの最終意思が包含されているかを封筒の上に明らかにしなければならない。これらの行為に関しては、調書（Protokoll）を作成し、書面は、受領証を発行し裁判所に寄託しなければならないものとされる（五八七条）。

他方、遺言者が口頭で意思表示をする場合には、その意思表示を調書に作成し、五八七条の書面による遺言の場合と同様に、これを封緘して供託しなければならない（五八八条）。

書面または口頭の表示をうける「裁判官」には、少なくとも二人の裁判所職員（Gerichtspersonen）の関与を要する。そのうちの一人は、表示の行われた地で裁判官職（Richteramt）にある者でなければならない。第二の裁判所職員たる証人は、他の証人二人で代替することができる（五八九条）。公証人による遺言の場合には、公証人が二人で行うか、公証人のほか二人の証人が必要となる。

(b)　オーストリア法では、書面の方法があり、また読み聞かせの要件がないなど、要件が比較的緩いことから、耳が聞こえない場合でも、遺言の作成は妨げられない。話すことができない場合には、口頭の遺言はできないが、書面による遺言を作成することはできる。なお、一九八三年の民法改正において新設された五六八条によると（BG über die Sachwalterschaft für behinderte Person, 1983. Feb. 2, BGBl. 136）、精神または身体に障害があるために監護人（Sachwalter）の付されている者は、口頭の遺言のみができるとされるが、これは監護の趣旨にとどまるから、みぎの書面による遺言の作成を制限する趣旨のものではない。

オーストリア法は、後述のドイツ法と同様、口頭主義とならんで、書面主義を広く採用した立場と位置づけられる。

（4）　現行九六九条は、明治民法一〇六九条をほぼ口語に直したものである。

（5）　旧民法・財産取得編三七〇条。「公正証書ニ拠ル遺言ハ公証人一人及ヒ証人二人ノ前ニ於テ遺言者カ遺言ノ旨趣ヲ口授シ公証人之ヲ筆記シ朗読シタル後遺言及ヒ証人各其氏名ヲ自書シテ捺印シタルニ非サレハ其効ヲ有セス然レトモ氏名ヲ自書スル能ハサル者アルトキハ其事由ヲ証書ニ記載スルヲ以テ足ル」。この場合にも、無筆の者に対する例外だけが考慮されているのである。

また、ボアソナード草案では、財産取得編の第九章、特定名義の遺贈（Du legs à titre particulier）に関連する規定があるが（六三九条）、旧民法の規定は、もっとフランス民法典に近い。ボアソナードは、たんに六三九条において、遺言の方式や、能力、遺留分、遺贈の失効などに関する事項は、財産取得編第二部五章の規定によるものとした（六四〇条）。しかし、同編（Projet, t. 3, Des moyens d'acquérir les biens）には、第二部は設けられなかったから（なお、旧民法では、遺贈の規定は、草案一一章の生存中の贈与〔六五六条以下〕とともに、第一四章に一括して扱われている）、その内容は、六四〇条そのものの解説によるほかはない（Boissonade, Projet de Code civil pour l'Empire du Japon, 1888（1983）, p. 114, n°s 92（Art. 639-640））。しかし、日本では、遺言が一般的でないことを前提としており、フランス民法の説明が大半を占めているにすぎない。

すなわち、遺言の方式に関しては、フランス民法典九六九条にしたがって、三つの方式があるとして、自筆証書（testament autographe（écrit par soi-même）、九七〇条）、公正証書（testament authentique、九七一条以下）、秘密証書（testament mystique（mystérieux）、九七六条以下）があるとし（Projet, op. cit., p. 128, n° 99（Art. 640））、日本において、どのような方式を採用するべきかを予想することはできないとも述べていた（Projet, op. cit., p. 129）。したがって、詳細な検討がされていないのは、いうまでもない。

（6）　遺言の部分は、穂積陳重が起草担当であった。法典調査会提出の原案一〇七四条〔現行九七二条〕については、法典調査会・民法議事速記録七〔商事法務版七・一九八四年〕六八一頁参照。なお、遺言規定一般の系譜については、野村豊弘「民法九六八条・九六九条」民法典の百年(4)〔一九九八年〕二六三頁以下参照。

（7）　原案一〇七三条である。「文字ヲ読ムコト能ハサル者ハ秘密証書ニ依リテ遺言ヲ為スコトヲ得ス」。前掲法典調査会・民法議事速記録七・六七六頁以下参照。これは、旧民法にはなかった規定であり、遺言者が、他人に書いてもらった文書を差し出して遺言とする場合には、本人が読むことができないと、なにが書いてあるかわからないまま遺言となるので、これを避けるとするのが、起草趣旨であった。

遺言書に遺言者の真意の書いてあることを担保するためであったが、日本文では、ひらがなだけが読める、漢字も読めるなど、複雑な段階があり、遺言者が死亡したあとで識字能力を検討するのは困難であるとして、削除された。「盲人ハ勿論此所ニ這入ル」とされ、障害者に関する議論は、ほとんどこの場合だけである。もっとも、じっさいの論点は、文盲に関するものであった。

ほかに、秘密証書遺言であっても、署名は必要であるから（九七〇条一項一号、原案九七一条、明治民法一〇七〇条）、不要であるとの議論、名前ぐらいは教えてもらっても書けるとの議論があった。秘密証書遺言の場合にも、公正証書遺言のように口授の方式をとると、せっかくこれとべつに秘密証書遺言を認めた趣旨（秘密性）が没却されることが問題とされた。

フランス民法典九七八条では、文字を読むことを知らないかあるいは読むことのできない者は、秘密証書の方式では処分をすることができない（後述一九五〇年法による修正はない）。

（8）フランス民法には、いくつかの修正があり、とりわけ一九五〇年法による修正（L. n° 50-1513 du 8 déc. 1950）が大きいが、基本的な部分は、維持されているものといえる（Planiol et Ripert, Traité de Droit civil Français, t. V (Trasbot et Loussouarn), 1957, nos 551 p. 697 et s., p. 699）。なお、改正以前の法文は、実方正雄＝高木多喜男・物権法〔現代外国法典叢書⒂、一九三八年・一九五六年復刻版〕二一〇頁以下参照。近時の立法では、国際遺言に関する Loi n° 94-37 du 29 avr. 1994 がある（Personnes habilitées à instrumenter en matière de testament international）。Maury, Succession et liberalites, 1999, n° 258 (p. 150).

一九五〇年法は、秘密証書遺言に関する九七六条をも修正し、もとの条文がいくつかの項に分けられ、また、従来公証人のほか六人の証人が必要であったものが、公証人と二人の証人に軽減されるなどの改正が行われた。

発言不能者（muet）に関するフ民九七九条も、一九五〇年法で修正されている。ただし、内容は、従来の九七九条に文言上の修正を加え（Planiol et Ripert, op. cit., n° 577 (p. 731)）、さらにこれを一項として、二項が付加されたにすぎない。二項の内容は、わが法の九七一条に相当するものであり、秘密証書遺言が方式に欠けても、自筆証書遺言（testament olographe）の方式を具備するときには、その効力を認めるものである。従来解釈によっていたものを、明文化したのである。cf. Planiol et Ripert, op. cit., n° 581 (p. 733); Sériaux, Les successiones, les libéralités, 1993, nos 83 (p. 162); Taithe, Successions, dévolution, indivision partage, fiscalitié, 1999, nos 402 (p. 86) ; Maury, op. cit., nos 254 (p. 147) ; cf. Flour et Soleau, 1991, Les Successions, 1991, nos 578 ; Grimaldi, Droit civil, successions, 1998, nos 47 (p. 38), no 69 (p. 251).

(9) 以下のスイス民法とオーストリア法については、それだけを独立して対象とするだけの内容があるため、詳細には立ちいらない。後者につき、たとえば、vgl. Koziol/Welser, Grundriß des bürgerlichen Rechts, II (Sachenrecht, Familienrecht, Erbrecht), 1991, S. 337f. ; Kapfer, Das ABGB, 1991, S. 177ff.　公証人による場合については、公証人法七〇条以下にも規定がある。

(10) オーストリア民法の公正証書遺言は、プロイセン型の公証方式に近い。すなわち、これらでは、公証は独立した公証人によってだけではなく、裁判所の補助機能（審判官あるいは裁判官による公証）、として行われるのである。後注（28）参照。〔本書第二部一篇をも参照〕

第三章　ドイツ法の変遷

第一節　沿　革

(1) 口頭主義と書面主義

(a) 口頭主義は、基本的にはドイツ法のもとでも採用されてきた。しかし、同法には、より詳細な規定がもともと存在し、また、種々の改正、近時では一九六九年の大幅な民法改正と公証法の制定により、かなりの修正が加えられた。すでに、相当の年月を経ているものであるが、この種の改正としては早期のものであるだけに、その修正を概観しておくことは、わが改正法との相違をきわだたせることにもなるし、ひいては、基本思想の相違をみるためにも有益であろう。

また、従来わが国で、外国法の影響がみられたといっても、直接の影響を与えたフランス法の検討がおもに行われているにとどまるから、わが国の改正法案がすでにできているこの時期にあっても、これを検討することに意義がないわけではない。また、ドイツ法自体、後述のように相当の変遷を経ており、一九三八年法の意義が強調されることが多い(11)。本稿では、もっと遡って起草時にもかなりの議論が出ていることに意義をみいだしたい。また、多くの変遷にもかかわらず、なにが残されているか、を探ることにも意味があろう。

ドイツ民法は、基本的に、口頭または書面によりその意思を表示しえない者が遺言を作成することを認めていない。すなわち、身振り、手振り（Zeichen）による遺言の作成はできないとしたのである。このなかに、手話がはいるかどうかには疑問のよちもあるが、一九世紀の末の段階では否定的に解されたものといえよう(12)。

このような方式の制限は、遺言の真正（Echtheit）を確保するためである。口頭の方法での私署遺言（das mündliche Privattestament）は認められない(13)。民法典は、普通法を修正しており、初期の立法例であるザクセン民法典（一八六五年）が、証人によってこれを認めていたのと異なる（二二〇〇条以下、二二〇六条）。他方、同法は、ＡＬＲ（プロイセン一般ラント法典・一七九四年）が、公正証書遺言（Gericht によるもの）しか認めなかったこと（第一部一二章六六条以下）との比較では、方式を自由化してもいるのである。すなわち、書面の方法による場合には、自筆証書遺言（das eigenhändige od. holographe Testament）もあり、これによる場合には、作成の場所と日付、全文の自書と署名でたりる（旧二二三一条二号）(14)。

ドイツ法は、書面による方式を採用した点で、かなり口頭主義の方式を緩和しているが、口頭の方式もある。これを選択した場合には、遺言の口授（dem Notar mündlich zu erklären）、公証人による書面への作成（schriftlich niederlegen）、読み聞かせ（vorlesen）が必要とされる。また、書面による方式の場合でも、一定の口頭の意思表示が必要とされることがあるから、その要件の軽減が、すでに立法当初から問題とされてきたのである。

(b)　口頭の意思表示ができない者、すなわち、唖者でも、身振り、手話、あるいは通訳の助けにより遺言を作成することは考えられる。これらの方法でも、遺言者の意思は確実に表示されるからである。しかし、ドイツ民法の起草者たちは、読むことも書くこともできない聾唖者が、通訳のコントロールを十分になしえないこと、また、このような者は、最終の処分という重大な事柄の意義を理解するにつき十分ではないとして、これらの方式を認めなかったのである。もっとも、このような者が、遺言をなしえないのは、必ずしも能力が欠如しているから、というばかりではなく、たんに、その意思を必要な方式で表示することができないからにすぎないものとする(15)。むしろ技術的な理由が制限の根拠となっていたのである。

(2)　一九〇〇年法

(a)　一九〇〇年のドイツ民法典の旧規定では、遺言は、裁判官（Richter）または公証人の面前でされるか（公正証書遺言）、遺言者が場所と日時を記載したうえ自書しかつ署名した意思表示によってされるもの（自筆証書遺言）とされた（旧二二三一条）。

裁判官による遺言では、裁判所書記官（Gerichtsschreiber）あるいは二人の証人（Zeugen）、公証人の場合には、別の公証人（「第二の公証人」）か二人の証人が必要であった（旧二二三三条）。遺言者＝被相続人（原文は以下この表現であるが、内容にあわせ「遺言者」という）による最終意思の口授か、これに代わる書面の引渡と書面には自分の最終意思が包含されているとの口頭の表示（旧二二三八条）、公証人による調書への筆記（旧二二四〇条、旧二二四一条）、読み聞かせ（旧二二四二条一項）、遺言者による承認（genehmigen）、自署（eigenhändig unterschreiben）が通常の場合である。

この通常の方式が、以下のいくつかの場合に修正される。

(b)　書くことのできない者は、その旨を調書に記載することによって署名に代えることができる（旧二二四二条二項、第一草案一九一九条二項、一九二〇条）(16)。

(c)　旧二二三八条によれば、遺言は、遺言者が、裁判官または公証人に、最終意思を口頭で表示し、あるいは自分の最終意思が包含されている旨の口頭の意思表示とともに書面を引渡すことによって行われた。この書面は、開封されていても、封緘されていてもよい。また、遺言者によって書かれていても、他人が書いてもよい（同条一項）。

したがって、聾者・聴覚障害者は、口授できるかぎりで、公正証書遺言の作成を妨げられないが、調書の読み聞かせをうけることができないため、旧二二四二条一項二文（第一草案一九一九条三項）では、読み聞かせの代わりに、遺言者は閲覧を請求することができるとした。

しかし、この規定の解釈として、聾者でかつ読むことのできない者が遺言を作成することはできないとするのはいきすぎであるとされる。この規定は、権利規定であり、そのような遺言の作成権を否定するものではないからである。[17]

(d)　また、未成年者あるいは書いたものを読むことができない者は（nicht imstande, Geschriebenes zu lesen）、口頭の方法によってのみ遺言を作成することができる（旧二二三八条二項＝第一草案一九一八条、同草案一九二二条）。すなわち、書面の提出によっては、公正証書の遺言を作成することができないのである。この場合には、口頭の方法があるから、特別の方式は設けられていない。これらの者も、証書の内容は、読み聞かせにより知りうる。名前をも書けない場合には、第一草案一九二〇条がある（前述(b)）。

遺言の方式として書面を提出するには、その内容を知りうる場合でなければならない。未成年者は、遺言能力が十分ではないから、封緘された書面ではその真意として十分ではないとされた。これらの者の真意は、口頭の方法で調書を作成するさいに公証人の関与によりはじめて確実にされるのである。本条の制限は、現行二二三三条一項、二項にも残されている。

この場合の「読むこと」には、文盲の場合のほか身体上の障害の場合がありえるが、第一草案一九二二条は、この場合をも含んでいる。そこで、多くの立法例とは異なり、第一草案は、盲者に関する特則を設けなかったの

各法の規定の対応

	旧2243条に相当する規定	現行2233条に相当する規定
1900年法	発言不能者・書面の方法による	旧2238条・未成年者と読めない者・口頭の方法のみ〔聴覚障害でも可能〕
1938年法	17条＝旧2243条相当（唖または発言不能者）・書面 （旧2232-2264条削除）	11条＝旧2238条相当（読めない者・口頭の方法）〔聴覚障害でも可能〕 未成年者は，開封した書面でも可能
1953年回復法　旧2243条とほぼ同一		旧2238条（1900年法を修正）
1969年法 （2234-2246削除）	公証法（22条以下，27条以下） 唖・言語障害者・31，32条 聾・聴覚障害者・22，23条 聾唖で読めない・24条〔書面〕 盲聾唖・22条〔証人〕	2233条 未成年者・口頭または開封の書面 読めない者・口頭 発言不能者・書面→公証法31条

である。(18)

(e)　さらに、注目するべきものに、旧二二四三条（第一草案一九二一条）があった。すなわち、遺言者が、唖者または言語に障害のある者である場合には（stumm oder sonst am Sprechen verhindert ist）、文書の提出のみで遺言を作成することができるものとされた。この場合には、遺言者は、その文書が、自分の最終の意思を包含することの意思表示を遺言作成時に調書に自書するか、特別の用紙（auf ein besonders Blatt）に自書し、これを調書に付属書類として添付するのである。

これは、遺言の作成が身振りや手話ではできないとした草案の立場からこれらの者を救うための規定である(19)。本条は、拡大解釈されるべきではないものとされる。そこで、唖者でも言語障害でもない者は、このような方法によることはできない。もっとも、当該の者が完全にそのような状態である必要はなく、裁判官あるいは公証人がそのような障害につき心証をえればたりる。また、舌がんにかかっているとか、健康や生命の危険があるとして、医者から発言を禁じられている者についても、考慮される(20)。

(3)　一九三八年法

(a)　以上のように、ドイツ法は、古くから比較的多くの規定を有し、視覚障害者や無筆者に対する例外のほかにも、各種の障害者についてのかなりの規定がある点が特徴である。そして、その多くは、現行法にも引きつがれている。

ドイツ民法の二二三一条〜二二六四条は、一九三八年に削除され、同年の「遺言作成と相続契約に関する法律」によって代替された（Gesetz über die Errichtung von Testamenten und Erbverträgen vom 31. Juli. 1938, RGBl. I, 973）[21]。草案は、ドイツとオーストリアの遺言法の統一を目的としたが、方式に関する規定にはそれほどの相違がないとして、とくに遺言の形式主義の厳格さを緩和すること、無効となる場合を可能なかぎり制限し遺言の効力を救うことに重点がおかれた。

たとえば、遺言者の能力、遺言書の内容の確認に関し新設された一四条、一五条である。裁判官または公証人は、遺言の作成にあたって、これらを確認するべきものとされた。あるいは自筆証書遺言で、旧二二三一条は、自書のほか、場所と日付の記載を要件としたが、二一条は、場所と日付の要件を廃した。また、未成年者は、従来口頭の遺言のみができたが、これに加えて、開封された書面の引渡でも遺言ができることとされた（一一条三項）[22]。

(b)　一九三八年法には、ナチス時代特有の「健全な民族感情」（gesunder Volksempfinden）といった表現がみられる（四八条、これに反する死後処分は無効となる）。その当時の思想の影響を、かなりうけたものであることから、後述する一九五三年法で、第二次大戦後に廃止された。もっとも、言語障害者に関する一九三八年法一七条の内容は、一九五三年法の旧二二四三条と同様である（一項は同一、二項もほとんど同一である）[23]。

一九三八年法でも、公正証書遺言は、裁判官または公証人が、最後の意思を口頭で表示するか、あるいは最後の意思が書面に包含されているとの口頭の表示をして書面を提出することにより、作成することができた（一一条）。この場合の口授も、言語を発することができなければ、なしえない。手真似、手話ではたりないと解されていたようである[24]。

書面の提出による場合にも、それが最後の意思表示を包含する旨を口頭で表示することが要件とされていたから（一項）、厳密には言語を発しえない場合には、不可能となろう。[25] しかし、それでは、文書による作成の方法が認められていることの意味を没却し、また、口授の場合と比較して伝えるべき内容が単純なことを考慮すれば、可能と解するよちもあろうが、むしろ、べつの規定である一七条によることが予想されていたものと考えられる。この一七条は、前述の旧二二四三条を引き継いだものである（意思が包含される旨を自書する方法）。

また、書いたものを読むことができない者は（nicht imstande, Geschriebenes zu lesen）、口頭の方法によってのみ遺言を作成することができる（一一条四項）。すなわち、書面の提出によっては、公正証書の遺言を作成することができないのである。この場合の「読むこと」にも文盲の場合を含むから、たんに読めないだけではなく、書面を作成することもできないとされているのである（旧二二三八条二項を承継）。

(4)　一九五三年法

一九三八年の法律は戦後に廃止され、一九五三年三月五日の法律（ナチス時代の民法上の修正を包括的に廃止した）は、一九〇〇年法を修正・復活させた（Gesetz zur Wiederherstellung der Gesetzeseinheit auf dem Gebiete des bürgerlichen Rechts, 1953, BGBl. I, 33）。

もっとも、単純な復活だけではなく、旧法＝一九三八年法をも考慮した相当の変更が加えられている。たとえば、二二四三条などは、字句の修正のみであるが[26]（Protokoll→Niederschrift）、二二三八条は、二項だったものが四項に増加している（一九三八年法一一条の承継）。少なくとも方式に関する技術的な規定については、一九三八年法にも、あまり思想的な影響をうけないものが多かったからである。

(5)　一九六九年法、公証法

さらに、一九六九年八月二八日の法律で、二二三一条から二二三三条が新たに規定され、二二三四条から二二四六条は廃止されたのである（BGBl. I, 1513）。もっとも、この改正は、一九三八年のそれとは異なり、遺言法全体にわたるものではなく、公正証書を作成する場合に限られる。そこで、自筆証書遺言や遺言全体にかかわる部分は残されている。

以上の経過から、二二四七条以下、とくに二二五〇条以下で、一九六九年以降の改正を経ていない規定は、比較的ドイツ民法のもとの規定の体裁を残している。つまり、かなり大幅であった一九三八年の削除とは異なる。しかし、内容的には、単純に一九〇〇年法の復活しているものと同視することもできない。

また、新たに、公証法（Beurkundungsgesetz vom 28. Aug. 1969, BGBl. I, S. 1513）が制定され、民法の関係規定と、連邦公証人法（Bundesnotarordnung vom 24. Feb. 1961, BGBl. I, S. 98）の関係規定の多くも同時に修正・廃止された(27)。

（11）たとえば、Brox, Erbrecht, 1996, S. 77. は、近時の代表的な相続法のテキストであるが、そこに引用されている文献には、Amtliche Erlass und Verordnungen, Begründung zum Gesetz über die Errichtung von Testamenten und Erbverträgen vom 31. Juli. 1938 DJ 1938, 1254 ; Lange, Das Gesetz über die Errichtung von Testamenten und Erbverträgen, Z. der Akademie f. Deutsches Recht, 1938, 577 ; Vogels, Das neue Testamentsrecht, DJ 1938, 1269. など、一九三八年法に関するものが多い。

（12）Motive, V, S. 251f. (Mugdan, Die gesamten Materialien zum Bürgerlichen Gesetzbuch für das Deutsche Reich, hrsg. und bearbeitet, 1899（1979）, S. 132).

手話の始まりは、一八世紀の半ばに、エペー（Charles Michel, Abbé de l'Epée, 1712-89）によって世界最初の聾学校がパリに創設され、同人によって、聾者が使っている身ぶりや手ぶり、すなわち自然的方法を基礎に体系的手話が創始されたことによる。ちなみに、日本では一八七八年の京都盲何院開設を契機に手話が形づくられたという（中野善達「手話」世界大百科辞典〔一九九八年・第二版 CD-Rom 版〕）。したがって、ドイツ民法の起草者たちが、身振り、手振り（Zeichen）という場合に、手話が念頭におかれていたことは想像に難くない。

もっとも、従来手話は、音声言語に比較すると語彙が少なく、抽象概念の表現力に乏しく、同表現異義語も多く、助詞や助動詞といった付属語が少ないといわれてきた。しかし、聾唖者の生活圏の広がりとともに表現力も豊かになりつつあり（同前）、今日のものは、一九世紀のものとは比較にならないであろう。

また、手話に相当する用語も、Zeichen, Zeichensprache, Fingersprache としだいに特化しつつあり、起草者のいうものも、少なくとも手話の原型を指すものとはいえよう。近時の相続法の解説では、手話（Zeichensprache, Taubstummensprache）ではたりないと明言している（Staudinger, BGB [Erbrecht V, §§2197-2264, Baumann & Reimann], 1996, S. 377）。

（13） Denkschrift, S. 278f.（Mugdan, a. a. O., S. 869-870）. 本稿第二章二節のオーストリア法上の、裁判所外の口頭の遺言（五八五条以下）は、この私署遺言に近い。三人の証人（Zeugen）によるものである。

（14） Denkschrift, S. 278-279（Mugdan, a. a. O., S. 870）. 先例としては、前述のように、フ民九七〇条でも、全文と日付、署名の自書による自筆証書遺言が認められていた。

（15） Motive, V, S. 251（Mugdan, a. a. O., S. 132-133）. また、草案は、それ以外の普通法的な遺言の制限、すなわち誹謗文書の作成者、高利貸し、逃亡兵（Pasquillanten, Zinswucherer, Deserteurs）などの制限、公法的、宗教的な理由による制限などを廃したのである。これらは、それぞれの法の目的によるべきであり、民法の問題ではないからである。

なお、近時は、障害者について、視覚障害者、聴覚障害者、言語障害者のように述べることが一般化しつつあるが、以下で、盲聾唖者を必ずしもそう言い換えていないのは、翻訳の正確さと、音読みにした場合には訓読みにした場合ほど不適切さが顕著ではないと思われることによる。

（16） Motive, V, S. 273（Mugdan, a. a. O., S. 144）; Protokolle, S. 7185ff.（Mugdan, S. 701ff.）, Antrag VI. 一九一九条と一九二〇条は、第二草案の段階で一条に結合された。相当する規定としては、現行法では、後述の公証法二五条がある。

（17） Motive, V, S. 275f.（Mugdan, a. a. O., S. 146）. そのために、証人がいるのである。なお、第二草案は文言の

修正にとどまった。Protokolle, S. 7188（Mugdan, a. a. O., S. 702）。読み聞かせをうけられない者が閲覧を請求できることは、現行法では、公証法二三条に規定がある。

（18）Motive, V, S. 277.（Mugdan, a. a. O., S. 146-147）。第二草案では、第一草案一九二二条に、未成年者に関する規定が付加され、またこれと一九一八条が結合され、その二項とする修正が行われた。Protokolle, S. 7185ff.（Mugdan, a. a. O., S. 701f.）, Antrag V ; Denkschrift, S. 279（Mugdan, S. 870）. 盲者に対する特則は現在もない（これにつき、Staudinger, a. a. O., S. 376）。

（19）Motive, V, S.276（Mugdan, a. a. O., S. 146）. 発言不能者について、現行法では、公証法三二条に相当する規定がある。

（20）Motive, V, S. 277（Mugdan, a. a. O., S. 146）. 第二草案は、文言の修正にとどまる。Protokolle, S. 7189f.（Mugdan, a. a. O., S. 703）, Antrag VII.

（21）立法趣旨によれば、一九三八年法の制定は、一九三八年三月に併合されたオーストリアにナチスの世襲農場法（Reichserbhofgesetz vom 29. Sep. 1933 ; RGBl. I, S. 685, 世襲農場の不可分・単一相続と遺言の制限。第二次大戦後廃止）を導入する環境を整備することにあった。この全ドイツ地域に統一的な遺言法を規定することが必要とされたからである。Amtliche Erlass und Verordnungen, a. a. O., DJ 1938, 1254, 1255ff. ; Vogels, a. a. O., DJ 1938, 1269（1270f.）.（前注（11）参照）。また、内容的には、遺言法の形式主義が問題とされている（これに関する文献も、Amtliche Erlass und Verordnungen, a. a. O. に詳しい）。

一九三八年法の具体的内容については、近藤英吉・独逸民法〔現代外国法典叢書(5)、一九五五年復刊〕三〇四頁以下が詳しい。

（22）Vogels, a. a. O., DJ 1938, 1270.

（23）「調書のなかで（muß im Protokolle→sollen in der Niederschrift）確認しなければならない」という部分だけが変更された。後注（26）参照。

（24）近藤・前掲書三一〇頁は、「手真似」が禁じられていたものとする。旧一一四三条に関する議論との関連では、「手話」が念頭にあるものといえよう。

(25) 近藤・前掲書三一一頁参照。
(26) ただし、同時に復活された夫婦の共同遺言に関する二二六五条〜二二六七条などは、ほぼ文字どおりの復活であった。
(27) 一九六九年の公証法については、Lübtow, Erbrecht, I, 1971, S. 170ff. また、邦語のものとして、拇善夫「ドイツ連邦共和国（西ドイツ）公証法について」公証法学一〇号〔一九八一年〕四九頁、渡辺五三九「西独逸公証法」(1)〜(4)公証三九号四四頁、四一号一三頁、四三号四三頁、四四号六一頁〔一九七四〜七六年〕。なお、連邦公証人法については、渡辺五三九「独逸連邦公証人法の成立とその問題点」公証法学四号〔一九七五年〕三五頁、同「独逸連邦公証人法」(1)〜(4)公証三五号五三頁、三六号七六頁、三七号一七頁、三八号四六頁〔一九七二〜七四年〕がある。久貴忠彦・新版注釈民法〔一九八九年〕七三頁参照。ただし、同・注釈民法〔旧版・一九七三年〕六〇頁は、なおこの一九五三年法によっている（旧二二三二条〜旧二二四六条）。

第二節　ドイツ法の骨子

(1) 公証法による修正

(a) ドイツ法は多くの変遷を経ており、とくに特別法の制定もあり、外形的な修正は大きい。しかし、遺言法のその骨子（口頭と書面の二元主義）には、基本的には変化はないものと位置づけることができよう。

ドイツ民法典の現行二二三一条によれば、普通方式の遺言（Ordentliche Testamentsformen）は、自筆証書遺言と公正証書遺言とに大別される。普通方式の遺言は、公証人の調書（Niederschrift）または二二四七条（自筆証書遺言、Eigenhändiges Testament）による遺言者の意思表示によってなされる。

旧法による裁判官の面前でする遺言の作成は廃止されている。ちなみに、官吏（Gerichtsbehörde）の面前でする遺言（証人二人を要する）の方式は、スイス民法四九九条に残されている（前述第二章二節(2)参照）。

一九六九年の公証法による修正では、従来裁判官などが行っていた公証権限を公証人に一元化するというドイツ法に特有のものも意図されていた。これは、必ずしも本稿の対象ではないが、ドイツには、伝統的に北ドイツの慣行である裁判官＝審判官の認証による公証の方法と、西および南ドイツの慣行である公証人自身による公証の方法とがあった。認証行為を統一的に公証人の権限とすることが、ドイツ民法典の施行当時から目指されており、同様なことは、公証に限られず、登記審判官による、登記のさいの不動産所有権移転の意思表示（Auflassung）の受領などについてもいえる（ド民九二五条一文、他方、同条二文によれば公証人もこの受領ができる）[28]。

また、公証人の審査権限の強化を旧一九三八年法から引き継ぎ、公証人の助言義務を定めた点は新しい（公証法一七条、三〇条）。遺言が無効になる場合をできるだけ少なくするとの立場によるものである。この観点から、従来の強行法規（Müssen-Vorschriften）の多くを、義務規定（Sollen-Vorschriften）に転換している。すなわち、前者の違反は、遺言の無効をもたらすが、後者の違反は無効をもたらさず、たんに公証人に損害賠償義務を発生させるだけである（連邦公証人法一九条）[29]。

さらに、一九六九年の公証法は、遺言の方式、とくに障害者の関係する公正証書遺言の方式の規定を一括して民法から引きうけ整備した点にも特徴がある[30]。

(b)　現行の民法には、公証人による遺言に関しては、遺言者＝被相続人（Erblasser）が、公証人に最終意思を口頭で表示し、またはそのような意思が表示された書面を引渡すことによるとの二二三二条と、二二三三条（後述(2)）が残されているだけである。この場合には、書面は封緘されていても、いなくてもよい。

特別な場合としては、未成年者の遺言に関する規定があり、二二三三条一項によれば、遺言は口頭でまたは封緘されない書面によってのみなされる（後述(2)参照）。また、遺言者が、申述（Angabe）あるいは公証人による心証（Überzeugung）によると（以下、障害の認定にあたっては、法文上ほとんどこの心証が要件とされているが、煩雑なのでいちいち付け加えない）、書いたものを読むことができなくなった場合には、同人は、遺言を口頭の意思表示によってのみ作成することができる（同条二項）。さらに、遺言者が話すことができなくなった場合には、同人は、遺言を書面の引渡によってのみ作成することができる（同条三項、公証法三一条。この部分の詳細については、つぎの(2)参照）。

(2)　公正証書遺言

(a)　公正証書遺言（öffentliches Testament）は、現在は、もっぱら公証人の手による。遺言者は、公証法上の法文でも「被相続人」（Erblasser）と記載されるが（公証法二八条以下参照）、民法上の用語にあわせたにすぎず、内容的には遺言者をさしている。

①公証人の筆記＝調書（Niederschrift eines Notars）による遺言には、遺言者が、その最後の意思を口頭で表示し、または②自分の最後の意思が包含されている意思表示の書面を与えることを要する。②の場合、遺言者は、その書面を開封のままたは封緘して提出することができる（ド民二二三二条）。自筆証書の場合と異なり、書面が、遺言者によって書かれたものである必要はない（同条二文後段）。タイプライターや、定型書式、速記を使ったものでもたりる。点字でも、外国語でもかまわない[31]。のみならず、自署される必要もない。

封緘された書面による場合は、わが法上の秘密証書遺言に近いものとなる（九七〇条）。ただし、公証人の関与があることから、方式がより自由になっていることが特徴である。他方、わが法では、九七一条（自筆証書遺言への転換）により遺言の効力を救うことが目ざされている。

口頭の場合には口授が必要であり、これは明確に言語（Lautsprache）によって行われなければならない。また、書面の方法による場合でも、それが自分の遺言である旨の意思表示は口頭でしなければならないから（旧二二三八条と同じ）、たんに、身振り、手振り、あるいはうなずくこと（Kopfnicken）で答えただけでは十分ではない。うなずいても、たんに衰弱のためにそうしたのか否かが明確ではないからである[32]。また、読み聞かせられたものにつき黙していたことは、同意したことにはならない。民法典制定時の厳格な態度が維持されている。他方、遺言者の意思表示がまとまって行われる必要はなく、公証人の助言義務との関わりから（公証法一七条）、遺言者が相談しながら少しずつ口授し、これを書きとめたものを公証人が一節ずつ読み上げ、正確かどうかを質問し、遺言者が「はい（Ja）」と答えた場合には、有効とされる(33)。

(b)　遺言者が未成年者の場合には、口頭の意思表示によってあるいは開封した書面を引渡すことによって遺言をなすことができる（ド民二二三三条一項）。これは、封緘した書面を提出すると、その真意が表示されているかが明らかではないからである(34)。

(c)　遺言者が、書いたものを読むことができなくなった場合には、遺言者は、遺言を口頭の表示によってのみ完成することができる（同条二項）。ただし、この場合に、盲者であっても、点字（Blindenschrift）で読むことができれば、「読めない」とはいえず、二二三三条二項は適用されないから、遺言者は、点字による書面を引渡すことで遺言を作成することができる（ド民二二三二条一文）(35)。公証人が点字を解さない場合には、内容に関する理解が制限されるが、調書に記載すればたりる(36)。封緘された書面による遺言の作成も可能であり、状況はそれと異ならないからである。遺言者が点字を知らない場合には、口頭の方法で遺言を作成するほかはない。署名は、遺言者自身がしなくても、証人によってもたりる（公証法二五条）。

(d)　他方、遺言者が、話すことが十分できなくなった場合には、遺言者は、遺言を書面の授受によってのみ完成することができる（ド民二二三三条三項）。唖者に関する規定は、旧二二四三条の系譜をひくものである(37)。

二二三三条三項に関しては、公証法三一条に細則がおかれている。すなわち、遺言者が、話すことが困難になった場合には、引渡された書面には自分の最終意思が包含されているとの表示を、調書作成（Verhandlung）のさいに、調書に自署するか、調書に付加される特別の書面に記載しなければならない、とされる（三一条一文）。意思表示の自署は、調書の中で確認されなければならない(38)（同条二文）。この場合に、その調書は、障害のある当事者によってとくに承認されることを要しない（同条三文）。

(e)　なお付随して、公証法三二条は、公証人に自分の最終意思を口頭で表示した遺言者が、調書を作成する言語を十分に理解せず、これが調書に記載されているときには、書面による翻訳を作成し、調書に付加するものとする（同条一文）。遺言者は、この翻訳の方式を放棄することもできるが、その場合には、放棄の事実も調書に記載しなければならない（同条二文）。この規定は、後述の一六条の補充規定である（第三節(2)参照）。一六条は、口頭の翻訳に関するものであるが、三二条は、書面による翻訳について規定している(39)。

これらの翻訳に関する規定は、七〇〇万人の外国人をかかえるドイツの法にとって意義のある規定であるが、国際化の進展にともない、わが国でも参考に値いする規定となろう。

(3)　自筆証書遺言

自筆証書遺言（Eigenhändiges Testament、二二四七条以下）は、なお民法に規定が残されている。遺言者が、自書しかつ署名した表示によって（durch eine eigenhändig geschriebene und unterschriebene Erklärung）行われる（二二四七条一項）。遺言者は、その表示の中で、筆記した時（年月日）と場所を明らかにしなければならない（同条二項）。しかし、時に関する記載がなく、遺言の有効性が疑わしいときでも、他の方法で時に関する確定ができる場合には、有効とされる。場所に関する記載についても同様である（同条五項）。時と場所の記載が必要とされたのは、一九三八年法と異なる。

署名は、遺言者の姓と名とをともに表示しなければならないが、遺言者が他の表示を用いた場合でも、それが遺言者を特定することと表示の真摯なことを確認するにたりるときには、このような署名でも遺言の有効性を損なわない（同条三項）。

未成年者あるいは読めない者は、みぎの規定によって遺言を作成することはできない（同条四項）。

二二四七条の自筆証書による遺言状も、遺言者の請求によって、区裁判所の特別保管（二二五八ａ条、二二五八b条）のもとにおかれることができる（二二四八条）。

(4)　危急時遺言

特別方式の危急時遺言（Nottestament）には、①市長の前でする遺言（Notsetament vor dem Bürgermeister、二二四九条）、②隔絶地遺言（Nottestament in besonderen Fällen ; infolge außerordentlicher Umstände dergestalt abgesperrt ist、二二五〇条一項）、③死亡危急時遺言（Todesgefahr、二二五〇条二項）、④海上遺言（Seetestament、二二五一条）がある。もっとも、二二四九条〜二二五一条の特別方式の遺言は、作成時から三ヵ月を経て、遺言者がなお生存する場合には、作成されなかったものとみなされている（二二五二条一項）。

特別方式の遺言については、各国の特異性が反映されている面もあるので、立ちいらない。これらについては、その方式に着目して比較しても、あまり意味があるとは思われないからである。

(5)　他の民法規定

(a)　以下の遺言に関する民法の規定で実体法にかかわる事項には変更がない。また、かなりわが法の規定とも共通している。概観すればたりよう。

遺言の撤回は何時でも自由であり（二二五三条）、撤回は、遺言によってされる（二二五四条）。遺言は、遺言者が遺言状を破毀したり変更することによっても撤回される（二二五五条）。公正証書遺言、二二四九条の遺言（自筆証書遺言）で、職権により保管された書類が遺言者に返還されたときには、撤回されたものとみなされる（二二五六条一項）。また、遺言者は、何時でも返還を請求することができる（同条二項）。二二四八条による遺言の保管の場合でも、返還の請求は何時でもできるが、この場合には、遺言の効力に影響しない（同条三項）。

撤回の撤回は、疑わしいときには有効とされる。すなわち、撤回されなかったとされるのである（二二五七条）。

また、わが法と同様に、先に作成した遺言は、後で作成した遺言と抵触するかぎりで、取り消されたものとされる（二二五八条一項）。

(b)　職権による保管をうけていない遺言書を有する者は、遺言者の死亡を知ったときには、遅滞なく、それを遺産裁判所に提出しなければならない（二二五九条）。遺産裁判所は、遺言者の死亡を知ったときには、保管する遺言の開示の時期を定め、法定相続人とその他の関係人を呼び出さなければならない（二二六〇条）。遺産裁判所以外の裁判所が遺言状を保管している場合も同様である（二二六一条）。遺産裁判所は、遺言状の内容を関係人に知らせなければならない（二二六二条）。遺言者が、死亡後直ちに遺言状を開示することを禁じても、無効とされる（二二六三条）。

遺言状が、三〇年以上職権で保管された場合には、職権で、遺言者がまだ生存しているかどうかを、可能なかぎりにおいて、探索しなければならない（二二六三ａ条一項）。遺言者が生存していることが確認できない場合には、遺言状は開示される（同条二項）。この場合には、二二六〇条～二二六二条の検認の規定が準用される（同条三項）。法的な利益を疎明した者は開示された遺言状を閲覧し、および謄本あるいは抄本を請求することができる（二二六四条）。この場合に、謄本は、請求により認証される。

(28)　他方、土地の所有権の移転あるいは取得には、公正証書の作成が必要である（三一三条一文）。しかし、同条二文によれば、不動産所有権移転の意思表示（Auflassung）と登記があれば、有効となる。ただし、一九五三年に、ＢＧＢ九二五条が改正され、また九二五ａ条が追加された結果（Gesetz zur Wiederherstellung der Gesetzeseinheit auf dem Gebiete des bürgerlichen Rechts vom 5. März. 1953 ; BGBl. I, S. 33）〔遺言の修正に関する一九五三年法と同一の法である〕、Auflassung の意思表示は、三一三条一文の文書が提出されたときにのみ受領されるとされた。三一三条は、南ドイツ型の公正証書による取引を原則とするのに反し、物権法の、八七三条と九二五条では、プロイセン型の登記官の面前でする Auflassung が原則とされているのである。

また、土地不動産の取得に関する八七三条二項にも、公正証書による場合と登記官の面前でする場合〔後者は一九六九年の公証法と同時に削除〕の双方が規定されていた。〔本書第二部一篇参照〕

ドイツの公証人の官吏的な性格は、文書の区裁判所での保管にも残されている（公証法二二五八a、b条参照）。なお、領事法一〇条以下に、在外人のために領事が行う認証、一一条には遺言と相続契約に関する特則がある（Konsulargesetz vom 11. Sep. 1974; BGBl. I, S. 833）。民法典二二三二条、二二三三条、二二七六条が準用される。この場合には、官吏のする公証の性格が残されている。

公証権限の公証人への集中については、小野「公証人と公証人弁護士—登記と公証—」一橋大学研究年報・法学研究三三号四三頁以下（第一章三節）参照。とくにAuflassungの受領については、四七頁以下参照。〔本書第二部一篇をも参照。〕

簡単には、小野「ドイツにおける登記簿のコンピューター化」国際商事法務四七巻一〇号、一一号参照。〔本書第三部一篇参照。〕なお、本稿は、公証機能の公証人への一元化という、ドイツ法の検討の補充の意味をも有している。

（29）Brox, a. a. O., S. 79, S. 81.

（30）一九六九年法とその特徴については、Johannsen, Die Rechtsprechung des BGH auf dem Gebiete des Erbrechts, WM 1971, 402; Appell, Auswirkungen des Beurkundungsgesetzes auf das Familien- und Erbrecht, FamRZ 1970, 520. また、近時のテキストとして、Brox, a. a. O.（前注（11））S. 77ff.; Staudinger, a. a. O.（前注（12））, S. 356ff.; Münchener Kommentar, BGB (Erbrecht Bd. 9, §§ 1922-2385, §§ 27-35 BeurkG), 1997, S. 1420ff.).

（31）BGHZ 37, 79 (1962. 4. 4) = NJW 1962, 1149; Münchner Komm. a. a. O., S. 1431; Staudinger, a. a. O., S. 370; Brox, a. a. O., S. 80; Lübtow, a. a. O., S. 186.

（32）BGHZ 2, 172 (1951.Mai.2). 多数説も同様である（Johannsen, a. a. O., S. 403; Brox, a. a. O., S. 79; Münchner Komm. a. a. O., S. 1429; Staudinger, a. a. O., S. 369; Palandt (Edenhofer), BGB, 1997, § 2232, 3). また、とくに「最後の意思が包含されている」（二二三二条、旧二二三八条）と表示する必要はなく、たんに「私

の遺言です」というのでもたりる（RG, JW 1925, 357）。

（33）BGHZ 37, 79（a. a. O.）; Brox, a. a. O., S. 79; Staudinger, a. a. O., S. 367.

（34）未成年の場合だけではなく、一般的に、書面による方法の場合には、遺言者が書いたものを理解していることが必要かどうかが争点となる。多数説は、抽象的に理解可能であればたりるとするが（Münchner Komm. a. a. O., S. 1432）、一部の学説は、内容を具体的に知ることを必要とする（Palandt, a. a. O., § 2232, 11）。たとえば、秘書に口述してタイプさせたまま読まずに公証人に渡した場合に問題となる。

（35）Staudinger, a. a. O., S. 376. 前述のように、民法典は、盲者に対する特則規定をおいていない（前注（18）参照）。この場合には、遺言に関する一般規定が適用される。

（36）書面による遺言の場合に、公証人は、その内容を知っている必要はない（Brox, a. a. O., S. 80; Staudinger, a. a. O., S. 376f.）。たとえば、外国語で書かれている場合も同様である。しかし、開封されている場合で、その言葉がわかる場合には、内容を理解していなければならない（公証法三〇条四文参照）。

（37）これについては、前述第三章一節(2)(e)、前注（19）参照。

（38）Appell, a. a. O., S. 526. 旧法二二四三条に相当する規定である。「特別の書面」の付加は、たんなる義務規定（Sollvorschrift）とされる。違反があっても、当然には無効を生じない。前注（29）参照。

（39）Appell, a. a. O., S. 526; Palandt（Heinrichs, 1978. この公証法に関する部分は、新しい版では紙数の関係から省略されている）, BGB, BeurkG. 32, 2, 3.

わが法のもとでは、前注（3）のように、公証人法に、日本語を解しえない場合についての特則がある（二九条）。そして、実務上も、通訳による公正証書遺言の作成が行われているようである（山田・前掲論文一六頁）。

第三節　障害者に関する特則規定

(1) 障害者

(a) 民法や連邦公証人法の証人に関する規定が、一九六九年の法改正によって廃止されたことから、これは、現在ではもっぱら公証法の規定による。しかし、公証法の規定には、たんに技術的なものだけではなく、障害者に関する特別規定など実質に関するものも多く、注目される。以下の記述は、同法によるものである。

公証人の欠格事由については、親族、配偶者などにつき規定されている（三条）。また、意思表示の公証は、公証人自身、親族、配偶者などが公証内容に関係する場合にもすることができない（六条）。公証人またはその親族が利益をえる場合にも、意思表示の公証は無効となる（七条）。

証人あるいは第二の公証人（als Zuege oder zweiter Notar）の欠格事由についても、定めがある（二六条・後述(b)）。欠格事由の規定は、民法典上すでに削除されているから、遺言の場合に、これらの規定が適用される。第二の公証人（zweiter Notar）というのは、公証行為を行う公証人（すなわち、第一の公証人）とはべつに、証人の趣旨で公証のプロセスに関与する者をいう。

(b)　二七条から三五条の規定は、遺言・死因処分（Verfügung von Todes wegen）に関する特別規定である。民法の遺言規定を直接承継するものといえる。これに反し、二二条から二六条は、障害者（Beteiligung behinderter Personen）に関する一般規定である。唖者・言語障害者に対する特則（おもに三一条）、外国語に関する特則（三二条）は、前者で扱われているが（前述第三章二節(2)参照）、聾者・聴覚障害者に対する特則は、おもに後者で扱われている（二三条、なお二四条）。そのため、比較的わかりにくい構成となっている。

このような区別は、唖者・言語障害者は、みずから遺言者＝被相続人（Erblasser）となる場合に、その意思を表示するために書面の交付の方法が必要となるのに反し（ド民二二三三条三項参照）、聾者・聴覚障害では、もともと支障がないことによる。書面による方法が可能であるし、話せる場合には、口頭の方法にもよれるからである。他方、二三条で、聾者・聴覚障害者の特則が設けられたのは、もっと広い見地から、同人が関係人（Beteiligter）となる場合に、調書の読み聞かせの代わりに、閲覧をうけるためである（一三条参照）。聾者や唖者が同時に書面の理解ができない場合に関する特則二四条が、関係人を対象とする後者に包含されているのもそのためである。

もっとも、障害者は、公証のさいの証人あるいは第二の公証人として関与することが禁じられている（二六条）。心神喪失者または心神耗弱者（geisteskrank oder geistesschwach）[40]、公証法二六条二項三号）、聴くこと、話すこと、見ることが十分にできない者（同条二項四号）、書くことができない者（同条二項五号）、または、ドイツ語を十分に理解できない者（同条二項六号）が禁止の対象に含まれる。もっとも、五条二項によって、証人が調書の言語を理解できる場合を含まない（同六号但書）。

(c)　遺言者の請求により、公証人は、公証にあたって、二人までの証人、または第二の公証人を関与させることができる。この事実は、調書に記載しなければならない。また、これらの者も、調書に署名しなければならない（二九条）。一九六九年改正前の二二三三条二項を引き継いだものである[41]。

遺言が、書面の引渡によって行われた場合には、調書は、その書面が引渡されたことをも確認していなければならない（三〇条一文）。この書面は、取り違いのないように特徴づけられていなければならず（同条二文）、調書には、書面が開封されているか封緘されているかの記載も必要である（同条三文）。開示されている書面の内容は、書面の記載されている言語を公証人が知りうる場合には、承知していなければならない（同条四文）。書面は調書に付加されなければならないが、読み聞かせることは、必要ではない（同条五文）。みずから作成したものを再度読み聞かせるのは、不要だからである。

(2)　調書の作成手続

(a)　調書の作成手続についても、公証法に詳細な規定がある。意思表示の公証には、公証人の作成に関する調書（Niederschrift über die Verhandlung）が作成される（八条）。この調書には、公証人、関係人（遺言者、証人）の記載と、関係人（遺言者）の意思の表示が包含される（九条一項）。書面による意思表示の場合には、その上に調書が指定されており、それが附記されていれば、調書自体とみなされる（同条二項）。また、手続のされた場所、時が記載されていなければならない（九条）。

この調書は、公証人の面前で読み聞かせられ、遺言者がこれを承認し自署されなければならない（一三条一項一文）[42]。この承認には、身振りでたりる[43]。図面、素描、模写（Karten, Zeichnungen oder Abbildungen）の場合には、読み聞かせる代わりに、閲覧に供される（zur Durchsicht vorgelegt werden）。調書には、その旨を記載しなければならない（同二文）。遺言者が自署したときには、公証人の面前で読み聞かせられ、閲覧されたものと推定される（同三文）。遺言者は、承認する前に、調書をみることを請求できる（同四文）。また、前述のように(1)参照）、遺言者が引渡した書面は読み聞かせる必要はない（三〇条五文）。

署名できない場合の特則は、後述する二五条にある（(4)参照）。

(b)　調書には、公証人も自署し、職名の表示（Amtsbezeichnung）をしなければならない（一三条二項、三項）。公証人が封緘した封筒の上書（Aufschrift）に署名したかぎり、同人が、調書に署名しない場合でも、公正証書は、それだけの理由では無効とはならない（三五条）。

調書に、他の公証人の調書が参照され、それが、意思表示の公証に関する規定にしたがっているときには、これを読み聞かせる必要はない。ただし、関係人が、他の調書の内容を知っていると表示し、読み聞かせを放棄したときに限る。これは、調書に記載されなければならない（一三a条一項）。また、他の調書は、調書に付加される必要もない。ただし、関係人が異議を述べないときに限る（同条二項）。

(c)　公証人は、遺言の作成に関する調書を封筒にいれ、刻印（Prägesiegel）をもって封緘しなければならない（三四条一項一文）。この封筒には、三〇条ないし三二条の書面（書面による遺言、唖者の意思表示に代わる書面、翻訳）もいれなければならない（同二文）。封筒の上には、公証人が遺言者を特徴づけるように記載し（通常は氏名、住所）、いつ遺言が作成されたかを記載しなければならない。公証人の署名が必要である（同三文）。そして、公証人は、遺言が遅滞なく公的な保管に移されるようにしなければならない（同四文）。

遺言書は、区裁判所の特別保管（ド民二二五八ａ条、二二五八ｂ条）のもとにおかれる（公証法三四条一項）。

関係人が、その申述あるいは公証人の心証によると、ドイツ語あるいは調書がドイツ語以外の言語で作成されたときにはこの言語を、十分に理解できないときには、これを調書に記載しなければならない（一六条一項）。また、このような記載がされた調書は、関係人に、読み聞かせの代わりに翻訳されなければならないとされる（同条二項）。公証人がみずから翻訳しない場合には、翻訳のために、通訳を関与させることができる（同条三項）。

(3)　遺言者の能力

(a)　遺言者の能力に関しては、公証法に特別な規定がみられる。すなわち、関係人が、必要とされる能力を有しないときには、公証は拒否されなければならず、関係人の行為能力が疑わしいときには、公証人はこれを調書に記載しなければならない（一一条一項）。関係人が、重病の場合には（schwer krank）、これを調書に記入し、かつ公証人が能力についてどのような確認をしたかを記載しなければならない（同条二項）。遺言に関しては、とくに、公証人は、遺言者の能力に関する所見を調書に記載しなければならない旨が繰り返されている（二八条）。

(b)　公証人は、関係人の意思を探究し、事実を明確にし、関係人に行為の法的な効力につき訓告し、かつその表示を明確かつ一義的に調書に記載しなければならない。また、その場合に、錯誤や疑いの生じることを避け、経験のないまた熟練していない関係人に不利益を与えないようにしなければならない（一七条一項）。

行為が法律または関係人の真実の意思に合致しているかにつき疑いがある場合には、その懸念につき関係人と協議しなければならない。公証人が、行為の有効性に疑念をもち、公証を求める関係人がある場合には、公証人は、訓告したこと（Belehrung）とそれに関する関係人の表示を調書に記載しなければならない（同条二項）。

(c)　外国法が適用され、またはその適用が疑わしいときには、公証人は、関係人にそれを指摘し、これを調書に記載しなければならない。ただし、公証人には、外国法の内容に関する訓告の義務はない（同条三項）。[44]

(4)　多重障害

(a)　公証法二二条以下は、障害のある者に対する一般的な規定である。民法二二三三条三項、公証法三一条とも一部重複している。また、遺言に関する二七条〜三五条の規定とも重複する点がみられる。

関係人（Beteiligter）〔遺言者あるいは証人〕が、公証人への口授または陳述後に、十分に聴いたり、話したり、見ることができなくなった場合には、公証のためには、証人または第二の公証人を関与させなければならない。ただし、全関係人がこのことについて異議を放棄する（verzichten）場合には、この限りではない。この事実は、調書に記載されなければならない（二二条一項）。調書は、証人または第二の公証人によっても署名されなければならない（同条二項）。

二二条一項により、関係人が聴く能力が十分でないとされる場合の調書は、このような関係人に対しては、読み聞かせる代わりに、閲覧のために供されなければならない。この場合には、そうしたということをも調書に記載しなければならない。関係人が、調書に自署した場合には、調書が閲覧されたこと、およびそれが承認されたものと推定される（二三条）。聾者（Taube）＝聴覚障害者に関する特則である。[45]

(b)　さらに、聾者や唖者（Taube oder Stumme）で、書面による理解のできない者に関する特則がある。聾者や聾唖者が、聴いたりまたは話すことができなくなった場合、しかも書面によっても十分に理解できなくなった場合には、通説によれば、事実上、その者に遺言能力はない（Testierunfähigkeit）。[46]民法二二三三条二項の口頭の方式は、話すことができない者にはなしえず、また公証法三一条でも（唖者の特則）、引渡した書面に自己の最終の処分が包含されていることの表示、調書または特別の書面への自署が必要だからである。

二四条一項によれば、みぎの場合に、公証人は、その旨を調書に記載しなければならない。そして、調書にこの旨が記載された場合には、その障害者と意思を疎通できる信頼できる者（Vertrauensperson）を関与させ、この旨は調書に記載されなければならない。調書には、その信頼できる者も署名しなければならない[47]。手話通訳者（Taubstummendolmetscher）は、この重畳的な障害の場合に考慮される。もっとも、ほぼ手話による通訳のみを念頭におく日本法とは異なり、必ずしも唯一の方法とはされない。たとえば、読唇術、触唇的方法、あるいは定型的な手話と異なり、特別な人的関係で意思を疎通できる場合も含まれる。また、日本法では、手話がむしろ原則的な方法とされるのと異なり、書面によれない場合の例外的措置と位置づけられている。

なお、この場合に、意思表示の公証は、その「信頼できる者」が法的な利益をうける限度で無効となる（同条二項）。二二条（聴覚・言語・視覚障害）によって、証人または第二の公証人が関与する要件には変更がない（同条三項）。すなわち、この者とはべつに証人が必要であるとのことである。また、このような意思を疎通できる「信頼できる者」がいない場合には、その者は事実上遺言することはできない[48]。

(c)　関係人が、自分の名前を書くことができなくなった場合には、読み聞かせと承認（Genehmigung）にさいして、証人または第二の公証人を関与させなければならない。ただし、二二条によりすでに証人または第二の公証人が関与している場合はこの限りでない。この事実は、調書に記載しなければならない。調書は、その証人または第二の公証人によって署名されなければならない（二五条）[49]。

(40)　心神喪失、心神耗弱は、後見法（Betreuungsgesetz vom 12. Sep. 1990 ; BGBl. I, S. 2002）によって修正、削除された民法の旧一〇四条二項、三項の概念でもある。

なお、東ドイツ地域では、一九九〇年の統一条約および民法施行法（Art. 235 §2, 1）の規定により、統一以前に作成された遺言には、旧東ドイツ民法の規定（三八四条）が適用される。内容は、遺言者による口頭または書面による意思表示、調書の作成、国営公証人役場（Staatliches Notariat）での保管である。

(41) Appell, a. a. O., S. 526. 従来は、公証人の裁量によって、このような関与が可能であった。

(42) 署名には、遺言者がたんに線を引いたというだけではたりず（Johannsen, a. a. O., S.404. これにつき未公刊の一九六七年BGH判決がある）、また記号でも十分とはされない（BGHZ 28, 188（1958. Okt. 3）= NJW 1958, 1915 ; Brox, a. a. O., S. 83）。Vgl. Münchner Komm. a. a. O., S. 1435 ; Staudinger, a. a. O., S. 369. しかし、解読できないものでも、また遺言者の通常の書体と異なる場合でもたりる（gewöhnlichen Schriftzug des Erblassers, Staudinger, a. a. O., S. 372）。

(43) Staudinger, a. a. O., S. 369 ; Palandt（Heinrichs）, a. a. O., BeurkG. 13, 3 ; Lübtow, a. a. O., S. 199. 手振りでもたりる。

(44) なお、一八条～二一条も、公証人の助言義務（公の認可の必要な場合や先買権の存在、登記簿の内容に関する）についての規定である。

(45) Appell, a. a. O., S. 526. 一九五三年法の二二四二条二項に相当する。従来は、ラント法にも多くの特則があった（§ 65I Bay. freiwillige Gerichtsverordnung ; § 29I Bay. Notargesetz ; § 18I Hamb. freiwilliges Gerichtsgesetz など）。調書の読み聞かせの代わりの閲覧は、旧法では、義務規定（sollen）であったが、公証法では、その違反が無効をもたらす強行規定（müssen）とされた。

(46) もちろん、行為能力がありながら遺言能力がないといった場合はできるだけ限定するべきものと解されており、二二三二条以下の、憲法的な観点からの解釈、すなわち、なんらかの方法で遺言を作成できることが主張されている（Rossak, Die Testierfähigkeit bzw. Testiermöglichkeit Mehrfachbehinderter, ZEV 1995, 238 ; Baumann, FamRZ 1994, 994［OLG Hamm 1993. Okt. 8 の評釈］）。もっとも、その場合でも、行為能力が必要なことはいうまでもなく、また第三者に対して明確かつ一義的に理解できるよう「表現」される必要がある（Staudinger, a. a. O., S. 378）。

(47) Appell, a. a. O., S. 526 ; Palandt（Heinrichs）, a. a. O., BeurkG. 24, 1 ; Lübtow, a. a. O., S. 214. 一九五三年法の二二四二条二項二文には、この二四条に相当する規定があった。従来ラント法に規定のあったことも、二三条の場合と同様である。多重障害者（Mehrfachbehinderten）に関する規定である。

(48) Staudinger, a. a. O., S. 377, S. 340.

(49) Appell, a. a. O., S. 526 ; Brox, a. a. O., S. 84 ; Münchner Komm. a. a. O., S. 1435. 一九五三年法の二二四二条三項、旧（Freiwilliges Gerichtsgesetz）一七七条二項に相当する。従来の法では必ずしも明確ではなかったが、ここでは遺言の作成が署名だけに左右される場合が問題となっている。

第四章　むすび

第一節　概　観

(a)　ドイツ法は、公正証書遺言にも、もともと口頭主義と書面主義の二元的な方法を採用してきた。聾唖者に対しては、書面主義が採用されてきたのである。伝統的に、口頭主義にのみ重点をおいたわが法とは異なる。日本法の伝統的な解決方法は、いわば各方式の組み合せ的なもので、公正証書遺言は、視覚障害者に対する救済的な意味をもっていた。聾唖者に関しては、秘密証書遺言、自筆証書遺言（とくに九七二条）が念頭におかれており、公正証書遺言はほとんど考慮されていなかったといえる。これは、法定相続が主流を占め、従来遺言が重視されてこなかったことの反映でもある。

しかし、組合せ的な解決は、一定範囲の者が公正証書遺言を作成することを妨げる結果となる。そして、各方式にはそれぞれ長所と短所があるから、公正証書遺言の方式からの除外は、必ずしも望ましい結果とはならない（たとえば、公正証書の内容の確実性、滅失、隠匿、改変の危険がないこと。ただし、これは、作成の事実や内容がもれやすい危険との両刃の長所でもある）。

(b)　わが法の改正は、手話通訳を採用したことで、この口頭主義が維持されたことが特徴的である。同時に、遺言の趣旨を自書する方法も部分的には採用され、書面主義が採用された点は新しい。後者により、もともとの法の構造上の差異は、かなり解消された。また、公正証書遺言の修正だけではなく、秘密証書遺言、危急時遺言をも個々に修正する個別的な解決が特徴的である。(50)対処的な方法ともいえ、長期的には「公証法」のような全面的な修正が必要とされよう。

手話が広範囲に採用されたことについては、手話表現の飛躍的な発展と、一般への普及の程度の相違にもよることがあろう。(51)また、手話を用いること自体の利点も考慮される必要がある。(52)

第二節　書面主義との関係

(a)　わが法との相違は、ほかにもみられないわけではない。書面による場合に、ドイツ法では、他人が書いたものでもたりたが、わが改正法では、口がきけない者は、自書しなければならない。九六八条の「自書」の解釈の厳格さを前提とすると、これは、病人や高齢者にとっては、かなり重い要件となろう（ドイツ法では、公証法三一条の最終の意思を包含する表示のみ自書）。

今回の改正は、手話を採用することに重きがあり、これは健康人で口がきけない者にとっては、有効な方途であるが、すべてを書くことはできない病人や手話のできない者にとっては、むずかしい手段である。自筆証書とは異なるから、遺言者の最終意思が表示されることが担保されていれば、「自書」をより限定する必要もあったといえよう（たとえば、秘密証書に関する九七二条では封紙への自書で可能）。(53)

(b)　また、九六九条の二の第一項の場合（発言不能の場合）に「自書」が認められたのに、第二項の場合に、聴覚障害者には、書面の引渡の方法は認められない（ドイツ法では、書面の引渡でたり、これについては読み聞かせも不要である。前述公証法三〇条）。今回の改正が手話通訳の肯定に重きがあったことから、やや口頭主義へ固執がみられる（九六九条二号の例外ではなく、三号の例外だけ）。

ここでも、手話のできない者には困難が生じよう。聴覚障害には、口授ができ（またその確認には閲覧でたりる）とのことであろうが、一項とパラレルに書面主義を肯定する必要はなかったであろうか。いわば書面主義の採用が補充的であり、やや不徹底ともいえる。

他方、「読み聞かせ」に代えて、「閲覧させ」ることによって、筆記した内容を聴覚障害者に知らせる方法は、ドイツ法が古くから採用してきたものに近い（九六九条三号の修正。ド民旧二二四二条、ド公証法二三条）[54]。

第三節　多重障害の場合

(a)　ドイツ法で示唆されている多重障害者については、同じく問題が残る。口をきくことができず、かつ手話も、書くこともできない者は、事実上、遺言することはできない結果となる。表示ができないからである。また聾者・聴覚障害者で、手話も、読むこともできない者についても、困難が残る。後者も、表示は口授できても、筆記したものの読み聞かせをうけられず、通訳により伝えることも、閲覧することもできないからである[55]。

(b)　ほかに、九六九条の二には、口がきけない者が遺言をするには、手話による場合と自書する場合とがあるが、これを選択的なものとみるか、が問題である。部分的に自書し、たりない部分を手話によるという結合的な場合、あるいは部分的には口授もできたという場合に、結合されてできた遺言の効力が問題である。これを否定するべきではあるまい。

従来は、口頭主義のみが認められていたので生じなかった問題であるが、複線的な方法が認められたことから、その一方の手段の選択だけではなく、重畳的な方法も可能になったとみる必要がある。公正証書遺言の三つの方式（口頭の方式、開封された書面の引渡、封緘された書面の引渡）が比較的厳格に分かれているドイツ法の場合と異なり、日本法では問題はあるまい[56][57]。

(50)　なお、立法技術として、手話などのコミュニケーションを、遺言についてだけ個別的に採用するだけではなく、公証人法の改正、あるいは公証法といった一般的なもので、包括的に承認する方途もありうる。その場合には、外国語の翻訳なども俎上に乗せられることになろうが、このような方途がとられなかったのは、わが法の改正が従来圧倒的に個別的修正、あるいはせいぜい特別法の制定によって部分的に行われてきた伝統と共通するものをみいだしうる。これにつき、Ono, Comparative Law and the Civil Code of Japan (2), Hitotsubashi Journal of Law and Politics, vol. 25, 1997, p. 39.

(51) わが国では、テレビの手話ニュース、字幕、画面の一部を区切った手話説明などがかなり一般的に行われているが、ヨーロッパでは、その頻度はまだかなり低いようである。特定の機器による字幕番組のほうが比較的行われている。一般的にも、手話に対する評価は必ずしもわが国におけるほど高いものとはいえないようである。

(52) 聴覚障害に対しては、書面による方法、筆談でもたりるとの意見に対しては、中途失聴者の場合には、それでもいいとしても、生まれつき聴覚障害をもつ先天的聴覚障害者の場合には、「かなりの多くの人は、聴覚を用いての音声言語の取得が困難であるために文章力が不十分である。したがって、文章によって複雑な内容のコミュニケーションを図るのは不可能なことが多い」、「そういう人でも手話なら複雑な内容のコミュニケーションを図ることができる」との指摘がある（山田・前掲論文一四頁）。

(53) 同じ問題は、公正証書遺言に一般にいえることであり、書面主義のもとで、公証人や証人を要件とする場合に、必ずしも障害者でなくても、自書を要件とする必要はない。しかし、その場合には、前注（34）や注（7）のような問題も生じる可能性がある。

この点、秘密証書遺言（九七〇条）では自書の必要はなく、「申述」が必要であるにすぎない（同条一項三）。そして、言語を発することができない場合には、「自己の遺言書である旨並びにその筆者の氏名及び住所を封紙に自書」して、この申述に代えることができる（九七二条）。

なお、公証人や証人が要件とされる公正証書遺言の「自書」の意義は、自筆証書遺言のそれとはべつであるともいえ、柔軟な解釈を必要とすることになろう。さらに、立法論としては、筋肉が動かせない病気などで、電子機器を使ってコミュニケーションをはかる場合をも視野にいれた「介護遺言」といったものの可能性を探る必要があろう。

たとえば、手足が不自由でありかつ人工呼吸器をつけると声もでなくなることから、手話によることも音声によることもできない場合がある。しかし、近時は、手が不自由でも、足、あご、目玉、舌をつかって操作するパソコンがある。

(54) ほかに、ドイツ法との相違としては、障害者が証人になれない点（ド公証法二六条、前述第三章三節(1)(b)）、多重障害の場合の「信頼できる者」が受贈を否定されている点（同法二四条二項、前述第三章二節(4)）などがある。また、外国語による遺言の翻訳なども参考になろう（同一六条、三二条、前述第三章二節(2)(e)、第三章三節(2)）。

(55) もっとも、解釈としては、閲覧は権利にすぎないとして、必ずしもその行使を要件とせずに、遺言の作成を認めることも考えうる（前注（17）参照）。ただし、それでは保護に欠ける結果になり、立法論としては、閲覧なしの遺言の作成を認める場合には、証人の数を増加するなどの方法で、表示されたものの内容を確認させることがベターということとなろう。

(56) ドイツの多数説は、複数の方法の結合を肯定している（Verbindung mehrerer Testamentsformen, Münchner Komm. a. a. O., S. 1433 ; Brox, a. a. O., S. 81 ; Staudinger, a. a. O., S. 372 ; Lübtow, a. a. O., S. 190）。ただし、このような場合によったときには、その経過を調書に記載する必要がある。

ドイツ法では、書面による場合には、それを封緘して引渡すことと開封して引渡すことが可能である。内容を秘密にするために一部を封緘し、公証人の教示をうけるために残余の部分を開封して引渡す場合がある。この場合には、双方の書面に、自分の最後の処分が包含されている旨を表示しなければならない。また、口頭の口授のさいに、調書に付加される書面が引渡されるといった結合したケースも可能とされている。三つの類型の結合も可能とされる。もっとも、それぞれの部分に必要な方式が具備されることが必要である。

日本法では、書面による場合でも「自書」が要件とされており、書面に最後の意思が包含されている旨の表示も必要はないから、「口授」の場合に比して追加されるべき要件がないから、混合した形態の有効性を肯定することは容易である。

(57) さらに、障害者問題と遺言との関係では、ドイツ法では、近時つぎのような争点がある。いわゆる障害者のための遺言（Behindertentestament）である。これは、親が、障害のある子のために、自分の死亡後に（相続人へ

日本法上の遺言の形式〔原規定〕と障害

	盲・視覚障害	聾・聴覚障害	唖・発言不能
公正証書遺言	969条，口授，読み聞かせ，署名，捺印 ○	×→筆記した内容を通訳人の通訳により遺言者に伝える	×→通訳人の通訳により申述
自筆証書遺言	968条・全文，日附，氏名の自書，捺印 ×（かなり困難）	○	○
秘密証書遺言	970条，署名，捺印 封印，申述 △（やや困難）	○	972条の特則 →○（申述の代わりに自書）
危急時遺言	976条，口授　○ 979条，口頭　○	○	×→通訳人の通訳により申述

遺言の形式による長短の比較

＊ドイツ法には封緘された書面による公正証書の方式がある。わが秘密証書遺言に近い。

	作成の事実	内容	長短
公正証書遺言	関係者にもれやすい（＊）		⇔滅失，隠匿，改変の危険はない
自筆証書遺言	秘密	秘密	⇔隠匿，改変の危険→検認
秘密証書遺言	明らか	内容は秘密	妥協的形態，滅失の危険はあり

の〕扶養義務をおう社会保障機構による、遺産への差押を予防するためにされるものである。ドイツ民法では、先順位相続人、後順位相続人（Vorerbe, Nacherbe）の指定が可能である（二一〇〇条）。このような死後の財産関係の拘束には、多くの封建法では死手（mort-main）の制度が認められていたが、近代法の多くは採用していない。先順位相続人は、一定の期間の経過あるいは事由の開始によって遺産を後順位相続人に引渡さなければならないから、いわばその間の収益のみを取得できるのである。先順位相続人といっても、内容はたんなる、信託の受益者、あるいは用益権者に近いものとされる。

　そこで、障害のある子を先順位の相続人に指定し、他の子を後順位相続人に指定するのである。同時に、後順位相続人とされた者を先順位の相続の遺言執行者に指定する（二一九七条）。障害のある子は、先順位の相続人とされても、遺産の処分権は、遺言執行者と後順位相続人にあることになる。遺言執行者が、障害者に遺産からの一定の利益を与えることになると、その反面として、遺産は引当にならず社会保障機構には償還されなくなるのである。

一部の下級審判決は、このような遺言を良俗違反として、無効とする（民法一三八条、LG Konstanz（1991. Apr. 24), FamRZ 1992, 360 ; LG Flensburg（1992. Sep. 1), NJW 1993, 1866）。これは、不当な方法で社会保障の補助性（Subsidiaritätsprinzip）を逸脱させ、遺産に対する社会保障機構の要求を挫折させるからである。しかし、多数説と判例は、その有効性を肯定する。遺言の自由（Testierfreiheit）と、それに対する制限は遺留分の限度でしか存しないことを理由とする（BGHZ 111, 36（1990. März. 21) ; 123, 368（1993. Okt. 20)）。

これにつき、近時のものとして、Eichenhofer, Das Behindertentestament oder : sozialhilfe für Vermögende?, JZ 1999, 226. 社会保障給付の厚いドイツ特有の問題ともいえる。類似の結果は、わが法のもとでも、障害のある相続人の相続分を減らすことによってある程度は生じうる。もっとも、この問題は、遺言法の次元で制限を探るべきものではなく、社会保障法の次元で探るべきであろう。

〔追記〕（1）近時、危急時遺言に関する民法九七六条一項にいう口授があったとされた事例として、最判平一一・九・一四裁時一二五二号一頁がある。口授に関する事実関係の認定が重要と思われるが、判決によれば、以下のように認定されている。〔判時一六九三号六八頁参照〕

「1　遺言者である亡Aは、昭和六三年九月二八日、糖尿病、慢性腎不全、高血圧症、両眼失明、難聴等の疾病に重症の腸閉塞、尿毒症等を併発して静岡県済生会総合病院に入院し、同年一一月一三日に死亡した者であるが、当初の重篤な病状がいったん回復して意識が清明になっていた同年一〇月二三日、Y（後妻）に対し、Yに家財や預金等を与える旨の遺言書を作成するよう指示した。

2　Yは、かねてから面識のあるB弁護士に相談の上、担当医師らを証人として民法九七六条所定のいわゆる危急時遺言による遺言書の作成手続を執ることにし、また、同弁護士の助言により同弁護士の法律事務所のC弁護士を遺言執行者とすることにし、翌日、その旨Aの承諾を得た上で、Aの担当医師であるD医師ら三名に証人になることを依頼した。

３　Ｄ医師らは、同月二五日、Ｂ弁護士から、同弁護士がＹから聴取した内容を基に作成した遺言書の草案の交付を受け、Ａの病室を訪ね、Ｄ医師において、Ａに対し、『遺言をなさるそうですね。』と問いかけ、Ａの『はい。』との返答を得た後、『読み上げますから、そのとおりであるかどうか聞いて下さい。』と述べて、右草案を一項目ずつゆっくり読み上げたところ、Ａは、Ｄ医師の読み上げた内容にその都度うなずきながら『はい。』と返答し、遺言執行者となる弁護士の氏名が読み上げられた際には首をかしげる仕種をしたものの、同席していたＹからその説明を受け、『うん。』と答え、Ｄ医師から、『いいですか。』と問われて『はい。』と答え、最後に、Ｄ医師から、『これで遺言書を作りますが、いいですね。』と確認され、『よくわかりました。よろしくお願いします。』と答えた。

４　Ｄ医師らは、医師室に戻り、同医師において前記草案内容を清書して署名押印し、他の医師二名も内容を確認してそれぞれ署名押印して、本件遺言書を作成した。」

みぎのような遺言に関して、先妻の子らＸが、遺言能力がなかったこと、また、「口授」がなく、遺言書の要件が欠け無効であるとして、遺言の無効確認を求めた。

「右事実関係の下においては、Ａは、草案を読み上げた立会証人の一人であるＤ医師に対し、口頭で草案内容と同趣旨の遺言をする意思を表明し、遺言の趣旨を口授したものというべきであり、本件遺言は民法九七六条一項所定の要件を満たすものということができる。したがって、これと同旨の原審の判断は正当として是認することができ、原判決に所論の違法はない。」

本件では、「口授」の内容はきわめて緩い。遺言書の草案が読み上げられたというにすぎないから、草案作成の時に「口授」があったとはいえても、遺言時には、それが読み上げられたにすぎず、実質的には書面の交付による遺言がなされたものに近いというべきであろう（書面主義を認めるドイツ法の「口授」に近い）。

(2)　判例は、九六九条の公正証書遺言の場合においても、類似の解決をとっている。すなわち、大判昭六・一一・二七民集一〇巻一一二五頁は、他人の提出した資料による筆記がさきに行われ、遺言者の口授がこれに一致した場合には、「筆記カ遺言者ノ口授ト前後スルノ差異アルニ止リ」、法定の方式に反しないとし、また、大判昭九・七・一〇民集一三巻一三四一頁は、遺言者の作成した書面にもとづいて筆記を行い、遺言者に面接して遺言の趣旨はさきに交付した書面のとおりであるとの陳述をきいたうえ、あらかじめ作成した筆記を原本として読み聞かせた場合も、「法律上遺言者ハ遺言ノ趣旨ヲ公証人ニ口授シタモノト解スルモ毫モ不可ナキモノ」とした。

前者は、口授と筆記が前後したといえても、細部まで内容が一致することは困難であろうから、実際上、これは書面の提出による方式を認めたにひとしく（その後の裁判例で、これに近いものとしては、東京高判昭四二・一二・一九判時五一一号四六頁、その上告審である最判昭四三・一二・二〇民集二二巻一三号三〇一七頁、東京地判昭四四・一一・一九判時五九四号七九頁、大阪高判昭五一・八・六判時八四四号四〇頁がある）、後者は、まさに書面の提出による遺言の作成にほかならない。これらを前提とするかぎり、みぎの最判平一一・九・一四は、特異なものとはいえない（なお、大判大七・三・九刑録二四輯一九七頁、最判昭五一・一・一六裁判集（民）一一七号一頁は、たんに挙動をもって応答しただけでは「口授」とはいえないとしている。書面があらかじめ準備され、これに部分的にでも口頭で応答した場合には、有効とするものが多い。最判昭四三・一二・二〇民集二二巻一三号三〇一七頁参照）。

本稿で指摘した問題、すなわち重病の者が、遺言の意思を表示しようとする場合には、口授も、手話も困難な場合があり、長時間をかけて、あらかじめ書面を用意する必要があり、より書面主義に接合された解決が必要となる。本件判決は、このような場合でも「口授」があったとの擬制にたって、口頭主義のわくのなかで、遺言の有効性を肯定しているのである。これでは、結局、「口授」はなくても、「読み聞かせ」に対する同意があればたりることとなっているから、言語障害者でもなしうることとなり、九七六条に関する修正は、まったく手話の場合を追加的に規定したにすぎない、ということとなろう。わが法の口頭主義は、これらの事例と本件判決をみるかぎり、かなり形式的なものと位置づけることができる。

⑶　もっとも、公正証書遺言の場合には、遺言者が公証人の質問に対して言語によって述べることができず、たんに肯定または否定の挙動をしたにとどまる場合には、「口授」とはいえないとされた先例もある（最判昭五一・一・一六家月二八巻七号二五頁）。

近時、公正証書遺言の口授がないとされた事例としては、広島高判平一〇・九・四判時一六八四号七〇頁がある。遺言によりAの財産全部を遺贈された母Cが、Aの妻Yを相手方として、相続財産に関する損害賠償を求めた事例である。Cが死亡したので、Xがその包括受遺者として、訴訟を承継した。

遺言の内容は、遺言者Aがその財産の全部を母親Cに遺贈するというものであるが（公証人は、遺言者Aの妹の夫Dから遺言書の作成を依頼された）、その作成の状況については、「Aは意思能力が欠如していたとまでは言い切れないものの、極めてそれに近い状態にあった」とされ、また「AがB公証人に『私の財産はお袋にすべて任せたい。私の考えのとおりにして欲しいので、Dに頼んだ。』と発言したとの点については、その旨のB公証人の原審における証言部分は存するが、同人はAの言った言葉は、『お袋に任せたい。』、『Dに任せたい。』、『判子を新しくした。』の三つだったと思うとも証言しているのであり、前示のAの様態にも鑑みると、Aがその財産の帰属や管理について整然と自身の考えを述べたか否かについては疑問があり、X引用にかかる右B公証人の証言部分はAの発言そのものというよりも、断片的なAの応答からB公証人が推測した事柄をも含むものと解せられること、Aは本件公正証書遺言作成の約二週間前（一〇月一日）に、『内妻Yは本人の自由にして下さい。お金の事一切異議の申し立てしません。車も使って下さい。』などと記載した『遺言書』と題する書面を全文自署してYに与えていることなどを併せ考えると、AのB公証人に対する発言、対応をもって、民法九六九条二号所定の『口述《ママ》』の要件を充足すると解することはできない」。ほかに、Aと先妻の子四人になんら連絡がなく、また、Dが本件遺言に強い利害関係をもつことなどを考慮して、「本件公正証書遺言の作成は遺言者たるAの真意に基づく、自由にして明確な遺言意思表示を確保するための口述の方式によってなされたとは認めることができない」とした。

公正証書遺言には、遺言者の死期の近い段階で行われ、利害関係の一方である一部の親族（本件のC、D、X）だけが関与して行われることも多い。このような場合には、しばしばのちに他の親族（本件のY）から、その効力が争われることがある。口授の方式には、遺言が遺言者の真意にもとづくことを担保する意味もあるから、安易に拡大することは危険である。本件のように、密室において断片的な言語が編集されると、たんに一部の者につごうのいい文章が創作される可能性もあるからである。同じ危険は、危急時遺言についても存在しよう。

第三部　登記制度の維持と専門家

第一篇　ドイツにおける登記簿のコンピュータ化

第一章　はじめに

第一節　登記簿の電子化

(1)　わが国との比較

登記簿の電子化作業は、わが国でも一九八八年から開始され、一九九七年には、コンピュータで登記事務を処理している登記所は、全体の約二割に達した。二〇〇〇年までに登記簿をパソコン通信で閲覧できる制度の導入も計画されている。

登記の量的増大への対処や事務処理の迅速化とともに、登記簿の抜取りや改ざんなどの不正を防止できることにもメリットがあるとされる。しかし、コンピュータ化の作業は、全国の二億七〇〇〇万筆におよぶ（土地・建物の）登記情報を電磁的な記録に置き換えることなど、なお多くの作業と、技術的、法的な課題が残されている。(1)

コンピュータ化による変化は、基本的な事務処理の方法を変更するものではないが、制度的な変化をも伴う。たとえば、登記簿の謄抄本交付の制度が登記事項証明書の交付に変わり（不登一五一条ノ三第一項）、登記簿の閲覧の制度が登記簿の摘要を記載した登記事項要約書の交付の制度に変わる（同法一五一条ノ三第五項）ことなどである。また、機械化による技術上必然的に生じる変化もある。さらに、コンピュータ化のプロセスそのものにも、わが国に特徴的なものがみられる。

(2)　本稿の意図

本稿は、ドイツの近時の登記簿の電子化の動向を紹介し、わが国における電子化との相違に着目し、その特徴と現状を概観しようとするものである。相互の比較が、わが国で計画されているシステムの特徴やその基本思想をきわだたせることにもなる。

第二節　一九八〇年代の経過

(1)　一九八〇年代初頭の挫折

一八八六年（明治一九年）の不動産登記法は、おもにフランス法によったとされるが、一八九九年（明治三二年）制定の現行法には、ドイツの不動産登記制度からのかなりの影響がみられる。その後も、その影響は多々みられる。しかし、ドイツでは、登記簿の電子化が一九八〇年代に挫折したことから、その経緯やその後の状況が紹介されることは、従来まれであったように思われる。

登記簿を電子化することは、かねてドイツでも検討されてきた。その最初の試みは、一九七〇年代初めの連邦司法省の電子登記簿ワーキング・グループによるものである。その成果は、一九七五年に第一、一九八〇年に第二の報告書にまとめられた。登記簿の表題部（Bestandsverzeichnis）を土地台帳（Kataster）と結合するとすれば、その当時、年間に約一〇〇万件に及ぶ、変更に関する相互の通知が簡略化できるとする。第二の報告書のあと、一九八二年一〇月一五日には、不動産登記法の修正に関する草案も立案されたが、財政的な理由から挫折した。この草案では、従来の登記簿の第二部と第三部を結合して、新たな第二部（わが国の登記簿の乙区に相当するもの）を作るものとしていた。そして、当時の計算では、およそ一〇〇〇人の人員で一〇年間にわたり約一七〇〇万の登記簿用紙を新たに転換し直すことになっていたのである。(2)

(2)　他のヨーロッパ諸国の動向

その間に、他のヨーロッパ諸国では、登記簿の電子化が進展した。オーストリアでは、登記簿は完全に電子化された（EDV-Grundbuch）。また、イギリスとアイルランドでも、コンピュータ化された登記簿が広範囲に採用されている。従来、人的編成主義をとってきたフランスでも、コンピュータ化による物的な編成の効果が指摘され、逓次的な電子化が行われている。スペインでは、少なくとも不動産所有者の検索に関しては、全国的な不動産登記の電子化が完了している。

ところが、ドイツでも、一九九三年に、登記手続促進法（Registerverfahrenbeschleunigungsgesetz, BGBl. I, S. 2182; 1993. Dez. 24）が成立し、登記法その他の関係する法律の修正によって、登記簿の電子化が推進されることになった。そして、これをうけいれたパイロット・プロジェクトに参加した数州では、電子化が完了し、その本格的な運用も開始されている。当初の計画（草案段階）より約一〇年の遅れがみられるが、その間に、各州での実務的な改良もみられないわけではない。(3)

（1）　わが国の登記簿のコンピュータ化については、すでに多くの文献がある。星野明一「コンピュータと登記」ジュリ（有斐閣）一一一七号（一九九七年）、小林政子・南城俊夫・佐伯幸次・福士正・真鍋健次「不動産登記事務のコンピュータ化運用上の諸問題について」みんけん四七八号（一九九七年）、藤原勇喜「登記事務のコンピュータ化の現状と将来の展望」法律のひろば四四巻一〇号（一九九一年）、村瀬鎮一「登記事務のコンピュータ化で何が変わるか」法セミ四三四号（一九九一年）、揖斐潔「登記システムのコンピュータ化の現状」自由と正義四一巻一号（一九九〇年）、中村巽「登記事務のコンピュータ化」時の法令一三四二号（一九八八年）、小池信行「不動産登記・商業登記のコンピュータ化」ジュリ九一三号（一九八八年）、森山彰「登記事務のコンピュータ化」法の支配六九号（一九八七年）、小林健二「登記簿の謄抄本交付事務にコンピューターを導入」時の法令一二五四号（一九八五年）、鈴木重夫「登記事務のコンピュータ化」立法と調査一二七号（一九八五年）。

本稿は、わが国の状況については、比較の必要の範囲で言及するにとどまるから、詳細については、これらの文献を参照されたい。

法務省では、平成一一年（一九九九年）三月から、全国の登記所の所在、電話番号、全登記所までの案内図、全国の登記所の管轄、登記簿の謄抄本の請求方法、申請書の書き方など、一般からよく問い合わせのある事項について、二四時間ファックスで必要な情報を取り出すことのできる「登記インフォメーションサービス」を開始した（これは、法務省のホームページhttp://www. moj. go. jpから検索できる）。このサービスは、ただちに登記内容にまで立ちいるものではないが、将来的な登記情報のサービスの前段階とも位置づけることができるものである。

その延長に位置づけられるのが、「電気通信回線による登記情報の提供に関する法律」である。同法案の提出の理由として、最近における高度情報化社会の進展にかんがみ、不動産登記、商業登記等についての磁気ディスクをもって調製された登記簿に記録されている登記情報のより簡易かつ迅速な利用を図るため、当該登記情報を電気通信回線を使用して提供する制度を創設するための措置を講ずる必要があるとされている。ただし、この法律そのものの内容は、「登記情報提供業務」を行う指定法人の設置法にすぎない。

第三条第一項関係「法務大臣は、「登記情報提供業務」を適確かつ円滑に行うのに必要な経理的基礎及び技術的能力を有する公益法人であることその他所定の要件を備える者を……その者の同意を得て、全国に一を限って、登記情報提供業務を行う者として指定することができるものとする」、第四条第一項関係「指定法人は、登記情報の電気通信回線による閲覧をしようとする者の委託を受けて、その者に対し、登記情報を電気通信回線を使用して送信することを業務とする」。〔なお、条文は本稿末尾に掲載してある。〕

立法理由、要綱なども、法務省のホームページhttp://www. moj. go. jp/から参照することができる。〔同法案は、第一四五回国会（一九九九年）において、三月二日に提出されたが、不成立。継続審議となった。第一四七国会で成立。〕

（2） これについて、Schmidt-Räntsch, Das EDV-Grundbuch, VIZ [Zeitschrift für Vermögens- und Immobilienrecht] 1997, 83; ders., Das neue Grundbuch, 1994, S. 8; Grziwotz, Das EDV-Grundbuch, CR [NJW-Computerrecht] 95, 68. 二つの報告書については、vgl. Hamm, Das EDV-Grundbuch, CR 88, 948 (951f.). 一九八三年に、登記簿電子化の試みが挫折したのは、予算の欠乏と導入のためのコストが高いことからであった。また、Böhringer, Einführung des EDV-Grundbuchs jetzt möglich, DtZ 93, 202.

（3） すでに引用したもののほか、これに関する文献として、Böhringer, Neue Entwicklungen im Grundbuchbereich, insbesondere beim "Computer-Grundbuch", Zeitschrift für das Notariat in Baden-Württemberg (BWNotZ), 94, 25; von Baldur, Franz, Textverarbeitung und Textbearbeitung im Grundbuch, BWNotZ 88, 58 (-61); Schweiger, Der Wandel der Rechtspflegertätigkeit durch den Einsatz von Informationstechnologie -Das Beispiel Grundbuchamt, Jur 88, 58 (-62); Keim, Das EDV-Grundbuch, DNotZ 84, 724. がある。

ほかに、連邦公証人会議所による一九九五年の「電子的取引」に関する大会の議事報告がある（Bundesnotarkammer, Elektronischer Rechtsverkehr, DuD 95, 713; vgl. Tätigkeitbericht 1973, DNotZ 1974, 260.）。登記簿のほかには、電子署名、電子手形に関する報告が注目される。

第二章　ドイツにおける登記簿電子化のプロセス

第一節　情報化と登記

⑴ 登記簿のコスト

伝統的な紙の登記簿が現在の情報社会に対応しがたくなっていることから、これに疑問がもたれて久しい。閲覧や参照、管理に高い人的コストがかかり、それが膨大な量に達していることから、スペースという目にみえる形だけでも問題が指摘される。また、それを簡易に加工するにも、紙の情報では制約がある。さらに、ドイツでは、登記簿と課税のための土地台帳がなお分離されていることから、相互の連絡という問題も指摘される。(4)

(2) 再統一の影響

しかし、電子登記簿への転換には膨大なコストを要することから、その導入には、多くの困難が指摘されてきた。これに影響を与えたのは、一九九〇年一〇月三日のドイツ再統一である。〔これについては、本書第三部二篇をも参照〕。旧東ドイツは、一九五二年以来、不動産登記と土地台帳を統一した形式（Liegenschaftsdienst）を採用してきた。また、一九八七年には、登記簿の表題部（Bestandsverzeichnis）と、台帳の機構索引（Buchwerk）を総合索引（Integrationsregister）として統合した。そして、これらの作業は、統一前の一九八九年にはほぼ完了していた。統一後、東ドイツ地域には、西ドイツ地域との整合性から、新たな修正を伴う登記簿の整備が必要となった。コストの削減に役立つことから電子化が計画された。西ドイツ地域と比較すると、登記簿の絶対量が少ないことも有利と考えられた。また、西ドイツにも、一九八〇年代から、同様の総合索引（Integrationsregister）や電子登記簿の計画はあった。(5)

また、一九八〇年代から一〇年の間に、スキャンやネットワークなどのコンピュータ技術のいちじるしい進歩があったことも、電子化の契機となった。また、この一〇年前の技術には種々の困難（とくに記憶容量の不足、安全性保持機能の不確立など）があったことも指摘しておく必要があろう。

第二節　登記手続促進法

(1) 転換計画

一九九三年一二月の登記手続促進法によって、不動産、商業、船舶などの登記簿の完全な電子化と従来の紙の登記簿の廃止の計画が新たに進展した。電子化は、経済的なインフラストラクチュアの整備とそれにともなうドイツの経済的な立地の安定化に資するものとされている。とくに東ドイツ地域には、これは、二一世紀のデータ技術の要求にそくした登記簿を形成する可能性を開くものとされている。東ドイツ地域には、統一後の機能的な登記システムの必要性が指摘されていたからである。

(2) パイロット・プロジェクト

促進法は、パイロット・プロジェクトとして、東西（各二州）の合計四州の登記簿の転換を計画した。この計画は、もともとバイエルンから開始された。すなわち、ミュンヘンの登記所の改修にあたって、登記データを紙の登記簿とパラレルに電子化し、情報的事業（Auskunftbetrieb）を展開可能なものとすることを計画したのである。東ドイツ地域のザクセンも、この計画に参入した。そして、計画は、登記簿の運営を完全に電子化することに拡大された。紙の登記簿を残しておくとの当初の計画は放棄された。そして、ハンブルク州と東ドイツ地域のザクセン・アンハルト州も、計画に参加したのである(6)。さらに、計画のシステムは、最終的には全州が参加できるものとされた。ハンブルク州の電子化の作業はすでに完了し、バイエルン州でも、二〇〇一年にはすべての作業が完了すると予定されている（上掲の地図参照）(7)。

登記手続促進法は、おもに不動産登記法（ＧＢＯ＝Grundbuchordnung, 1994, BGBl. I, S. 1114、一九九四年五月二六日に修正）の一二ａ条、一二六条以下（Das maschinell geführte Grundbuch）と不動産登記規則九三条（ＧＢＶ＝Verordnung zur Durchführung der Grundbuchordnung, 1995, BGBl. I, S. 114、一九九五年一月二四日に修正）、および関係する州法を修正している。また、登記申請手続費用規則（Verordnung über Grundbuchabrufverfahrengebühren, 1994, BGBl. I, S. 3585、一九九四年一一月三〇日に修正）が、電子的方法による申請（Abruf）の費用を規定した（第四章二節参照）[8]。

第三節　パイロット・プロジェクトの内容

(1)　システムと、分散方式の採用

(a)　パイロット・プロジェクトでは、電子登記簿のシステムは、当面予定する全州で採用可能であり、また、あとで電子化への転換を決する他の州でも、採用できるものが望ましいものとされた（ＧＢＯ＝登記法一二六条一項参照）。内容的には、生産システム（Produktionssystem）、記録システム（Archivsystem）、検索システム（Recherchesystem）の三つのプログラムに分けられる（後述第五節参照）。この基礎のうえに、閲覧、印刷、電子的な申請、未決の登記申請の索引機能（das Einsichts-, das Ausdruck- und das automatisierte Abrufverfahren sowie das Verzeichnis der unerledigte Eintragungsanträge（sog. Markentabelle））などが構築されるものとされた。

(b)　そして、このシステムは、さらに二つの方式（Version）で実現されるとされた。すなわち、独立的な方式では、各登記所のコンピュータで、保存と処理が可能なこと（独立方式。Kompakte Lösung : Speicherung und Verarbeitung auf einem Rechner beim Grundbuchamt）とされ、また、ネットワーク化された方式では、登記簿データ・センターのコンピュータで保存・処理でき、またセンターのコンピュータとネットワークで結合している登記所のコンピュータでも、一定の機能の初期処理と経過処理ができること（分散方式。Verteilte Lösung : Speicherung in einem zentralen Rechner; Vorverarbeitung und Ablauf bestimmter Funktionen auf einem Rechner im Grundbuchamt, der mit dem Zentralrechner vernetzt ist）とされた。

(2)　画像情報、スキャンの活用

また、データの書込が簡単であることにも重点がおかれた。文字情報化されない情報として（nci, nicht codierte Informationen, non coded information）、すなわち登記簿用紙の現物どおりのコピーとしても、文字の記入の方法によっても（ci, codierte Informationen, coded information）可能であるとされた。しかし、電子登記簿の完成後の新たな登記は、文字情報としてのみ行われる[9]。

ただし、画面をみている限りでは、登記簿データが、nci と ci のいずれの方式で保存されているかは、分からない。従来の内容が、現物のコピー方式で保存されている場合には（nci の方式）、これと新たに付加される記入は（つねに、ci の方式による）、閲覧者が統一された画像として理解できるように、組みこまれる[10]。その結果、現在の登記簿と電子登記簿とは、電子化に伴い内容の修正（縦書きから横書きなど）の行われる日本と比して、技術的な点からも強く連続するものとなった。

センターのコンピュータは、登記所固有のものである必要はなく、不動産登記法一二六条三項によって、他の国家的な場所の電子的な設備でも、公法上の法人の設備でもたりるとされている。センターのシステムでは、未決の申請の複本、登記データの保存、ネットからの申請、閲覧などが処理される。個々の登記所のシステムでは、登記所での閲覧、印刷などが処理される。基本的なデータが原則的にはセンターに集中されるのが、わが国と異なる点であろう[11]。

第四節　転換手続の軽減

(1)　従来の三部構成の登記簿の維持

電子化によって、登記簿の形式や内容に変更を加えない点が特徴である。紙の登記簿と同じく、表題部（Bestandsverzeichnis）と従来の三部の構成（Abteilungen I-III）とされる。所有者の権利に関する第一部（Eigentümerverzeichnis）のほか、従来の第二部と第三部を統合して、すべての制限物権のための統一的な負担の部（Lastenverzeichnis für alle beschränkt dinglichen Rechte）を作ることや台帳との一元化は行われなかった(12)。これらの点と画像データを採用した点が、一九八三年に挫折した計画とは大きく異なる。さもないと、従来の二五〇〇万（一九九〇年が東西の再統一）におよぶ登記簿の転換は、きわめて困難であるからである。

(2)　転換の方法

(a)　登記簿の転換には、三つの方法が考えられた。

第一は、登記簿の書換（Umschreibung）である。これは、伝統的な意味での書換を意味する。登記規則二八条以下（Abschnitt VI. Die Umschreibung von Grundbüchern）によれば、古い登記用紙を閉鎖して、有効な登記を新たな用紙に移行させることである。この場合に、書換をたんに紙の方式を電子式に換えることだけが従来の書換と異なる。古い登記簿の用紙番号（Grundbuchblattbezeichnung）は、これに相当する新登記用紙の表紙（Blattdeckel, Aufschrift）のメモからしかわからない。この伝統的な方法は、登記規則二八条二項によると、用紙が完全には判読できない場合、またはそれが入っている巻に用紙がない場合にのみ許される。しかし、登記規則六八条は、紙の形式から電子登記簿に転換する場合にも、書換を認めた。

第二は、書換を軽減して行う再製（Neufassung）の方法である。書換の場合と同様に、新たな登記用紙には、有効な登記だけが記載され、移転、抹消された登記（überholte und gelöschte Einträge）は省略される。しかし、全面的な修正とはならず、従来の登記簿の用紙番号は変更されず、この点が書換とは異なる。この方式は、西ドイツ地域では許されていないが、統一後に、東ドイツ地域で、登記法により、旧東ドイツのモデルによる紙の登記簿を登記規則のモデル（Muster）にしたがって迅速に転換するために発展してきた。そして、登記規則六九条において明示的に、電子登記簿に変換するためにも認められたのである（わが国の不動産登記法一五一条ノ五の方法は、これに近い）。

第三は、置換（Umstellung）であり、スキャンし現物通りのコピーが保存される。置換は、もともと固定的な巻の登記簿をルーズリーフの登記簿に転換するために、一九八四年に開発された用紙交換（Blattwechsel）の方式である。それまでは、通常、個々の不動産の登記簿の用紙は、地域ごとに、固定した登記簿の巻に綴じられていた。登記簿用紙は、正式には綴じこまれていなければならなかったのである。固定した巻にあるこのような登記簿用紙は、加除することがむずかしい。用紙は、継続的にひきだされたり、綴じこまれたりしなければならないからである。そこで、用紙を固定した巻から分離せずに、コピーしてルーズリーフの用紙に置き換えることが考案されたのである。この技術は、書換とは、二点において異なる。まず、登記簿用紙には新たな番号は付与されない。置換されたものにも古い登記簿の用紙番号が与えられる。また、登記簿の内容にも、書換の場合とは異なり、置換されたものに、古いままのものがおかれる。抹消された登記もなお存在し、省略されない。この手続は、とくに西ドイツ地域の登記簿の電子化に適した。量が多かったので、用紙のスキャンによって迅速にコンピュータに取りこまれるからである。登記規則七〇条は、この技術を登記簿の電子化（Datenspeicher）にも採用することとした。

(b)　各州は、統一的に変換の形式を一つに決定する必要がなく、多くの手続を組み合わせることができる。そして、電子登記簿への転換の多くは、従来の登記用紙ナンバーを保持することによって、登記された権利者への通知なしに行われた。

また、登記簿の転換計画が、登記官（司法補助官＝Rechtspfleger）だけではなく、手続規則九三条により州の法律で、文書官（Urkundsbeamten）によっても実施されるとされた[13]。

(3) 相違点、とくに電子署名

(a) 電子登記簿は、原則として紙の登記簿と同様に処理される。ただし、紙の登記簿とは異なり、手書き（Handblatt）の必要がないことは当然である。処理するのは、原則として登記官である。また、登記は、登記官によっても、文書官によっても、紙の場合と同じ意味では署名される必要はない（登記法一三〇条による同四四条一項の例外）。署名は、従来の紙の登記簿では、強制されていた事項である（登記法四四条。日付、署名、不動産に対する負担などの登記内容に関する関連事項＝Bezugnahme に包含される）。

(b) 電子登記簿は、紙の登記簿とは若干の点で異なっている。

第一は、朱書（Rotungen）である。朱書は、一般に、コンピュータ画面上では、赤い色で表示される（紙の登記簿上も同様。登記法四六条、登記規則一七条二項一文）。抹消部分の赤線とばつ線（Unterstreichungen, Durchkreuzungen od. ähnliche Kennzeichnungen）である。しかし、それを出力した要約書（Auszügen）にも表示しようとすると、カラープリンターが必要となる。それは、紙の登記簿の謄本が提供しなかった便宜である。従来は、通常、白黒コピーで提供されていた。そこで、登記規則九一条は、朱書は、黒（schwarz）でも書けるものとしている。

第二の重大な相違は、署名（Unterschrift）である。登記は、電子的になされる登記簿でも広義においては署名されなければならない。しかし、電子署名は、紙の上でされる署名とはまったく異なるものである。紙の登記簿では、他の署名するべき書面と同様に、テキストと署名の密接な結合を生じる。それによって、署名のあるテキストは、じっさいに署名者によるものと保障される。

技術的には、電子登記簿でも、登記官の筆跡（Unterschriftzug）を電子登記簿の用紙に画像として付加することはできる。しかし、この筆跡の画像は偽造しやすく、法的な価値があるものとはいえない。画像データは、テキストデータから容易に分離し複製することができ、真正なことが確保されないからである。それは、たんに光学的な処理（Optik）をしたにとどまる。そこで、登記規則は、電子登記簿で、署名に代わる組合せ文字（Namenszug）か、さもなければ目にみえない電子的な署名のみを予定している。署名は、本文とは別個に暗号によって行われる。

(c)　すなわち、登記規則七五条は、登記簿の記入は、「電子的に署名」（elektronisch zu unterschreiben）するべきことを定めている。電子登記簿への記入が、紙の登記簿と同様の安全性を確保するためのものである。登記規則七五条の求めるものは、情報学で、電子署名（die elektronische Signatur）といわれているものに相当する。法文は、それが、一般に安全と認められた機械的な暗号方法（kryptographisches Verfahren）によるものであることを求めている。電子登記簿上の登記の記入は、電子署名と不可分のものと位置づけられている。電子署名は、権限ある者によって検証可能でなければならないとされる（同七五条）。

テキストデータには、テキストデータと署名者の識別番号（Kennummer）または識別記号（Kennzeichen）の圧縮（Komprimat）からなるコードを接合される。テキストの受領者は、署名されたテキストの新たな圧縮を作成し作成者のコードナンバーを見ることによって、電子署名を照合するのである。両方のコードが認識可能になったところで比較した結果が同一であれば、テキストは真正であり、そうでなければ、真正ではない。この電子署名は、通常、画面に現れるが、印刷には現れない。それは、電子的なデータにすぎず、テキストデータではないからである。登記規則七五条が、ここで明示していないとしても、登記の記入は、署名の表示なしに成立することになる。立法者は、伝統的な署名は必ずしも不可欠ではないと考えた。その場合には、署名はなくても、登記官の組合せ文字（Namenszug）が、テキストに採用されているべきとされているにすぎない。それによって、利用者は、だれがテキストに署名したかを知ることができる。これは、従来の署名の標準に一致しなくても、信頼を与え、あとからの検証を容易にするのである。[14]

(4)　転換コストの低減、順次の転換

一九八〇年代の登記簿のコンピュータ化が失敗した理由は、データの最初の記入（Datenersterfassung）のための高コストにあった。その後の技術的な進歩は、他の記入の方法をもたらし（スキャンと nci データの保存）、コストをいちじるしく低減化した。

スキャナーを利用することにより、現在の技術では、わずかなコストで、膨大なデータを正確かつ迅速に保存することができる。西ドイツ地域の多くのデータは、スキャナーで現物どおりのコピーとして変換される。もちろん、電子登記簿への転換後、新たに行われる登記は、最初から文字情報として作成される。ただし、新たにシステムを構築する東ドイツ地域では、初めから文字情報が導入される。[15]

また、一律、統一的な導入を求めない点が、今回の特徴である。各州は、予算に従って、いつから転換するかをみずから決定することができ、個々の区域（Bezirke、とくに大都市）ごとでも可能である。したがって、全国的な電子化の完成する時期は明確ではない。実体法的、手続的な登記の要件は、電子登記簿でも、紙の場合と基本的に同じである。[16]

第五節　システムの内容

(1)　生産システム

(a)　生産システムは、土地登記簿を作るための機能である。ドイツの多くの州では、すでに紙の登記簿のために、一九八二年からの一〇年間に、従来のシステムの中でも、登記簿の改良が行われつつあった。これには、二

つの種類がある。SOLUM（ラテン語の土地の意、全国で広く採用されたバイエルン州の方式）とMAGB（Mainzer automationsunterstützte Grundbuchverfahren；ラインラント・ファルツ州の方式）である。ただし、これらのSOLUM，MAGBは、従来の登記業務をコンピュータによって行うものにすぎず、コンピュータで入力されたデータも、多くの州では、最初の記入のあと一年後には消去されるものとされ、それ以上の業務の利用には供されなかった。これらのデータには、法的な意味はなかったからである。また、そのような扱いは、当時のコンピュータの容量の制限によるものでもある。

(b)　一九九二年一一月の司法大臣会議の決定では、投資のむだを省くために、すでにあるシステムを可能なかぎり電子登記簿のシステムに組みこむものとされた。そこで、パイロット・プロジェクトの四州で採用された電子登記手続は、従来の紙の登記簿の処理方式であるSOLUMを組みこんだ。これは、SOLUM-STARという名称でよばれる。従来の紙の登記簿の処理に比して、変更が少ないのが利点である。作業者は、すでに習熟しているSOLUMと同じ外見の画面で対応すればたりる。

もっとも、部分的には、変更点もあった。従来は、登記官は作業の終わりに、紙の登記簿に印刷し、これをもって書記官が事件の終了と引渡（die Freigabe des Falles und seine Übergabe）を行っていたが、これが、記録の保存と記録システムへの引渡で終わるのである（Freigabe zur Abspeicherung und die Übergabe an das Archivsystem）(17)。登記簿が電子化されたときには、紙の登記簿は閉鎖される。ただし、登記規則六三条によれば、登記簿のデータ（Datensatz）は、利用者が認識できるように、それがいつでも画面上およびプリンターで（auf dem Bildschirm und in Ausdrucken）表示できるときにのみ、登記簿として扱われるとされている(18)。

(2)　記録システム

(a)　記録システムは、電子登記簿の中核をなし、登記簿データの確実かつ信頼できる保存とその再生を保障するものである。

登記簿データは、紙の登記簿と同様に、目的とする用紙の発見が可能でなければならない。この目的のために紙の登記簿では、配列システム（Ordnungssystem）がとられている。すなわち、登記所管轄、登記簿管轄、登記簿用紙による登記簿の構築である。さらに、登記簿用紙の中では、登記は、第一、第二、第三部の内容の記載により区別されている。電子登記簿も、この原則を保持しており、保存の構造はこの配列に対応している。

登記簿のオリジナル・データは、パイロット・プロジェクトでは、一度だけ書きこみ可能なシステム（WORM-Platten：write once read many）の方式（読み出しは何度でも可能）で保存された。この方式では、一回だけ画像データが書きこまれ、また、それは、現物通りのコピーが可能なようにきわめて大きな保存容量（Speichervolumen）を有している（のちの文字情報は何度でも書きこみ可能）。記憶装置（WORM）に保存されたデータは、行政データバンクの助けをえて管理される。パイロット・プロジェクトでは、これに加えて、関係するデータバンクINFORMIXオンラインが使用された。行政データバンクの中央索引（Tabelle）が、登記簿の索引（Grundbuchtabelle）ともなる。これは、文書機能と文書へのアクセス機能を有している。

(b)　パイロット・プロジェクトでは、保存とコンピュータへの伝達のさいの登記簿の記載の安全が重要なものとされ、これに参加した各州も、登記簿データが変更されないことへの安全性を求めた。変造や他の処置からの記載の安全性は、登記規則七五条の電子署名（elektronische Unterschrift, elktronische Signatur）によって達成される（前述第四節(3)参照）[19]。

(3)　検索システム

(a)　登記官や権利の検索者が登記簿の記載場所を知りえない場合には、登記簿へのアクセスが他の配列概念からも可能なことが必要である。不動産登記法一二条によれば、これには、土地の表示または所有者の名前が考えられる。土地の表示には、土地台帳的な標識（境界、地番、境界標、Gemarkung, Flurstücksnummer, Flur）、所在地の表示（市町村、道路番号、家番号、Gemeinde, Straße, Hausnummer）が利用される。これについての検索システムがある。

(b)　従来の紙の登記簿では、検索は、「土地の表示」や「所有者」により、州によって異なった方法で行われていた。部分的には、紙のカード・ボックスや紙の索引が用いられていた。また、不動産の情報を伴ったマイクロフィッシュが検索のための索引として用いられることもあった。多くの州では、これらの検索索引を、紙の登記簿の場合でも、データバンクとしての電子的な形式に転換し、またはそれに代えて、登記官のコンピュータ上に保存されていた電子的な不動産の台帳の副本を使用していた(20)。

これらの場合に、電子化された不動産台帳の副本は、紙の登記簿上の連絡（Fortführungsmitteilungen）がなくても、登記官による入力を可能にする意味をもっている。パイロット・プロジェクトでは、地番と所有者の索引（Flurstücks- und Eigentümertabellen）が用いられる。これは、登記簿の検索を、地番、道路番号、家番号と所有者の索引（Gemarkung/Flurstück, Straße/Hausnummer, Eigentümer）によって可能とする。この地番と所有者の索引は、行政データバンクの一部ともなる(21)。また、電子化後には、台帳と登記簿の相互の連絡も、電子的に行われる（登記法一二七条一項二）。

〔不動産の地番や面積などの基本的な要素については、Allgemeine Verfügung über die Erhaltung der Übereinstimmung zwischen dem Grundbuch und dem Reichskataster, 1940. Jan. 20 ; vgl., DJust., S. 214 により、登記簿と土地台帳との相互の連絡が義務づけられている。〕

（4）　Schmidt-Räntsch, a. a. O., S. 88. ミュンヘンの登記所では、一年ごとに、登記行為に関する紙が六〇〇立方メートルずつ増加するといわれた。これを減少させるには、デジタル化のほかに、選別（Aussonderung）の方法があるが、選別自体が新たな手間とコストを生み出すのである。

（5） Göttlinger, Pilotprojekt Elektronisches Grundbuch : Einsatz in Sachsen, DNotZ 95, 370 ; Schmidt-Räntsch, Das EDV-Grundbuch, VIZ 1997, 83. 前者は、第二一回連邦公証人会議所の大会の報告の要旨であり、これは、前注（3）に引用のDuD 95, 714にもみられる。

（6） Göttlinger, a. a. O., S. 370f. なお、バイエルン州とザクセン州は、伝統的にプロイセンに対抗する立場上関係が密接であり、そのような親密性は、再統一が行われた後、近時でもみられる。たとえば、旧東ドイツ地域であるザクセン州の大学再建にバイエルン州が協力したことである。小野「東ドイツ地域の大学再建問題」一論一〇九巻一号一八頁参照。

（7） Bund-Länder-Kommission : Erfahrungen mit dem automatisierten Abrufverfahren beim maschinell geführten Grundbuch und Perspektiven（簡単には、Viefhues, Deutscher EDV-Gerichtstag, Informationstechnik für die Justiz, 1998, DRiZ 98, 276. また、http. edvgt. jura. uni-sb. de/Tagung に、Deutscher EDV-Gerichtstag 一九九八年の報告書の抜粋がある。一九九九年度の大会は、九月一五日から、ザールブリュッケンで予定されている。

〔一九九九年度の大会では、連邦司法大臣 Herta Däubler-Gmelin による開会の挨拶のほか、「インターネットと犯罪」、「弁護士のためのソフトウエア」などの一般的なもののほか、登記と関係するものとしては、「真実証明と電子署名（Authentifikation und elektronische Unterschrift）」があった。また、非公式の報告として、「インターネットにおける登記簿（Das Grundbuch im Internet）」があった（バーデン・ヴュルテンベルク司法省の Dr. K. Bacher によるもの）。後者では、二〇〇二年初頭からオンラインでの情報提供が予定されているバーデン・ヴュルテンベルクの電子登記簿を例として、登記簿への電子的なアクセスに対する安全性が議論とされた。閲覧権のある者は、できるかぎり簡単かつ安価に登記簿データにアクセスできることが望ましいが、データは、なによりも信頼できるものでなければならず、無権限者のアクセスから防禦される必要がある。討論では、この緊張関係とこれらの要請がバーデン・ヴュルテンベルクのシステムで、どのように満たされているかが紹介された。二〇〇〇年の大会は、同じくザールブリュッケンで九月二〇日から二二日に予定されている。〕

（8） Vgl. Grziwotz, a. a. O., S. 71. 本稿では、他の法規の詳細については省略する。登記手続促進法に関する個別の改正は、BGBl. I, 1993, S. 2182 に、それ以前の概観は、たとえば、Horber und Demharter, Grundbuchordnung, 1989. に詳しい（最新版は、22. Aufl., 1997）。

（9） Göttlinger, a. a. O., S. 372.

スキャンによる画像情報をいれることは、のちのデータ処理の点では劣るが、正確さと処理の簡単さから優る。電子的な文字変換はアルファベットを対象とした場合により容易なはずであるが、わが国と異なり、画像の方法が採用されたのは、簡易というだけではなく、登記簿に公信力を認め（民法八九二条）より正確さが要求されることによるものであろう。わが国では、文字情報が入力されたが、これに伴う誤った登記事務処理はかなりの問題となっている。その解消と職権更生登記について、小林ほか・前掲論文（みんけん四七八号）参照。

（10） Göttlinger, a. a. O., S. 375-6.

（11） Göttlinger, a. a. O., S. 373. ただし、「分散」方式は、各州によるデータの集中を意味するから、各登記所、バックアップセンター、登記情報センターにコンピューターを配置する、わが国の三階層システムの基本構成が、分散方式といえるのに比して、必ずしも「分散」しているとはいえない。とくに、集中されたデータが正規のものとされているからである。もっとも、将来的に、各州のものを統合する形で全国的な「センター」ができれば、わが国のものとやや近似してこよう。

なお、コンピュータの設備が専属のものである必要がない点はわが国とは異なるが、国鉄（DB＝Deutsche Bundesbahn）や電話会社のような民営化までは必ずしも意図されていない。しかし、情報事業との接続はしばしば言及されている。安全性さえ確保されれば、コンピュータの専属性は、資源の効率的運用という観点からは、必ずしも必要とはいえないであろう。

（12） ドイツの登記簿は、表紙（Aufschrift）、表題部（Bestandsverzeichnis）、一部（Abteilung I）、二部（Abteilung II）、三部（Abteilung III）の構成になっている。

表紙は、カバーであり、区裁判所、登記所の表示、登記番号や巻（Band, Blat）の記載、書換のさいの注記（Umschreibungsvermerk）や閉鎖の注記（Schließungvermerk）がされる。表題部には、行政的な台帳の記載、場所や地番、大きさが記載される。第一部は、所有者と取得原因（アウフラッスングか相続か）の記載部分である。

第二部には、用益物権の記載がされる（Lasten und Beschränkungen）。第三部には、担保物権が記載される（Hypotheken, Grundschulden und Rentenschulden）。

もっとも、三部構成の具体的内容は、基本的には州法の定めるところによる（登記法三条一項。たとえば、Baden-Württemberg では、Verordnung des Justizministeriums zur Ausführung des Landesgesetzes über die freiwillige Gerichtsbarkeit im Bereich des Grundbuchwesens（GBVO）, 1975（Durig, Gesetze des Landes Baden-Württemberg, 1998, Nr. 25a）, §14.

登記簿の書式については、その模範（Muster）を参照されたい。〔本稿末尾参照。〕

（13）Göttlinger, a. a. O., S. 379-380 ; Schmidt-Räntsch, a. a. O., S. 85.

（14）Schmidt-Räntsch, a. a. O., S. 86-87 ; Grziwotz, a. a. O., S. 71.

（15）Böhringer, a. a. O.（DtZ 93）, S. 203.

（16）Böhringer, a. a. O.（DtZ 93）, S. 203. Schmidt-Räntsch, a. a. O., S. 84. も、一九八〇年代の挫折の原因は、電子化の一律の強制、それを機会として、登記簿と台帳を統合しようとしたこと、負担部分（Belastungsabteilungen）の統合など、新たな要素を盛りこんだことにあったとする。そこで、今回は、この三つの要素を放棄した。これで、財政的または法的な限界をこえる必要がなくなったのである。ただし、紙から電子データへの登記簿の転換は、法律によって規定され、将来的には電子化されることが定められている。

（17）Göttlinger, a. a. O., S. 373. ほかに、バーデン・ヴュルテンベルク州、ノルトライン・ヴェストファーレン州では、登記簿にはFOLIAというシステムが使用された。しかし、ここでも、このシステムで保存されたデータは、補助手段（Hilfsmittel）にすぎなかったから、保存されていても、法的な拘束力のある登記とはされなかった（Schmidt-Räntsch, a. a. O., S. 83）。

他方、電子登記簿では、記憶円盤（WORM-Platte）に保存されたデータだけが法的な価値を有するのであり、コンピュータの補助によって作成される紙の印刷物ではないのである（Schmidt-Räntsch, a. a. O., S. 84）。

（18）Schmidt-Räntsch, a. a. O., S. 85-86. 登記法上、電子登記簿では、記憶の保存（Freigabe）により、登記は完了する（登記法一二八条、一二九条参照）。

(19)　Göttlinger, a. a. O., S. 374.
(20)　Göttlinger, a. a. O., S. 375.　ザクセンの登記はすべて、バイエルンでも、部分的にはそうであった。
(21)　Göttlinger, a. a. O., S. 375.

第三章　閲覧とデータの保護、処理

第一節　データの安全性

(1)　安全とコピーの作成

(a)　登記簿にとって、データの安全性と保存性は、きわめて重要な問題である。紙の登記簿でも、喪失の危険はある。古くは、登記簿が火事や盗難によって失われることもあった。そこで、登記簿の保管場所については、とくに安全上の定めがある。そして、登記簿データの喪失を予防するために火事や盗難から安全な地下室（Gewölbe）におかれるのが通常であった。

安全への要求は、電子登記簿では、より大きい。これは、電子登記簿が、目にみえる形ではなく、人間の五感によっては認識できない電子的なデータを、データ媒体中にもつにすぎないことに関係する（登記法一二六条一項一号参照）[22]。

(b)　また、無権限の人間が、記録にアクセスしたり、保存したデータを取得しまたは変更しえないことが必要である（登記法一三三条参照）。登記規則六四条一項一号は、登記所のデータ処理設備は、保護されたデータに関する国内および国際的に認められたルール（die inländischen oder international anerkannten technischen Anforderungen an die maschinell geführte Verarbeitung geschützter Daten）に合致していなければならないとする。ここで、設備とデータの安全に関するどのような原則を考慮するかは、登記法一二六条三項三号、登記規則六四条二項が規定している。

後者は、データ加工システムが備えるべきものとして、具体的につぎの八点に言及している。①まず、同一性と信頼性（Identifikation und Authentisierung）である。すなわち、そのシステムは、利用者が資格ある者と認識された場合にかぎり利用できることである。②また、利用権限がシステムによって管理されるものであること（権限の管理＝Berechtigungsverwaltung）を要する。③そして、利用権限がシステムによって検証されること（権限の証明＝Berechtigungsprüfung）、④電子登記簿の変更と加工をしたことがシステムに記録されること（証明上の安全＝Beweissicherung）、⑤安全上のリスク防止のために、代替のサブ・システムを作ること（回復機能＝Wiederaufbereitung）、⑥保存データの誤りを、適切な技術的検査メカニズムによって適時に発見すること（無謬性＝Unverfälschtheit）、⑦システムを誤りなく作動させ、生じた誤りを遅滞なく通告すること（業務への信頼性＝（Verläßlichkeit der Dienstleistung）、⑧登記簿データの交換や公開されたネット上の挿入（Einsatz）が、安全に行われること（伝達の安全性＝（Übertragungssicherheit）が必要であるとされる（登記規則六四条二項の各号）。

また、この一般的な原則は、登記規則六五条（ハードとプログラムの安全。気象の影響をうけないこと、無権限アクセスの防止、電源ロスによるデータの喪失、ハッカー＝Hackingへの備えなど）、六六条（データの安全）によって、詳細に補充されている。これによると、データ設備は、登記所の空調のある部屋におかれ、熱や湿気に影響されないだけではなく、登記簿データの処理や保存に影響を与えるような電子的な磁場（Wellenfeld）にさらされないことが必要である。ほかに、紙の登記簿で避けられるべきことは、電子登記簿においても、同様に避けられなければならない。

(c)　重要なのは、つねに登記簿のコピー（Doppel）が作成されることである。登記規則六六条二項によると、登記所で行われた状況について、少なくとも一日の活動に関する安全上のコピーが必要である。すなわち、安全上のコピーは、バックアップの趣旨であり、一年または一月に一回ではなく、少なくとも毎日（mindestens tagesaktuell）作成され保存される[23]。このコピーは、登記簿の全体につき一つ以上（mindestens eine vollstandige Sicherungskopie）必要とされる。

電子登記簿では、業務的な障害には、特別な配慮が必要である。データの入力や保存の一時的な障害は、それほど問題ではない。継続的なデータ処理設備の使用に影響を与える重大な障害が問題である。登記法一四一条一項または三項によれば、登記所は、利用できなくなった登記簿を、安全のためのコピーと登記申請書類（Eintragungsunterlage）の助けによって回復し、それを代替の施設または第二のコンピュータによって再処理することができる。州政府は、電子登記簿が相当長期にわたって回復しがたいときには、電子登記簿をふたたび紙の形式に転換することもできる。また、登記法一四一条二項では、登記手続の実行が障害をうけたときにも、登記用紙を一時的に代替の紙の登記用紙におきかえ、このデータを電子登記簿の回復後に変換することもできる。

しかし、これらは、実務では通常とりえない煩雑な手段である。むしろ、登記規則六二条二文により、登記所長は、安全のためのコピーを新たな保存データと定めることができる。そこで、オリジナルの保存データが利用できない場合には、すべての登記簿データは、保存コピーに記入されるのである[24]。

(2)　閲　覧

また、電子登記簿においても、紙の登記簿と同様な質の確保されることが必要である。登記用紙は、頁ごとに、画面の上に表示される。登記所での通常の閲覧は、画面上での再現による。画面の呼び出しは、登記官の権限によって、申請者のために行われる。わが国で、閲覧が全面的に登記事項要約書に代えられる（不登一五一条ノ三第五項）ことになっている点と異なる。閲覧の要件は、紙の登記簿の場合と同様であるが、一定の場合には登記規則七九条一項二号によって、オンラインによる呼び出しができる（後述第四章参照）。現在との相違は、ある登記所から他の登記所にある登記簿をも閲覧できることである。

登記所での画面の閲覧時間が不十分であったり、あまり長時間待つことをさけるために、登記所では、登記用紙の印刷物による閲覧の可能性も与えられる。印刷は、通常、記憶されたデータをプリンターにより出力する。閲覧者が、この印刷物をもって帰るときには、印刷の費用を支払う必要がある。

あとからの検討を容易にするために、紙の登記簿と同様に、登記事項の版（Ausgabe）が予定されている。すなわち、閲覧や印刷のさいに、その登記用紙への最後の登記の日付が表紙（Aufschrift）に表示されるのである[25]。

第二節　公の印刷と謄本のシステム

(a)　紙の登記簿の場合と同様に、登記簿の複本と、認証された登記簿謄本とは異なる。たんなる（認証されない）複本（Abschrift）は、電子登記簿では、「印刷」（Ausdruck）に相当する。立法の過程では、この二分法（Zweiteilung）を維持することには争いがあったが、変更は行われなかった。この区別は、オンラインによる印刷の場合に意味がある。

そこでは、登記簿からの印刷と、紙の登記簿の認証された謄本に相当する公の印刷とがある。「公の印刷」（amtliche Ausdruck）は、認証された謄本に代わるものである。いずれの印刷にも、署名は付されない。公の印刷には、職印の押印または捺印（Abdruck oder Eindruck des Dienstsiegels oder -stempel）とその印刷をした者の名前が備わっている。これは、認証された謄本と同じ効力を有する（登記法一三一条）。

(b)　登記所では、印刷は、つねに登記官によってなされる。登記官は、他の登記所のデータによる登記簿用紙の印刷もできる。技術的には、印刷はつねに管轄の登記所で（または、出頭した登記所 beim zuständigen Grundbuchamt oder beim veranlassenden Grundbuchamt）できるが、いわゆる verteilten Lösung（分散方式）では、登記簿データ・センターでもできる。登記官は、その場合に、印刷の後処理（Nachbearbeitung）の作業から免れるのである。印刷のための技術的な設備が大きいことから、印刷の後処理と郵送の準備（Postfertigmachung）も、センターにおいてされる。[26]

第三節　未処理の申請の索引（Markentabelle）

(1) 処理と記録の分離

システム技術上の理由から、すべての新たな申請は、未処理の申請の索引（Markentabelle）によって管理される。新たに行われた申請（Antrag）では、日付、属性（Herkunft）、および申請者の行った内容に関する行為の表（Geschäftszeichen）、また当該の登記用紙が保存される。

この中への記入は、以下の効力をもつ。すなわち、登記の申請のあった登記簿用紙は、登記簿の記録から副本として、一時的な保存（Zwischenspeicher, Magnetplattenspeicher）に移動されるのである。この方法で、登記官による処理は、記録用コンピュータの継続的な使用なしに履行される。記入の完了後にはじめて、記入されたものは、オリジナルの登記簿のなかの「記録」部分として保存される。それまで、「分散方式」では、当該登記用紙のデータは、登記所のコンピュータにある中間的な保存（Zwischenspeicher）にのみ移されるのである。

(2) 申請による順位

とくに、連邦公証人会議所（Bundesnotarkammer）は、未処理の申請の索引の導入を望んだといわれる（登記法一二ａ条にも、この種の索引＝Verzeichnisse des Grundbuchamts の記載がある）。申請とその順序の正確性を担保するためである。複数の登記の申請がされた場合には、登記は、申請順に実行されなければならない（登記法一七条参照）。

電子登記簿の閲覧は、紙のものと同じ要件のもとで許されるが、それは、登記簿用紙に限定される。検索の中請や、過去のもの、ある公証人がどのくらいの申請をしているか、などについては可能ではない[27]。

(22) Schmidt-Räntsch, a. a. O., S. 86.
　電子的な情報の特徴としては、特定しにくく、作成（コピー、転送）しやすいうえに、壊れやすい点があり、これらは、いずれも偽造されやすいうえに、壊しやすい（しかも証拠が残らない）ことにつながる。加工し保存しやすいことは、この危険の裏面である。

(23) Böhringer, a. a. O.（DtZ 93）, S. 203. Schmidt-Räntsch, a. a. O., S. 86.　これは、ハッカーに対する備えでもある。

(24) Schmidt-Räntsch, a. a. O., S. 86.

(25) Göttlinger, a. a. O., S. 375-376.　登記簿からの公の印刷（Ausdruck）は、たんなる印刷（Abdruck）とは異なる。後者は、オンラインでの呼び出しに権利のある者は、自分でも作成できる。これは、たんなる画面の写し（die persönliche Abschrift）にすぎない。

(26) Göttlinger, a. a. O., S. 376-377 ; Schmidt-Räntsch, a. a. O., S. 87.　ここでは、捺印（Siegel）は、書式モデル（Formularmuster）によってのみ印刷（aufgedruckt）されることを要する。外形的な署名や特別な捺印（Siegelung）は、必要ではない。

(27) Göttlinger, a. a. O., S. 378.　これらは、紙の登記簿が与えなかった情報であるだけではなく、別個の考慮、すなわちプライバシーとも関係している。

第四章　オンラインでの利用

第一節　オンライン接続

(1) アクセスの便宜

(a)　電子登記簿による最大の改善は、登記所外から直接登記簿の内容にアクセスできることである（登記法一三二条）。これによって、登記簿が物理的に登記所にのみ存在するという不便が除去される。オンライン接続（On-Line-Anschuß）の方法で、外部から登記簿システムの閲覧利用ができるようになる。電子登記簿は、紙の登記簿が閉ざされているのに対し、開かれたコミニケーションをもたらす。登記規則八〇条が、オンラインでの呼び出しと近くの画面で登記簿を閲覧することについて細則を定めている。

すなわち、データの呼び出し（八〇条、Abruf von Daten）、許可手続、設備の設置のための契約（八一条、Genehmigungsverfahren, Einrichtungsvertrag）、設置のための手続（八二条、Einrichtung der Verfahren）、検査（八三条、Überprüfung）、個別の閲覧のできる者の書面による申請（八四条、Kontrolle）、費用（八五条、Gebühren, Entgelte）などである。

このような一般的なアクセスは、公証人、官庁、裁判所、公任の測量士（öffentlich bestellte Vermessungsingenieure）からは、当然になされうる。また、制限的に、所有者から閲覧を授権された者、不動産の権利者、強制執行をする者、相当の開示（Kennungen）の申立（Angabe）のあるときにも、可能である。個々の閲覧に利益をもつのは、おもに銀行と保険会社であろうといわれている。

(b)　日本では、登記簿の閲覧は、原則として自由で、これは電子登記簿でも変わらない（不登一五一条ノ三第一項では、閲覧に代わる登記事項証明書の交付を「何人ト雖モ」請求できるとする）。

しかし、ドイツでは、もともと閲覧にも「正当な利益を有する」ことが必要であるから（der ein berechtigtes Interesse darlegt、登記法一二条一項）、電子登記簿でも同じ要件が課せられるのである。

(i)　この「正当な利益」は、従来から不動産登記法一二条の解釈上問題とされることが多かった概念である。登記簿の公信力（öffentlicher Glauben）の観点からは、その内容の公開（Offenlegung, Publizität）が必要となる（そこで、商業登記＝Handelsregister では、制限はない）。他方で、プライバシーの保護（Geheimnisschutz, BVerwG

BWNotZ〔Zeitschrift für das Notariat in Baden-Württemberg〕1981, 22）の観点もあるからである。

(ii)　本条の「正当な利益」の概念は、「法的な利益」（rechtliche Interesse）よりも広く、申請者は、状況から正当とみられる利益を有すればたりる（KGJ〔Jahrbuch für Entscheidungen des Kammergerichts〕20, 175：OLG München HRR〔Höchstrichterliche Rechtsprechung〕1973 Nr. 739ほか）。不動産あるいは不動産に関する権利がある者にこの利益があるのは当然である。

また、たんなる経済的利益（wirtschaftliche Interesse）でもたりる。所有者に信用を供与するかどうかの判断のためでも閲覧できる（KGJ 20, 173；BayObLG, Rpfleger〔Rechtspfleger〕1975, 361）。債務者の占有する不動産の強制執行をする債権者や、住宅の所有者が、同じGemeinschaftの他の所有者の住宅登記を閲覧することもできる（OLG Düsseldorf, Rpfleger 1987, 199）。公的な利益でもたり、憲法により保護される報道の機能から、登記簿の閲覧が許されることもある（OLG Düsseldorf, Rpfleger 1992, 18ほか）。

(iii)　しかし、学術的な興味や歴史的な興味（wissenschaftliche, historische Interesse）ではたりない。これらの者は、司法官庁の許可（Justizverwaltungweg）により閲覧するほかはない（もっとも、これはかなり弾力的に与えられているようである）。地裁または区裁の所長の決定による（Allgemeine Verfügung über die geschäftliche Behandlung der Grundbuchsachen, 1936. Feb. 25, DJust. 350, §35）。また、たんなる好奇心（Neugier）でもたりない（KGJ 20, 177）。

商業的な興信所や不動産仲介業者（kaufmännische Auskunfteien und Immobilienmaklern）にも、そのような職にあるというだけでは一般的な閲覧権はない。仲介業者が閲覧できるのは、具体的な仲介契約にもとづいて請求する場合だけである（OLG Stuttgart, Rpfleger 1983, 272）。

売買に興味をもったというだけでもたりない。所有者と売買の交渉に入ってはじめて（nach Eintritt in Kaufverhandlungen mit dem Eigentümer）、正当な利益は生じるのである（BayObLG, Rpfleger 1984, 351）。賃貸借についても、同様である（OLG Hamm, Rpfleger 1986, 128）。以上について、Horber/Demharter, Grundbuchordnung, 1997, § 12 Nr. 7, 8a), 11b) (S. 167-170) ; vgl. 1989, § 12 Nr. 3a) b) (S. 123-124).〕

(c)「正当な利益」により閲覧を求める者は、形式的な手続で、アクセスを求めることができる。これは、紙の登記簿において、登記法一二条、登記規則四三条一項（Einsicht durch Notare und Behörden）における公証人および官庁による一般的な閲覧の場合と同様である。許可の権限は、登記所のほか、州の司法行政庁（Landesjustizverwaltung）、またはそこから委任をうけた司法官庁が有する。公法上の契約による場合もある。許可（Zulassung）により、申込者は、共同利用者すべてに共通の利用者標識を取得するのである。後者の場合、正当な利益があるとして、利用者標識とコードが交付されれば、アクセスのさいにこれを開示することでたりる。許されたコードであるかどうかは、プログラム上、アクセスをうける登記所のほうで検討することになり、それ以上の操作上の必要はない。電子化された手続では、ただちに登記簿を呼び出して、閲覧することができる。[28]

パイロット・プロジェクトでは、データへの申請のためのアクセスは、すべて記録される（protokolliert）。もっとも、登記規則八三条では、これは、必ずしも必要とされていない。

(2)　データの呼び出しと加工

(a)　アクセスを許された者は、オンラインで直接に登記簿を呼び出し、画面上で閲覧することができる。また、登記簿用紙を印刷することもできる。登記規則八〇条は、これにつき、明示的に「印刷」（Abdruck）という概念を用いており、これは、登記簿謄本の意味での公の印刷（amtlichen Ausdruck）と同視することはできない（前述第三章一節(2)、同二節参照）。

閲覧した登記簿を、たとえば公証人のソフトのなかで再加工（Weiterverarbeitung）することは、登記法の規定では明示されていない。たんに登記法一三三条六項が、伝達されたデータは、規定にしたがって（bestimmugsgemäß）のみ用いることができるとすることから、そのような再加工も可能と解されている。自分のパソコンに保存することもできる。将来的な制限の可能性については争いがある。

(b)　電子的な申請手続を許された者が登記簿の所在する場所を知りえない場合には、検索システムをも使用することができる。もっとも、検索システムは、明確な結果を目的とする場合にのみヒットする。(29) 地番による検索では、同一地区内には台帳的な番号は一つしかないから、このような要件は備わっている。

しかし、所有者の表示による場合には困難がある。たとえば、ある所有者がどのくらいの土地を有するかという検索をすると、一義的に確定されない。所有者の名前による検索は、—申請手続が制限された場合には—相当するものが一登記用紙である場合にのみ結果をもたらすのである。これがヒットしない場合には、検索は、却下される。そのような場合に、閲覧者は、たとえば地番あるいは家番といったより詳しい情報をいれて検索しなければならない。(30) もっとも、アクセスに制限のない者（上述の公証人など）は、より概括的な検索方法を選択することもできる。日本では、このような検索は、プライバシーの観点から制限されるというべきであろう。

第二節　閲覧費用

(a)　オンラインによる呼び出しの手続には、費用を要する。費用は、一九九四年一一月三〇日の登記申請手続費用規則によれば、設置の加入（Einrichtungsgebühr）の費用は、一〇〇〇マルクとされる。利用には、月一〇〇マルクの基本料（Grundgebühr）および登記簿用紙からのデータの呼び出しごとに呼び出しの費用（Abrufgebühr）には一〇マルク、また、付随の索引の呼び出しには五マルクとの定めがある。

(b)　登記規則八五条二項によれば、これらの、費用は、許可の決定による場合にのみ必要である。許可が公法的な契約による場合には、その契約において対価の合意がなされる。もっとも、多くは規則と一致することになろう。

しかし、ここでは、異なった合意も理論的には可能である。これは、とくに、官庁との合意（Vereinbarungen mit Behörden）の場合に意味がある。官庁が、公の予算を節約するために通常は費用負担を免れていること（Kostenfreiheit）をも考慮する必要がある。この利益は、契約締結のさいに考慮にいれられる。(31)

(28) Göttlinger, a. a. O., S. 377 ; Schmidt-Räntsch, a. a. O., S. 87-88. ベルリンの Staatsbank も、登記簿へのアクセスができるが、他の公法上の信用制度（öffentlich-rechtlichen Kreditinstituten）は包含されていない。Vgl. Schmidt-Räntsch, a. a. O., S. 88.

(29) Göttlinger, a. a. O., S. 378 ; Schmidt-Räntsch, a. a. O., S. 88.

(30) Göttlinger, a. a. O., S. 378.

(31) Schmidt-Räntsch, a. a. O., S.88. それ以外の場合には、通常値引きは認められないが、この点は、再検討のよちがあるといわれる。

第五章　ザクセンとバイエルンにおける電子登記簿

第一節　州による相違

(a) 電子登記簿には、政策的および技術的な統一性にもかかわらず、州に特有の事情とコンピュータの目的により地域的に異なった状況もみられる。

(b) 電子登記簿は、バイエルン、ハンブルク、ザクセン、ザクセン・アンハルトの各州から導入された。

第一に、バイエルン州は、はじめに一九九四年一一月一四日の州法で、ミュンヘンの登記所（Grundbuchamt München）に電子登記簿を導入するものとした。そして、一九九六年六月一四日の州法により、アウグスブルク、ダッハウとニュルンベルグ区裁判所（AG Augsburg, Dachau und Nürnberg）の登記簿にも導入された。

第二は、ザクセン・アンハルト州であり、一九九五年三月二八日の州法では、メルセブルグ区裁判所（Amtgericht Merseburg）の一部の登記簿が電子化された。この作業は、のちに拡大された。一九九六年三月二七日の州法以来、デッサウ、ハレ、メルセブルグ、ショーネベック、バントレーベン、ツェルプストの区裁判所の全域（AG Dessau, Halle, Merseburg, Schonebeck, Wandleben und Zerbst）の登記簿が電子化された。

第三に、ザクセン州は、ケムニッツ、ドレスデン、ホイヤースベルダ、ライプチヒ、ツビカウの登記所（Grundbuchämter Chemnitz, Dresden, Hoyerswerda, Leipzig und Zwickau）の登記簿を電子化した。

第四に、一九九六年八月一日以降、ハンブルク州のすべての登記簿は、すでに電子化されている。(32) 市域が同時に州（ラント）であるという都市州の長所が生かされたものである。

第二節　ザクセンの特色

(1)　分散方式

このうち、ザクセンには、ここが旧東ドイツ地域に属するという点から、特色がみられる。また、東ドイツ地域で行われた最初の試みとして、西側との比較においてその特色にふれておくことには意義があろう。ここでは、パイロット・プロジェクトの実現のプロセスは、以下のようであった。パイロット・プロジェクトの一環として、基本的にはその一般的な性格を反映していることはいうまでもない。

ザクセンでも、分散方式（verteilte Lösung）がとられた。州のすべての登記所の登記簿データは、名称はまだ確定していない「登記簿データ・センター」（Grundbuchdatenzentrale）に集中して保存された。各登記所と、登記電子化された申請の可能な者とは、このセンターに接続するのである。センターで保存することによって、登記所の管轄には変化はない。そして、登記簿への記入ができるのは、個々の管轄の登記所である。集中的な保存の利点は、電子的な申請を許された場所から、当該の登記所の登記簿だけではなく、全ザクセンの登記所に申請、閲覧できることである。さらに、集中保存では、個々の登記所でするよりも、より簡易かつ低コストで、管理とデータの安全のための専門的な要件をみたすことができる。

(2)　文字情報による保存

ザクセン司法省の計画では、電子登記簿を、スキャンと現物による保存による変換ではなく、新たなシステムで実現するものとされた。この理由は、東ドイツの登記簿の状況が、西ドイツとは異なるからである。ザクセンでは、従来四つの異なった登記簿のタイプがあった。(a)ザクセン式登記簿（Sachsengrundbuch、約三五〇・〇〇〇登記用紙）、(b)ライヒ式登記簿（Reichsmuster、約一五〇・〇〇〇）、(c)東ドイツ式登記簿（DDR-Muster、約一〇〇・〇〇〇）、(d)統一後に新たに設置されたルーズリーフ式の登記簿（DIN A 4 Hoch-Format、約三〇〇・〇〇〇）。

ザクセン司法省は、電子登記簿の構築によって、画面上で統一的な登記簿を提供することが必要と考えた。そして、西ドイツにおける膨大な登記量に比較すると、データは、なおコントロール可能と思われた。しかも、新たに導入されたザクセンの登記所の設備にもとづくと、SOLUM による記録の保存（Vorratsspeicherung）が可能だったのである。すなわち、SOLUM によって、既存の登記簿をコンピュータに保存することが能力的に可能であったし、新たなデータの入力の必要なしに、電子登記簿の構築にも利用できたのである。データの記入のコストは、これによって縮減された。また、登記簿データのいっそうの利用（公証人のソフトでの）には、文字情報での（ci形式での）保存が、よりよい要件であった。

さらに、保存費用は、現物通りのコピーよりも、ci の保存のほうが、二〇分の一しかかからなかった。データ変換の時間に関しても、相当の利益があった。しかし、当時の決定は、ザクセンの特別な事情にもとづいている。[33]

(32)　Schmidt-Räntsch, a. a. O., S. 85.　州によっては、かなりの遅れがみられる。ちなみに、一九八八年当時、

Baden-Württemberg州では、ルーズリーフ化や作業の機械化さえいまだ完了せず、電子登記簿は、遠い（ferner）将来のこととされていた（Franz. a. a. O., S. 59）。

（33）　Göttlinger, a. a. O., S. 380-381. 登記の絶対量が少ないことや、大量の失業者がいたことなどを指すものであろう。

第六章　新たな展望

(a)　登記簿の電子化は、とくに、登記所と公証人の共同作業に関し、より大きな発展の可能性を有している。とくに、連邦公証人会議所は、パイロット・プロジェクトの当初、登記法五五条による登記通知（Bekanntmachung der Eintragungen）の電子的な処理をも意図していた。

電子的な取引では、まず登記所が公証人にするべき多数の登記の通知が、従来のように紙によってではなく、将来的には電子的方法で伝達される。登記規則四二条では、そのような伝達が今でも認められており、このような通知は、署名される必要がないとしている。しかし、同条はまた、アクセスが安全であるべきことをも規定している。これは、伝達される通知の安全と偽造されないための一連の技術によって行われる[34]。

また、パイロット・プロジェクトでは、公証人による登記申請が電子的な方式で、登記所に対して行われることも検討された。意思表示を含む申請が問題となるかぎり、登記法二九条の方式に関する規定が考慮される。申請データが、紙の文書のある場合と同様に送付される。それによって、郵送の時間が短縮されるだけでなく、登記所では、記入の作業がかなり軽減される。それは、結局、登記申請事務の他の促進をもたらすのである。

(b)　外部からの申請を含めた完全な電子化は、なお検討されるべき課題となっている。これについては、なお法的な方式の制限や安全のための技術について検討するべき点が多く残されているからである[35]。

(34) Göttlinger, a. a. O., S. 381-382 ; Schmidt-Räntsch, a. a. O., S. 87-88. vgl. Grziwotz, a. a. O., S. 73.

(35) Bundesnotarkammer, a. a. O. (DuD) 95, 713. ドイツの公証人の重要な職務として、物権移転の意思表示（Auflassung）の受領がある（ド民九二五条一項二文、連邦公証人法二〇条二項）。民法典八七三条二項によれば、不動産所有権の移転には、移転登記の前に、当事者が物権的合意に拘束されるのは、この意思表示が公証人によって認証されるか登記官に対して行われた場合のみである。さらに、三一三条一文では、土地の所有権を移転する契約には、公証人による認証が必要である。

もっとも、このような形式がなくても、登記官によってAuflassungが受領され登記簿に登記されれば、契約は有効となる（同条二文）。しかし、一九五三年に、ＢＧＢ九二五条が改正され、また九二五a条が追加された結果（Gesetz zur Wiederherstellung der Gesetzeseinheit auf dem Gebiete des bürgerlichen Rechts, 1953. März. 5 ; BGBl. I, S. 33）、Auflassungは、三一三条一文の文書が提出されたときにのみ受領されるとされた。そこで、同条二文によるAuflassung（「当事者双方が同時に登記官の面前に出頭してする意思表示」）の受領はよちがなくなった。そこで、つねに公証人の認証が必要となり、また公証人も、Auflassungの受領が可能とされたから（九二五条一項二文新規定、「管轄権ある者の面前でする意思表示」。一九六九年八月二八日公証法（Beurkundungsgesetz, BGBl. I, 1513）、公証取引が一般的なものとされたのである。連邦公証人法（Bundesnotarordnung）二〇条二項をも参照。

南ドイツの公証による取引と、北ドイツを中心とする官吏による公証制度の対立は、今日でも、なお公証人と公証人弁護士の相違として残されている。〔これについては、本書第二部一篇参照〕

〔なお、本稿の資料収集には、Freiburg in Br. 大学のHager教授によるところが大きい。記して感謝するしだいである。〕

〔附記〕

電気通信回線による登記情報の提供に関する法律〔一九九九年一二月一四日成立。一二月二二日公布〕

（目的）

第一条　この法律は、登記情報を電気通信回線を使用して提供する制度を設けることにより、登記情報をより簡易かつ迅速に利用することができるようにし、もって取引の安全と円滑に資することを目的とする。

（定義等）

第二条　この法律において「登記情報」とは、法務大臣が指定する登記所における不動産登記、商業登記その他政令で定める登記についての磁気ディスク（これに準ずる方法により一定の事項を確実に記録することができる物を含む。）をもって調製された登記簿に記録されている情報で次に掲げるものをいう。ただし、電気通信回線を使用して提供することに適しないものとして法務省令で定めるものを除く。

一　当該登記簿に記録されている事項の全部についての情報

二　当該登記簿に記録されている事項の一部についての情報で法務省令で定めるもの

2　前項の指定は、告示してしなければならない。

（指定等）

第三条　法務大臣は、次に掲げる要件を備える者を、その者の同意を得て、全国に一を限って、次条第一項に規定する業務（以下「登記情報提供業務」という。）を行う者として指定することができる。

一　登記情報提供業務を適確かつ円滑に行うのに必要な経理的基礎及び技術的能力を有する者であること。

二　民法（明治二十九年法律第八十九号）第三十四条の規定により設立された法人であって、その役員又は職員の構成が登記情報提供業務の公正な遂行に支障を及ぼすおそれがないものであること。

三　登記情報提供業務以外の業務を行っているときは、その業務を行うことによって登記情報提供業務が不公正になるおそれがない者であること。

四　第十三条第一項の規定により指定を取り消され、その取消しの日から五年を経過しない者でないこと。

五　役員のうちに次のいずれかに該当する者がないこと。

イ　禁錮以上の刑に処せられ、その刑の執行を終わり、又は執行を受けることがなくなった日から五年を経過しない者

ロ　この法律又は不動産登記法（明治三十二年法律第二十四号）の規定に違反したことにより罰金の刑に処せられ、その刑の執行を終わり、又は執行を受けることがなくなった日から五年を経過しない者

ハ　第十条第二項の規定による命令により解任され、解任の日から五年を経過しない者

2　法務大臣は、前項の規定による指定をしたときは、当該指定を受けた者（以下「指定法人」という。）の名称及び主たる事務所の所在地並びに当該指定をした日を公示しなければならない。

3　指定法人は、その名称又は主たる事務所の所在地を変更しようとするときは、変更しようとする日の二週間前までに、その旨を法務大臣に届け出なければならない。

4　法務大臣は、前項の規定による届出があったときは、その旨を公示しなければならない。

（業務等）

第四条　指定法人は、登記情報の電気通信回線による閲覧をしようとする者の委託を受けて、その者に対し、次項の規定により提供を受けた登記情報を電気通信回線を使用して送信することを業務とする。

2　指定法人は、前項の業務を行うため、当該委託に係る登記情報の提供を電気通信回線を使用して請求することができる。

3　指定法人は、前項の規定による請求に係る登記情報の提供を受けたときは、法務省令で定めるところにより、手数料を納付しなければならない。

4　前項の手数料の額は、物価の状況、登記情報の提供に要する実費その他一切の事情を考慮して、政令で定める。

（業務規程）

第五条　指定法人は、登記情報提供業務に関する規程（以下「業務規程」という。）を定め、法務大臣の認可を受けなければならない。これを変更しようとするときも、同様とする。

2　業務規程には、登記情報提供業務の実施方法、登記情報提供業務に関する料金その他の法務省令で定める事項を定めておかなければならない。

3　法務大臣は、第一項の認可をした業務規程が登記情報提供業務の適確かつ円滑な実施上不適当となったと認めるときは、指定法人に対し、その業務規程を変更すべきことを命ずることができる。

（事業計画等）

第六条　指定法人は、毎事業年度、事業計画及び収支予算を作成し、当該事業年度の開始前に（第三条第一項の規定による指定を受けた日の属する事業年度にあっては、その指定を受けた後遅滞なく）、法務大臣の認可を受けなければならない。これを変更しようとするときも、同様とする。

2　指定法人は、毎事業年度、事業報告書及び収支決算書を作成し、当該事業年度の終了後三月以内に、法務大臣に提出しなければならない。

（業務の休廃止）

第七条　指定法人は、法務大臣の許可を受けなければ、登記情報提供業務の全部又は一部を休止し、又は廃止してはならない。

（契約の締結及び解除）

第八条　指定法人は、第四条第一項の委託に係る契約（以下「情報提供契約」という。）の申込者が情報提供契約を締結していたことがある者である場合においてその者につき支払期限を超えてまだ支払われていない登記情報提供業務に関する料金があるとき、その他法務省令で定める正当な理由があるときを除き、情報提供契約の締結を拒絶してはならない。

2　指定法人は、情報提供契約を締結した者が支払期限後二月以内に登記情報提供業務に関する料金を支払わなかったとき、その他法務省令で定める正当な理由があるときを除き、情報提供契約を解除してはならない。

（登記情報提供業務に関する情報の目的外使用の禁止）

第九条　指定法人の役員若しくは職員又はこれらの職にあった者は、登記情報提供業務に関して得られた情報を、登記情報提供業務の用に供する目的以外に使用してはならない。

（役員の選任及び解任）

第十条　指定法人の役員の選任及び解任は、法務大臣の認可を受けなければ、その効力を生じない。

2　法務大臣は、指定法人の役員が、この法律の規定（この法律に基づく命令又は処分を含む。）若しくは第五条第一項の規定により認可を受けた業務規程に違反する行為をしたときは、指定法人に対し、その役員を解任すべきことを命ずることができる。

（監督命令）

第十一条　法務大臣は、登記情報提供業務の適正な実施を確保するため必要があると認めるときは、指定法人に対し、当該業務に関し監督上必要な命令をすることができる。

（報告及び検査）

第十二条　法務大臣は、登記情報提供業務の適正な実施を確保するため必要があると認めるときは、指定法人に対し、当該業務の状況に関し必要な報告を求め、又はその職員に、指定法人の事務所に立ち入り、業務の状況若しくは設備、帳簿、書類その他の物件を検査させ、若しくは関係者に質問させることができる。

２　前項の規定により立入検査をする職員は、その身分を示す証明書を携帯し、関係者の請求があったときは、これを提示しなければならない。

３　第一項の規定による立入検査の権限は、犯罪捜査のために認められたものと解してはならない。

（指定の取消し等）

第十三条　法務大臣は、指定法人が次の各号のいずれかに該当するときは、その指定を取り消し、又は期間を定めて登記情報提供業務の全部又は一部の停止を命ずることができる。

一　登記情報提供業務を適確かつ円滑に実施することができないと認められるとき。

二　この法律の規定又は当該規定に基づく命令若しくは処分に違反したとき。

三　第五条第一項の規定により認可を受けた業務規程によらないで登記情報提供業務を行ったとき。

２　法務大臣は、前項の規定による処分をしたときは、その旨を公示しなければならない。

（法務省令への委任）

第十四条　この法律に定めるもののほか、登記情報提供業務に関し必要な事項は、法務省令で定める。

（罰則）

第十五条　次の各号の一に該当するときは、その違反行為をした指定法人の役員又は職員は、三十万円以下の罰金に処する。

一　第七条の許可を受けないで登記情報提供業務の全部を廃止したとき。

二　第十二条第一項の規定による報告をせず、若しくは虚偽の報告をし、又は同項の規定による検査を拒み、妨げ、若しくは忌避し、若しくは同項の規定による質問に対して陳述をせず、若しくは虚偽の陳述をしたとき。

2　指定法人の役員又は職員が指定法人の業務に関して前項の違反行為をしたときは、行為者を罰するほか、指定法人に対しても、同項の刑を科する。

附　則

（施行期日）

第一条　この法律は、公布の日から起算して一年を超えない範囲内において政令で定める日から施行する。

（登記特別会計法の一部改正）

第二条　登記特別会計法（昭和六十年法律第五十四号）の一部を次のように改正する。

第三条第一項中「受入金」の下に「、電気通信回線による登記情報の提供に関する法律（平成十一年法律）第四条第三項の規定による手数料」を加える。

ドイツの登記簿のモデル

これは，各部に関するごく簡単なモデルであって，より詳細な例は，多くの不動産登記法のテキストに登載されている。たとえば，Horber/Demharter, Grundbuchordnung, 1997, S. 1008ff.; Meikel, Grundbuchordnung für das Deutsche Reich, 1912, S. 477ff.; Hesse, Grundbuchordnung, 1939, S. 633ff. など。これらと，各州のモデルを参考に再構成した。ただし，地域，時期によって，かなりの変遷がある。以下，順に登記簿の1.表紙（カバー），2.表示の登記，3.所有権の登記，4.用益物権の登記，5.担保物権の登記の見本である。

表紙　Muster（Grundbuchblatt）　登記簿用紙見本

Amtgericht（管轄区裁判所の表示）
von
Musterstadt

Grundbuch
von
Musterbezirk（管轄地域の表示）
Band 1 Blatt 111（巻番号）

表題部　Amtsgericht Musterstadt Grundbuch von Musterbezirk
Band 1 Blatt 111（Bestandsverzeichnis）

Laufende Nummer der Grundstücke	Bisherige laufende Nummer der Grundstücke	Bezeichnung der Grundstücke und der mit dem Eigentum verbunden Rechte					Größe（面積）		
		Gemarkung (Vermessungsbezirk)	Karte		Liegenschaftsbuch*	Wirtschaft und Lage（土地の形状）			
			Flur	Flurstück					
		a	b		c/d		ha	a	m²
1	2	3					4		
1		Musterstadt	1	100	20（土地台帳の相当番号）	Gebäude und Freifläche（建物と土地） Konviktstraße 9		20	70
2						附属する道路（Weg）や		2	00
3						庭（Gartenland）も表示される		1	00

＊Katasterbucher と表示されることもある。

この用紙のうらに、前の登記簿用紙の番号や分筆の記録がされる。

第一部　Muster（Erste Abteilung）権利の表示の部

Bestand und Zuschreibungen		Abschreibungen	
Zur laufenden Nummer der Grundstücke	Eigentümer	Zur laufenden Nummer der Grundstücke	Grundlage der Eintragung
5	6	7	8
1	Schumann, Catherine geb. am 27. Januar 1974, Wentzingerstr. 32, Freiburg （権利者の表示，住所）	1	Aufgrund der Auflassung vom 15. Mai 1989 eingetragen am 25. Mai 1989 （不動産取得の原因。売買などの所有権移転の意思表示による場合には，アウフラッスングと表示され，相続による場合には，Erbfoge, eingetragen am 15. Mai 1998 のように表示される） Günter Hager （記載事項の後ろには，登記官の署名がされる。以下も同様であるが，いちいち附記しない）

第二部　Muster（Zweite Abteilung）　負担設定の部

Laufende Nummer der Eintragungen	Laufende Nummer der beftoffenen Grundstücke im Bestandsverzeichnis	Lasten und Beschränkungen （負担の内容）
1	2	3
1	1	Vormerkung zur Sicherung des Anspruchs auf Übertragung des Eigentum für die Stadt Musterstadt, eingetragen am 27. April 1999
2	1	Beschränkt persönliche Dienstbarkeit dahingehend. Die Elektrizitätwerke Musterstadt sind berechtigt, auf dem Grundstück Fernwärmeleistungen zu legen und zu betreiben. Gemäß Bewilligung vom 15. Mai 1999, eingetragen am 25. Mai 1999

抹消された登記には朱書がされる（省略）

Muster（Zweite Abteilung）　変更・消滅（裏面）

Veränderungen（変更）		Löschungen（消滅）	
Laufende Nummer der Spalte 1		Laufende Nummer der Spalte 1	
4	5	6	7
		1	Gelöscht am 31. Juli 2000（消滅）

第三部　Muster（Dritte Abteilung）　担保権設定の部

Laufende Nummer der Eintragungen	Laufende Nummer der belasteten Grundstücke im Bestandsverzeichnis	Betrag（額）	Hypotheken, Grunschulden, Rentenschulden（抵当権、土地債務、定期土地債務）
1	2	3	4
1	1	DM 300.000,00	Dreihunderttausend Deutsche Mark Grundschuld für die Musterbank AG, Musterstadt, mit 15% jährlichen Zinsen und einer einmaligen Nebenleistung von 10%. Der jeweilige Eigentümer ist der sofortigen Zwangsvollstreckung unterworfen. Unter Bezugnahme auf die Bewilligungn vom 15. Mai 1999 — unter Briefausschluß — eingetragen am 25. Mai 1999
2	1	DM 150.000,00	Einhundertundfünfzigtausend Deutsche Mark Grundschuld für die Stadtsparkasse Musterstadt, mit 16% jährlichen Zinsen und eine einmaligen Nebenleistung von 6%. Der jeweilige Eigentümer ist der sofortigen Zwangsvollstreckung unterworfen. Unter Bezugnahme auf die Bewilligung vom 20. Mai 1999 — unter Briefausschuluß — eingetragen am 25. Mai 1999

Muster（Dritte Abteilung）　変更・消滅（裏面）

Veränderungen			Löschungen		
Laufende Nummer der Spalte 1	Betrag		Laufende Nummer der Spalte 1	Betrag	
5	6	7	8	9	10
1	DM 300. 000,00	Löschungsvormerkung gemäß Bewilligung vom 20. Juli 1999 für die Stadtsparkasse Musterstadt, eingetragen am 25. Juli 2000			

第二篇　共同所有権の私有化—その過程における所有権の金銭債権化—

第一章　はじめに

(1)　所有権とその制限

物の所有者は、法令の制限内で所有物を自由に使用・収益・処分することができる（民二〇六条）。外国法でも、たとえばドイツ民法では同様に、その九〇三条によれば、物の所有者は、法律または第三者の権利に反しないかぎり、自由にその所有物を処分し、他人の干渉を排除することができる。いわゆる所有権の絶対性である。

ところが、この所有権の絶対性は必ずしも全面的なものではない。公法的あるいは私法的な制限が課せられることに、今日争いはない。民法典の規定そのものがすでに（みぎの両法とも）、法令の制限について言及している。もっとも、そのような制限の内容は、必ずしも明確ではない。

第一に、権利の内在的な制限といえるものがある。土地の所有権は、その上下に及ぶが（二〇七条）、これは、物理的に人間の支配の可能な範囲を予定したものにすぎない。また、支配が可能であっても、温泉権や鉱業権などは、土地の所有権とは別個の独立した利益を対象としたものであり、もともと土地の所有権に当然に包含されるものではないとされる。そこで、土地＝地表の権利とはもともと別個のものであるとすれば、土地所有権にとって必然的にマイナスを意味するものとはいえない。ほかに、相隣関係法（Nachbarrecht）から権利内在的に制限される場合もある（民二〇九条以下、ド民九〇六条以下）。

第二に、所有者の意思によって、他の権利とくに物権との関係で、他人の権利に服するものと構成される場合がある。たとえば、不動産の所有権に対する物権的な使用権や担保物権である。また、賃借権の物権化による不動産所有権への制限も、これに属する。

第三に、公法的な制限がある。道路の認定、河川の認定あるいは容積率の制限などがこれに属し、土地所有権にとってはマイナスとなるものが多い。

(2)　所有権とその外縁

これらの制限のうち、第一のものを除いて、第二、第三のものは、実質的に所有権内容の空洞化をもたらす。賃借権の物権化による土地所有権の価値の減少は、所有権が実質的に賃料請求権に転換する契機となっているし、公法的な制限の極限ともいえる土地などの財産権の収用のさいには、所有権は全面的に否定され、その価値的な補償のみが行われるのである。

もっとも、所有権内容の変遷に伴う部分に関しては、第一の制限と第三の制限の区分も、必ずしも明確とはならない。たとえば、一九九〇年前後のいわゆるバブルの時期からとくに議論のある大深度地下の利用権は、土地の所有権が本質的に地表近辺の利用権のみを指しているとすれば、第一の制限となるにすぎないが、人間が支配することが可能な限りの上下の権利を本来的には指しているとすれば、第三の制限ともなる。所有権を自然権的・包括的なものとみる伝統からすれば、後者に、より説得力があるものといえよう。

包括的な権利としての近代的所有権は、近代法あるいはそれに先立つ近代市民社会の産物である。近代的所有権は、中間的・封建的な諸規制を廃して、単純な構成を目ざしたものであるからである。そのさいに、権利の自然権的な把握は、この単純化に資するものであったし、法的な権威を人為的なものではなく、個人の内心にのみ求める思想にも一致するものであった[1]。

他方で、新たな権利の形態は、たとえそれが所有権の内容に包含されうるものであっても、伝統的な意味におけるものとは別個のものであり、生成途上のものともいえる。このような把握のもとでは、所有権といえども、必ずしも自然権的・所与のものとはいえず、権利の集合として再構成することになる。現代的な権利である知的所有権などと同様の位置づけが必要となろう。この場合には、外形的には所有権の制限といえても、補償をもたらさない場合もある。

(3)　所有権の空洞化

所有権の空洞化をもたらす原因は多様である。本稿では、収用された所有権の返還とその制限という問題を通じて、所有権そのものと、これに代わる補償請求権との関係を探ることにする。従来、この種の問題には、わが農地改革による土地の買収とこれに対する補償というテーマがあったが、本稿では、比較的近時の東西ドイツの再統一（一九九〇年）に伴う財産権の返還の問題をとりあげることにしたい。

それというのも、この問題には、収用された財産権の返還と、これに対する制限、後者の場合における金銭的な補償が複雑に行われており、所有権の空洞化のプロセスが原因別に比較的明確にみられるからである。

（１）　外部的な権威を否定することは、法的な権威の内部的再構成、契約的な構成（社会契約説）や基本権的な構成への道を開いたのである。その重要な契機は、封建的拘束に反対した近代市民社会であるが、私見によれば、その端緒は、プロテスタンティズム、とくにカルバァニズムに遡る。小野「私法におけるカノン法の適用」商論第二章四節(1)(ア)参照（〔利息〕に所収。一一頁以下、五〇頁）。

第二章　収用された所有権の返還の原則

第一節　はじめに

(1)　旧東ドイツ地域の改革

一九八九年から始まる民主化以来、東欧では財産制度の改革が行われている。そのなかで根幹をなすのが不動産の所有権であり、従来は財産権の中心をなしていた社会主義的な共同所有権が解体され、原所有者への返還あるいは売却による私有化が行われている。これによって、かつて東欧諸国において西側諸国とはまったく異質の規制のもとにあった土地所有権が、基本的には、共通する理念のもとに置かれることになった。一般的に土地法ではなお各国の独自性が強いといわれるが、国際的な一般化が行われつつある。そのプロセスを旧東ドイツ地域の改革を例にとって検討することとしたい。

この旧東ドイツ地域の改革は、旧社会主義国における共同所有権の私有化という初の試みに関するものであり、関係する法律も多数にのぼり、その改廃も多い。そのプロセスをたどることもかなり困難であるが、ドイツは、文献の整理、公表など参照の便がよく、またその運営にあたるのが西側の専門家であるために、比較的わかりやすいと思われる。同様の問題は、東ヨーロッパ諸国や旧ソ連など同じ問題をかかえる諸国の改革にとっても参考になると思われ、これら諸国の改革を理解するためにも有益であろう(2)。

(2)　所有権の返還問題

一九九〇年一〇月三日に、東西ドイツが再統一され、旧東ドイツ地域には、旧西ドイツ法（ドイツ連邦法）が導入され（統一条約八条）、また、旧東ドイツ時代における財産関係の大幅な修正が行われることになった（同二一条以下、とくに二五条）。

統一前の予想では、西ドイツの経済力と、東欧の中ではすぐれた東ドイツの工業力とによって、東ドイツ地域の再建は比較的容易とされていたが、じっさいには、予想外の困難があることが判明した。

予想外の困難は、おもに旧東ドイツ地域での西側企業の投資が活発化せず、経済再建が軌道にのらないことによる。それにともない失業問題も容易には解決されず、これは政治・社会問題にも反映されている。この困難には、旧東ドイツ地域における社会資本の不足、労働力の質、深刻な公害問題など種々の理由があるが、さらに、不動産所有権の不明確性も理由の一つになっている。すなわち、旧東ドイツ地域の不動産には、戦後の社会主義化の過程で収用されたものが多いが、統一にあたって、所有権の回復を求める者が多く、所有権の帰属が確定しないことから、この地域への西側企業の進出が遅れ、経済再建の足かせとなっているのである。

(3)　統一条約

旧東ドイツ時代に収用された財産権が旧所有者に返還されることについては、すでに旧東ドイツの時代の末に方針はうちだされていたが、東西ドイツの統一条約にも盛りこまれ確認されている。これが、財産権の返還問題についての出発点となる。

統一条約四一条「(1)ドイツ連邦共和国政府〔西ドイツ〕とドイツ民主共和国政府〔東ドイツ〕によってされた一九九〇年六月一五日の、未解決の財産問題に関する共同宣言は、この条約の一部となる。

(2)当該の土地または建物が投資目的のために必要なとき、とくに営業地の建築に用いられ、決定された投資の実現が国民経済的に促進する価値のあるとき、とりわけ、雇用の場を創設しまたは確保するときには、特別の法規によって、土地または建物の所有権の返還がなされないものとすることができる。投資者は、〔投資〕意図の重要なメルクマールの示された計画を遂行し、この基礎の上にその意図を遂行する義務をおう。旧所有者への補償は、法律で規定する。(3)省略」

内容的には、旧東ドイツ時代に収用された財産の所有権は、返還されることが原則とされ、返還されないのは、投資のために必要な場合の例外と位置づけられているのである。しかし、これは、過去四〇年間の財産関係を清算することを意味し複雑な関係をもたらすことになった。「新たな連邦諸州（五つの新たな州としてドイツ連邦共和国＝西ドイツに編入された旧東ドイツ地域）における未解決の財産問題」（die offenen Vermögensfragen im neuen Bundesländer）といわれる。

第二節　戦後の土地収用のプロセス

(1)　土地改革

(a)　旧東ドイツ地域の土地改革（Bodenreform）は、まずソ連の占領下に（一九四五年五月九日から一九四九年一〇月六日）ナチスの温床を一掃するため、大地主＝ユンカー（Junker）と大資本の土地を対象に行われた。戦犯とナチスの活動家、さらに主として一〇〇ヘクタール以上の大規模な土地が対象とされ収用されたが、土地改革は東ドイツの三分の一にあたる合計三二二万ヘクタールに及ぶ大規模なものとなった[3]。

収用された土地は、土地基金に組入れられ、このうち約二一七万ヘクタールが五四万人の小作農、零細農民や難民に分配され、残りは、公有地化された。また、不動産だけではなく、企業の収用も行われ、銀行、保険会社、鉱山、エネルギー供給業などをはじめ、九八七〇の企業が、手工業、商店を含めて、国有化された。

ついで、東ドイツ成立後の時代にも公有地化された不動産が多数ある。一九四九年以後の不動産の収用は、おもに、一九四九年一〇月九日以降、旧東ドイツを逃亡した者の財産を対象とする。そして、一九五三年六月一〇日以降、西側に逃亡、亡命した者に対しては、収用に類した強制管理が行われた。その結果、約一〇〇万人の西ドイツ市

東ドイツの土地改革（Bodenreform）

土地改革をうけた土地は，13,699件で，その総面積は，3,225,364ha. であった。そのうち，2,504,732ha. は，7,112の大規模農場（100ha. 以上）からのものであった。収用された土地の明細は，以下のようであった。

	100ha.以上の大規模の私有の農場	100ha.以下の私有の農場	国有地＊	国有の住宅地	国有の森林	その他
件数	7,112	4,278	1,203	129	373	604
面積	2,504,732	123,868	329,123	18,321	161,269	88,051

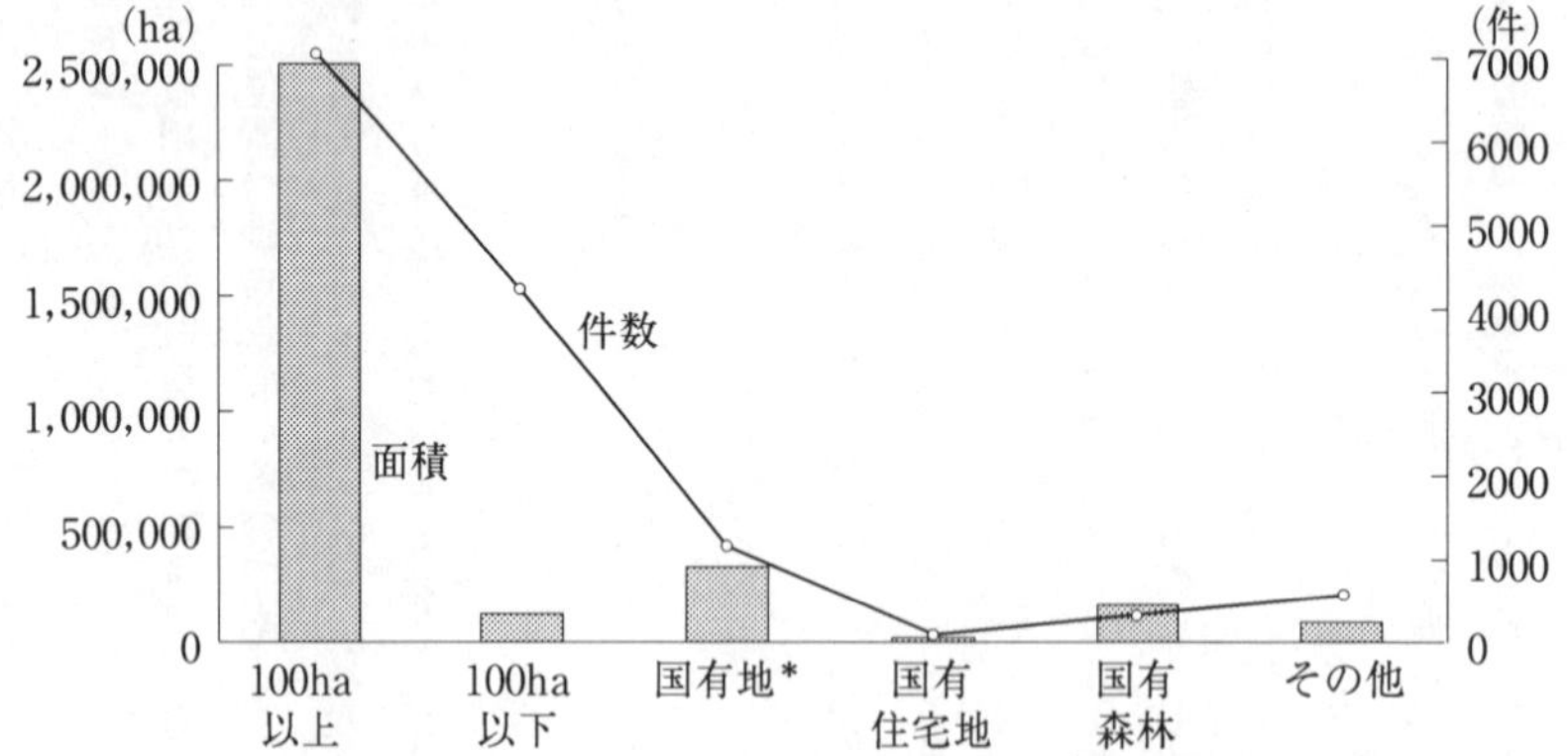

＊国有地には軍用地を含む。土地改革の対象は，従来のライヒ（Reich）の土地だけではなく，ラント（Land，州）の土地を含んでいる。私有地の収用は文字通り所有権の変換を意味したが，これらの土地の場合には，名目的なものにとどまった。1990年の再統一後にも，およそ240,000ha. の土地が，39万人の駐留ソ連軍のために使用された。(vgl. Repkewitz, Sowjetische Truppen und deutsches Verwaltungsrecht, Verw. Archiv 82（1991），388（S. 389））．これが解除されたのは，1994年8月末であった。

民が、このような財産への拘束をうけることになった。

もっとも、収用地の分配は、しだいに行われなくなり、分配された土地の土地基金への取戻しも行われた。また、一九五二年からは、農業の生産集合団体（ＬＰＧ）への農地の組みこみが行われた。ＬＰＧは、所有関係を形式的にはそのままにして、個人の処分権を制限し、利用権を包括的に取得することによって集団化を目ざしたのである。これによって、民主化の始まった一九八九年には、農地の八七パーセントがＬＰＧのもとに集団化され管理されていたのである。

(b)　旧東ドイツの憲法（一

九四九年一〇月七日）にも、財産権の保障に関する規定はあった（二二条一項）。もっとも、法の制限と公共のための社会的義務に関する制限を伴うとされ、一九六八年四月六日の憲法によって、個人的所有権は、社会的利益の下におかれるものとされた（憲法一一条）。社会主義的所有権が所有権の基本だったのである（民法典一七条以下）。また、一九七六年一月一日の民法典（ZBG）の施行にともない、個人所有権と共同所有権のような社会主義的所有権の区別が厳格に行われることになり、前者は、より下位のものと位置づけられるようになった（ZBG二三条一項）。もっとも、数量的には、個人的所有権は、共同所有権よりも多く、土地でなお全体の六〇パーセントを占めていた。しかし、その場合でも、所有権に強力な物権的利用権が付されたり（後述の「建物所有権」）、集団管理下におかれて、その内容がほとんど失われている場合もあったから、必ずしも個人所有権に関するこの数字を過大評価することはできない。

(2)　返還訴訟

(a)　以上の収用や共同化のうち、ソ連占領下で行われた収用については、後述のように返還は行われないから、必ずしも旧東ドイツの不動産、企業の所有関係が全面的にくつがえるというわけではない。これは、財産権の保障をめぐって憲法問題となり、連邦憲法裁判所の一九九一年四月二三日判決において、ようやくその合憲性が確認された（後述第四節）。なお、その後も、これと同趣旨の判決があり、また時期的には一九四九年の占領終了後の収用の場合でも、ソ連占領下で計画されたものがここに含まれると解されている。

しかし、それ以外の収用の効果はくつがえされ、個人所有権への国家管理も廃止される。また、社会主義的所有の財産は私有化される。そこで、これらの収用された不動産などの財産をめぐって、統一後、所有権あるいは管理権の返還が求められる多数の場合が生じ、一九九三年初頭までには、一〇〇万件を超えることになった。そして、一九九四年半ばまでにほぼその四〇パーセントが処理されたが、四万六〇〇〇件はラントの抗告委員会の手続に、また六九〇〇件は行政裁判所の手続にかけられた[4]。その後、返還に関する申請は、最終的には、二二三万一八六四件に達した。

(b)　さらに、再統一から八年後の、一九九八年六月三〇日の時点で、不動産返還問題の処理率は、八五・八九パーセントに達している。しかし、同日には、三三万八七五四件がなお未処理の扱いになっている。

金銭的な補償（Entschädigungen）には、未解決のものが多く残されている。法規によって返還（Restitution）ができないとされた判決が、すでに七八万〇二六三件も存在する。そこで、返還の手続では、返還を否定する問題としては解決されたが、なお補償の判断を必要とする。これは、のちの補償手続に関する次段階の重要な課題として残されているのである。

第三節　回復のプロセス

(1)　未解決の財産問題に関する東西ドイツの共同宣言

一九八九年一一月九日にベルリンの壁が崩壊した後、東西の統一の動きが現実化した。そして、統一前の一九九〇年春から、共同化された財産の私有化の動きが具体的に始まっている。しかし、過去四〇年間の財産関係の清算は、それほど簡単ではない。それが性質上不可能な場合もあるし、第三者や善意で取得した者との関係で必ずしも貫きえない場合もあるからである。

そこで、まずその基本政策を決めるために、同年六月一五日に、未解決の財産問題に関する東西ドイツの共同宣言が出された。この共同宣言は、さらに、のちに統一条約によって、統一後の東ドイツ地域の財産関係の基本とされることになった（前述第一節(3)の統一条約四一条一項）。

共同宣言の中心は、一九四五年から一九四九年（すなわち、東ドイツの成立までのソ連の占領期間中）に行われた占領法規による不動産の収用が、遡及して効力を失うことはないとされたことにある（共同宣言一条）。ソ連と東ドイツ政府は、これを合法なものと扱うから、西ドイツ政府は、歴史的経過を考慮してこれを承認しなければならない、とするものである。もっとも、国家補償の可能性に関する確定的な決定は、将来の全ドイツの議会に留保されるとされ、のちの補償法の基礎となった。

この共同宣言は、その同意をうることが統一にとって不可欠なソ連の立場に配慮したものである。一九四九年以前のソ連占領下の土地の収用に関しては、ソ連は、四〇年後になってその合法性を再度調査されないことに利益をもつからである。もっとも、ソ連も、共同所有権を再度私有化しあるいは金銭によって賠償することに対しては、反対しなかった。また、土地所有権、営業、その他の財産に関する国家による制限措置も、廃止される（同二条）。

しかし、東ドイツの成立後に収用された土地所有権は、原則として、かつての所有者またはその相続人に返還される（同三条）。ただし、以下の三点が考慮される（同四条）。

①　土地と建物の所有権の返還は、その利用ないし目的が、共同使用に当てられ、共同住宅や団地に使用され、営業的使用をされまたは新しい企業体に組み込まれることによって変更されたときには、事物の性質上不可能とされる。この場合には、東ドイツ市民のために適用される規定にしたがってすでに補償がなされたのでないかぎり、新たに補償が供せられる。

②　東ドイツ市民が、返還される不動産の所有権または物権的利用権を善意で取得した場合には、(5) 代替的価値のある土地との交換または補償が前の所有者に行われることによって、社会的に相当な清算がなされる。

③　もとの所有者または相続人が返還請求権を有しても、それによらずに補償を求めることもできる。

つまり、以上の場合には、返還はなされず、それに代わる価値の賠償が行われるのである。

(2)　返還申請法、財産法と投資法

この共同宣言をうけて返還のための具体的な法律が定められた。①一九九〇年七月一一日の返還申請法、および②同九月二三日の財産法、③同九月二三日の投資法である。これらは、統一後も統一条約の規定によって、連邦法として効力を保つことになった。

返還申請法によれば、旧東ドイツの法律によって、収用されまたは国家あるいは信託的に管理をうけるにいたった財産につき、旧所有者は返還請求ができるものとしている。また、一九三三年一月三〇日から一九四五年五月八日までに（すなわち、ナチスの政権期間に）、人種的、政治的、宗教的理由または世界観を理由として財産を失った者にも、返還の請求を認めている。さらに、法治国家的な刑事手続に反して財産を収用された者にも、返還の請求を認める。このように、ナチスによる収用をも対象とするのは、ナチスが収用した財産がさらに収用されて共同所有とされているから、たんに現在の共同所有を排除するだけでは実質的な救済にはたりない場合があるからであり、形式的には、ナチスの財産の回復ではないことを示すためでもある。

返還のための申請は、当初遅くとも一九九〇年一〇月一三日までにしなければならないとされた。返還申請法には申請期間の制限があり、これは、とくに共同宣言において、もともと返還申請の期限を限定する趣旨があったことにもとづく。しかし、財産法の制定過程で、申請期間を制限期間としないこととされた。これは、西ドイツの従来の戦争損害賠償法にあわせるためである。そして、財産法三〇条によれば、返還請求権は、無期限に行使することができる、とされた。もっとも、これでは、財産関係の安定を損なうとして、一九九二年の第二次の財産法の改正においては、新たな制限規定が設けられた（三〇a条。すなわち、返還の申請は一九九二年一二月三一日以後はできないとされた）。

申請期間には、返還請求にさらされる現在の所有者の地位、ひいては財産の取引可能性を保障するものとしての意義がある。すなわち、旧所有者から、返還申請法上の申請または財産法上の申請がされると、現在の所有者は、物権的な処分行為をしたり、長期の債権法的義務を引きうけたりすることができなくなる。たんに緊急的事務処理のみが可能となるのである（財産法三条三項、一五条二項、三項）。しかし、申請がなされないと、所有者は、当該の財産を処分することができる（財産法三条四項、一一条二項）。つまり、売買や長期の賃貸借をしても、その法律行為は有効となるのである。申請が遅れてもおよそ行われれば、所有者は処分を制限されることになるが、それまでになされた処分には影響がない。この場合には、金銭補償が行われることになる。申請期間の制限が実効性をもたなかったことに代わる効果をもつものである。

(3)　返還のための権利処分の制限

この処分権の制限は、法律行為の絶対的無効をきたすものではなく、債権法的な義務を、現在の所有者と旧所有者の間で形成するにすぎない。そこで、申請があるのに行われた法律行為（たとえば、現在の処分権者が売却してしまった場合）でも、第三者に対しては有効となる。これは、法的取引の保護と投資の促進を目ざした効果である。この場合に、法は、旧所有者の保護のために、現在の処分権者の注意義務に関する特別の要求をしている。すなわち、処分の前に、申請のないことを確認することである（財産法三条五項、一一条三項）。この注意義務の違反は、損害賠償ないし国家賠償上の請求権を発生させる。

(4)　返還のための「善意取得」の制限

返還に関する法律施行後の旧東ドイツの諸州では、殺到する申請によって返還の手続はいちじるしい困難に直面した。統一後には、連邦と旧西ドイツ諸州の、技術的および人的援助はあったが、申請を正しく登録し、関係者に通知することが不可能となった。そこで、連邦司法省は、一九九〇年一〇月に、たとえ一九九〇年一〇月一三日の申請期限が経過しても（財産法上は処分が可能になるが）、処分などの法律行為に着手しないよう信託公社など処分権を有する者に勧告した。

また、統一と公有所有権の私有化によって、旧東ドイツ地域には、従来とまったく異なった土地所有権概念が導入された。返還請求へのおそれと同時に、土地の高い価値の増大への期待も生じた。そこで、多数の投機的売買が、とくに一九九〇年三月以後（この日から公の所有権を個人的に取得することができるようになった）生じた。従来なかったような数千の売買契約が行われ、公証人、測量士、登記官は、短期間に処理しえないような事務に直面した。

東ドイツとの協定では、このような売買は、未解決の財産問題の、社会的に相当な処理という点では、保護に値いしないとされた。そこで、共同宣言では、土地・建物の譲渡で、かつての所有権が不明でありながら一九八九年一〇月一八日以後なされたものは、再検討することとされている（一三条(d)）。これはさらに、財産法四条二項二に明示されている。このあとには、「善意取得」はできないとされたのである。

第四節　返還されない場合

(1)　占領下の収用の場合—連邦憲法裁判所①判決

財産権の返還の原則といっても、もともと、これには大きな制限があった。すなわち、返還されるのは、旧東ドイツの時代に収用された財産だけであり、それ以前（一九四五年〜一九四九年）のソ連占領時代の収用には変更が加えられないことが、前提であった（前述第三節(1)の共同宣言）。それゆえ、これは私有財産に関する憲法問題をもひきおこしたのである。しかし、連邦憲法裁判所の一九九一年四月二三日の判決（①判決）[6]によって、一九四五年から一九四九年の間の収用の効果は、くつがえされないことが確認され、この間に生じた所有関係は、投資の障害にはならないことが明らかとされた。すなわち、憲法的観点から、統一条約、共同宣言の有効性が肯定されたのである。

①判決は、一九四五年から四九年にソ連占領下の旧東ドイツ地域で行われた土地改革について、旧所有者の所有権回復の請求を斥けたものである。東西ドイツ統一条約四一条に採り入れられた東西ドイツの共同宣言、あるいはこれを具体化した返還申請法、財産法のいずれによっても、一九四九年の東ドイツ成立以前に占領法規ないし占領高権のもとで行われた土地改革によって行われた収用は、返還の対象とならないとされていた。これらは、

財産の返還を認めないだけではなく、それに対する補償についても具体的にはふれていない。そこで、このような返還も補償もしない、との統一条約の合憲性を、旧所有者一四人が争ったのである。原告は、これが基本法上の財産所有権に関する基本的権利を侵害し、また法のもとの平等に違反するとする。

しかし、①判決は、統一条約の規定を合憲とした。財産の収用が、外国によって、また一九四九年のドイツ基本法の成立前になされ、ドイツ国家にその責任を問うことはできないことを理由とする。もっとも、一定の補償をするべきことは認めた。

(2)　東ドイツによる収用の場合―連邦憲法裁判所②判決

また、連邦憲法裁判所の一九九一年七月九日(②判決)[7]の判決は、一九八七年に行われた収用の効力に関するものであるが、返還申請法・財産法の合憲性を前提にしたものである。直接の争点は、財産法の具体的な解釈に関する。

同事件では、Yは、一九八八年にXから収用された公有の土地に関して利用権を取得し、そのうえに建物を建築し、また変革後に公有の土地の所有権の取得が可能となったあと、一九九〇年五月にその所有権を取得したのである。しかし、収用された財産が返還されるとの財産法の原則によると、その土地所有権はXに返還されなければならない。そこで、Xは返還の申請を行い、他方、Yは、財産法の適用を排除するために、第一に、土地は補償のうえ収用されたのであり、財産法(一条一項(a)(b))の規定によって、返還請求ができないことを、第二に、本件の利用権の貸与は、財産法(四条二項二文)上の善意取得にあたることを、第三に、土地は、住宅に使用されているから、財産法(五条一項(c)、土地の返還請求権は、土地のいちじるしい建築的使用がある場合には、排除される)によって、請求権が排除される、と主張した。Xの返還を否定した原判決に対して、Xが憲法訴訟を提起し、これをうけて②判決は、Xの請求(第三点)をいれたのである(住宅はプレハブであり、土地のいちじるしい建築的使用にあたらない)。

1946-50年の日本の農地改革の進展　（単位：1000町）

年度	1946	1947	1948	1949	1950
改革の面積	118	1,177	367	74.8	44.9

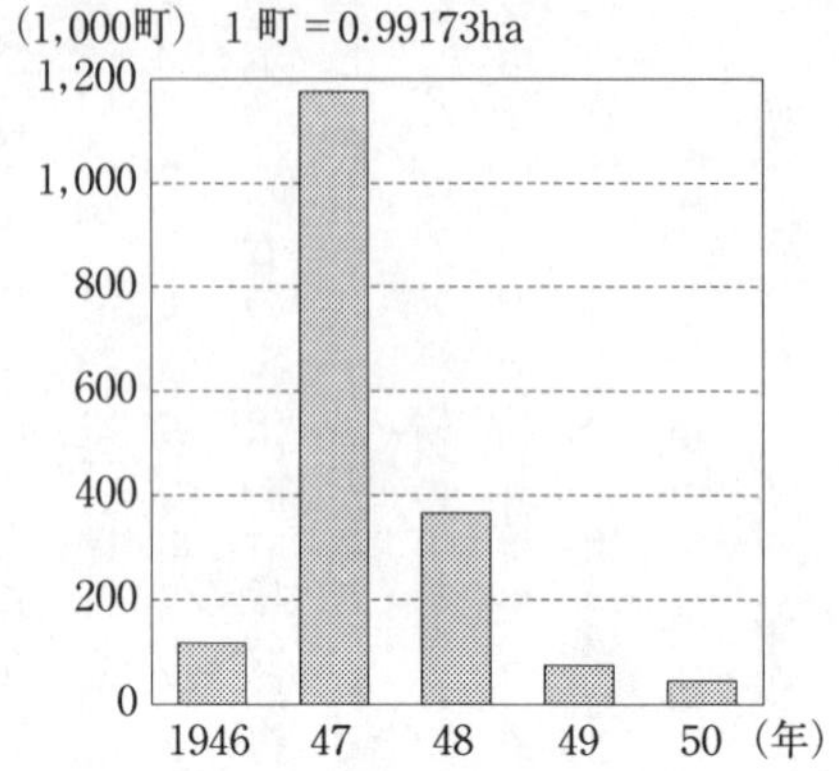

（2）　以下の記述はおもに、①「東ドイツ地域における不動産所有権の返還問題」一橋大学研究年報・法学研究二四号（一九九三年）三頁以下、②Land Reform in Japan (1945-1951) and in the former East Germany (1945-1949), Hitotsubashi Journal of Law and Politics, vol. 22 (1994) p. 43, ③「財産権の返還と投資の保護」国際商事法務二七巻一号〔一九九九年〕の拙稿をもとにしている。関連する参考文献については、①の末尾参照。

（3）　旧東ドイツの土地改革を日本の農地改革と対比すると、二点の大きな相違を指摘することができよう。

第一は、改革の影響である。旧東ドイツのそれは、一万三〇〇〇人の大地主から三二〇万ヘクタールを収用し、そのうち二〇〇万ヘクタールを五四万人に分配した。他方、日本の農地改革は、一三〇万人にのぼる地主から二〇〇万ヘクタールを収用し、これを四七五万人の自作・小作農に売却したのである。収用された面積は旧東ドイツのほうが大きいが（また、かつて土地が集中していた程度も）、わが国では、はるかに広くから収用され、また分散されて売却されたのである。

第二に、農地改革では、農地の売却はただちに行われ、あらためて私有化の問題が残らなかった。旧東ドイツでは、かなりの土地が公有化され社会主義的目的に利用されたのと対照的である。占領下の収用がくつがえされないことは同様であるが、安定性において大きな相違がみられるのである。日本の農地改革との対比については、前注（2）に引用の文献②五四頁参照。前頁のグラフをも参照。

（4）　Deutscher Bundestag 12. Wahlperiode, Drucksache 12/4428 (26. 02. 93), S. 1, Antwort der Bundesregierung. これによれば、返還されるべき住居は九万件、農地は五〇万ヘクタール、企業は四〇〇〇とされる。一

九九一年の時点で、総数一〇八万四八三九件（そのなかの請求権は、二三五万五七八七個。一九九三年には、件数は一四〇万件となった）にのぼった返還請求がすべて認められるわけではなく、そのなかには、後述のように返還の対象とならない不動産も算入されているからである。

当初の決定が抗告委員会によって取消される率はごく低く、わずか約五パーセントにすぎない。また行政裁判所は、抗告委員会の決定のほぼ七七パーセントを支持している（Grunwald und Stubbemann, Die neuere Rechtsprechung zum Vermögensrecht, Neue Justiz, 1994, 494）。

（5）財産法でいう「善意取得」（in redlicher Weise）は、民法上の「善意取得」（in gutem Glauben）とは意味を異にする（共同宣言三条b、ド民八九二条参照）。すなわち、後者では、前所有者に所有権があることへの信頼を保護することが善意取得の目的であるが、財産法で問題となるのは、西側への逃亡者の財産が収容され、これが売却されたといった場合であり、取得者は、収容という国家の行為を信頼したからにすぎないのであって、前所有者の所有権を信頼したからではないからである（少なくとも収用の事実については悪意であるから、収用じたいが保護されないとすれば、取得は保護されないことになる）。

（6）BVerfG. E 84, 90 I (Nr. 8)。なお、①判決については、前注（2）に引用の文献①八二頁以下参照。

（7）BVerfG. E84, 286 I (Nr. 19)。なお、②判決については、前注（2）に引用の文献①九六頁以下参照。

第三章　返還に代わる金銭的補償

第一節　金銭的補償

(1)　四つの場合

以上の諸場合に、財産権の返還には、すでにかなりの制限がかかっていることが指摘できよう。まず、①収用が一九四九年以前のソ連の手による場合には、一律に返還の可能性が除外される。また、それ以外の場合でも、

②すでに補償が行われた場合、③事物の性質上不可能な場合、④善意取得された場合が除外される。

また、返還のための方法が注目される必要がある。それは、当然に収用の効果をくつがえすわけではない。たんに、返還請求権を旧所有者に認めるだけである。返還の申請がなされれば、現在の所有者は目的物を他に処分することを制限されるが、申請がされなければ、処分は有効に行えるし、申請前にされた処分も有効とされる。さらに、統一後、東ドイツ地域に投資を呼びこむために、投資意図によって行われる処分には、返還が制限される場合が拡大された（後述(2)）。その結果、名目的な返還請求権は、必ずしも絶対的なものとはいえない構成となっている。

もっとも、旧所有者の返還請求権をたんなる債権的請求権とみることへの反対も、一部学説からは唱えられている。(8) このような学説は、返還請求権を物権の一種、あるいは物権と債権との中間的な権利とみることによって、旧所有権との同一性をみいだそうとするのである。

(2)　財産法改正

所有権の返還に関する財産法は、一九九一年と一九九二年の二回にわたって大幅に改正された。まず、一九九一年三月二二日の〔投資に対する〕障害除去法は、投資を優先して返還を制限する方向性を打ち出した。すなわち、財産法の改正（旧三a条）によって、財産の現在の保持者が一定の範囲の者であり、その者に特定の投資意図のある場合には、旧所有者の申請によって処分権がなくなるとの財産法の返還の原則（三条三項）をはずして、財産を譲渡、賃貸する権利を認めた。この場合には、投資が返還に優先するのである。財産法による返還の原則によれば、所有者など現在の処分権者は、財産を権利者＝旧所有者に返還しなければならないから、財産の処分は本来できない（三条）。しかし、投資の目的のために例外的には財産の譲渡、賃貸が、認められるのである（三a条一項）。

しかし、このような投資の優先も全面的なものではなく、また、規定の複雑さから、投資に寄与するかとの疑問が提示された。

そこで、一九九二年七月、第二次の財産法およびこれに関連する法規の改正が行われた。財産法の改正と新たな投資優先法が制定されたのである。内容的には、投資の優先の要件をより軽減し、また他人の土地のうえに自己の建物を有する利用者の保護を強化することも目的とされた。

(3) 補償法

また、一九九四年に、財産等に対する補償法がいくつか成立している（①Entschädigungsgesetz, 27. Sep. 1994 ; ②Ausgleichsleistungsgesetz, 27. Sep. 1994 ; ③NS-Verfolgtenentschädigungsgesetz, 27. Sep. 1994）。返還の不能をもたらした原因による区別のみられることが特徴である。

①は、善意取得、投資的な利用による返還不能などにより財産権が返還されない場合に対する補償を定めたものである。②は、一九四五〜一九四九年の占領期の収用で、財産権がもともと返還されないとされている場合の補償を定めたものである。②をとくに区別するのは、占領高権による収用を区別するためである。③は、一九三三〜一九四五年の収用で、返還がなされない場合の補償を定めたものである。内容的には、基本的に一九三五年の「統一価格」(Einheitswert) に、農地、宅地など土地の種類に応じて数倍をかけた額が補償される（①三条参照）。

また、④Strafrechtliches Rehabilitierungsgesetz, 1. Juli. 1997 ; Verwaltungsrechtliches Rehabilitierungsgesetz, 1.Juli. 1997. は、それぞれ一九四五〜一九九〇年の法治国家的手続を欠いた刑事および行政判決の取消とそれに対する補償を定めている。

さらに、Mauergrundstücksgesetz, 15. Juli. 1996. は、ベルリンの壁や東西の国境の境界の建設のために土地を収用された旧所有者が、低価格で土地を取得できることを定めている。すなわち、旧所有者は、現在連邦の所有する土地を、契約締結時の取引価格（Verkehrswert）の四分の一の価格で取得できるのである（二条一項）。この場合には、旧所有権の返還の構成は放棄され、旧所有者は、もとの所有権をたんに低額で再取得できることが認められているにすぎない。東西の国境地には投資が行われていることはまれであるから（一部の観光名所、たとえばもとのチェックポイントなどを除く）、他の不動産や企業の場合よりも返還の構成がとりやすいはずであるが、これが放棄されているのである。(9)

もっとも、この場合でも、連邦政府が、緊急の公的な目的（dringender öffentlicher Zweck）のために使用し、または、公的な利益のために第三者に譲渡しようとする場合は売却は許されない（二条一項但書）。原所有者に売却される場合に、同人がただちに代金を払うことがいちじるしく困難である場合には（erhebliche Härte）、年利四％の利率を付して支払を猶予することもできる。売却のさいに必要なコスト（たとえば、測量や評価の費用）は、例外的に連邦が負担するとする場合にのみ、代金とはべつに給付される（同条二項）。原則は、自分の負担である。しかし、土地の取得は、土地取得税の負担をおわない。この場合にだけ、土地が原所有者のものであったことが評価されているものといえる。また、この代金は、所得税法（Einkommensteuergesetz）二三条（投機取引＝Spekulationsgeschäfte）の意義における購入代金（Anschaffung）にはあたらないと扱われる（同条三項）。さもないと、二年以内の不動産の取得・譲渡は投機取引とされ（二三条一項a）、利得は譲渡価格と取得価格との差額とされるから（同条三項）、取得したあと転譲渡すると、価格を軽減された部分につき課税の可能性がある。(10)これが投機による利益とされないことも、土地が元来は原所有者のものであったことが考慮されているものといえよう。

第二節　補償類型の拡大――賃借権との折半方式

(1)　利用権の保護

利用権の保護は、統一時から大きな課題であった。すなわち、返還される土地上に存在する建物は、旧東ドイツ地域の建物の五三％にのぼった。旧東ドイツの時代には、他人の土地のうえに物権的な利用権を取得して建物を建築することが多かったが、統一後、賃借人の地位は、民法典施行法の改正（二三三条＝物権法関係の第四条）によって暫定的に保護が与えられ、これらの自己建物の所有者およびその他の土地利用者には、とりあえず一九九四年一二月三一日まで、従来の範囲で利用を継続する法律上の権限が与えられた（同二三三条の第二a条、二b条参照）。土地所有者からの明渡請求からの保護をねらったものである。そして、この時までには、権利関係の確定されることが期待された。

しかし、実際には、このような確定は、ほとんど行われなかった。旧東ドイツ時代の利用権はたんなる使用権というよりは、ほとんど所有権に近いものであったから、これに代えて、たんなる民法典上の地上権を付与するのでは不十分であったからである。

(2)　物権整理法

そこで、さらに一九九四年の改正では、解約のための告知の期間を二五年以上とし、利用者に先買権が付与された[11]。一九九四年九月の物権整理法（Gesetz zur Sachenrechtsbereinigung im Beitrittsgebiet vom 21. Sep. 1994, BGBl. I, S. 2457, in Kraft seit 1. Okt. 1994）である。その骨子は、以下のとおりである[12]。

①　土地と建物の調整のためには、旧東ドイツの制度はドイツ民法典（ＢＧＢ）のそれに転換される。そのさいに、ＢＧＢの物権法定主義に関し、物権の種類の修正は行われない。つまり、ＺＧＢ（東ドイツの民法典）をモデルにした建物所有権あるいは利用権にまで物権を拡大することはなく、東ドイツに特有な「建物所有権」（他人の土地を収用して物権的な利用権を設定すること）は廃止されることとされたのである。

②　しかし、建物所有の形態には、旧東ドイツ法に従っても合法的なものと、そうではないもの〔適法な収用が行われていないもの〕とがあるが、後者においても旧東ドイツ当局によって法が無視されたことを見過ごすことができない。そこで、建物所有権の瑕疵は、旧東ドイツ法上の合法性によって判断されるのではなく、事実的関係によって治癒される。(13)さもないと、旧東ドイツの市民がその利用権を法的に保全されるかどうかは、偶然によることになるからである。

③　他人の土地に対する建築による投資は、とくに保護される必要がある。建築が当局によって許可されたときには〔適法な収用がなくても〕、当時の理解によれば、所有者の権利に対しても優先したから、そのような利用者の信頼は保護される。

④　統一後、自由な土地市場の導入により、価格がいちじるしく高騰した。この価格の騰貴は、所有者にも、土地の利用を認められた者や事実上所有者と同様の地位をもっていた者にも、予想外のものであり、一律にはどちらに配分することもできない。これは、所有者と利用者に五〇％ずつ分配される（折半の原則、Halbteilungsprinzip）。(14)

⑤　価値の分配は、建物を建築した者が、なお利用できる地位を保持するようにも行われる。たとえば、その存続期間の大幅な延長である。(15)

物権整理法は、当局により貸与された利用権による建物にも、事実的権利上の建物にも適用される（一条）。それによれば、土地に善意で住居あるいは営業上の建物を建築した者は、土地を取引価格の半分で買うか、長期の地上権（Erbbaurecht）をえて通常の賃料の半分で借りるか、の選択権をもつのである。地上権によって、利用者は、建築的使用が可能となる。それは、また、旧東ドイツの利用権にもっとも合致するものである。

物権整理法によって、統一的な物権法が確立した。物権整理法は、善意の利用者とその投資の保護を追求しており、旧東ドイツの利用権の質による区別をするものではない点に特徴がある。

もっとも、財産法と物権整理法の間には、価値判断のそごがある。財産法によれば、返還が原則であるのに対して、物権整理法では、実質的にこれが阻止されているからである。[16] ここでは、過去の投資が（建物所有権の取得）、返還の原則に優先しているのである。また、金銭的な補償という形式によらずに、利用権の保護という形式によって、返還される所有権の内容が制限されていることが特徴である。

(3)　債権的利用関係の調整法

統一後は、契約的な利用者とその投資の保護も問題となった。これを整理したのが、債権的利用関係の調整法 (Gesetz zur Anpassung schuldrechtlicher Nutzungsverhältnisse an Grundstücken im Beitrittsgebiet vom 21. Sep. 1994, BGBl. I, S. 2538, in Kraft seit 1. Jan. 1995) である。

債権的利用関係の調整法は、旧東ドイツの民法典（ＺＧＢ）上の債権的な利用関係を、現行ドイツ民法典（ＢＧＢ）の使用賃貸借または用益賃貸借に移行させることを予定している。統一の前後を問わず、債権的な利用権であったという同質性にもとづくものである。両者の間には、利用者の利用権の永続性への信頼という相違があるが、これは告知期間をいちじるしく延ばすことによって保護されている。居住目的で土地を使用する場合には、最大二〇二〇年一二月三一日まで、告知からの保護が計られている（五二条二項）。利用条件（賃料、契約の終了のさいの利用者による投資の補償）も、新たに規定された。[17]

（８）　このような見解として、前注（２）に引用の文献①四三頁注（８）参照。
なお、旧ソ連や他の東欧諸国では、債権的な返還請求の形式での回復すらも否定して、財産権の私有化は、公有財産の売却による場合が多い。この場合には、旧所有者の所有権は、それ自体として回復されるよちはないから、補償が行われるとしても、金銭的な請求権に化体してその帰属だけが問題となる。これは、旧東ドイツでも、回復が及ばない一九四九年以前に収用された財産に対するのと同じである。ちなみに、回復が行われないことは、かつてのわが農地改革の場合も同様であった。

（9）近時の諸法律の内容については、Vgl. Kadner, Die Transformation des Vermögensrechts in Ostdeutschland nach der Wiedervereinigung, ZEuR, 1997, 86.

（10）必ずしも再譲渡しない場合でも、時価よりも安く取得した分だけ課税されるかの問題が生じるよちがある。なお、所得税法二三条の一般的な構造については、vgl. Schmidt (hrsg.), Einkommensteuergesetz, 1998, S. 1788ff.

（11）Schmidt-Räntsch, Einführung in die Sachenrechtsbereinigung, VIZ 1994, 441 ; Trimbach und Matthiessen, Einführung in die Schuldrechtsanpassung, VIZ 1994, 446.

なお、先買権が行使された場合の代金は、「相当な価格」(der richtige Preis) であり、これは、通常は、土地価格の半分とされる。また、地上権が設定される場合も有償とされる。

（12）Kadner, a. a. O., S. 97 ; Wesel, Nutzer, Nutzung und Nutzungsänderung nach dem Sachenrechtsbereinigungsgesetz, DtZ 1995, 70 ; Leutheusser-Schnarrenberger, DtZ 1993, 34.

（13）そこで、これは事実的物権と呼ばれる (faktisches Sachenrecht)。Kadner, a. a. O., S. 96.

（14）Kadner, a. a. O., S. 98. ZGB二八七条以下によると、利用権には、原則として期限の制限がなく、対価も無償であった。内容的には、実質的に所有権に近いものといえる。

（15）Kadner, a. a. O., S. 99. つまり、この期間内では、財産権の返還は行われないことになり、実質的には、「返還の原則」の大幅な修正ともいえる。

（16）Kadner, a. a. O., S.99-100. 財産法では、土地が補償なしに収用されたならば、「善意取得」の場合を除き、所有者は、返還を請求できる。しかし、土地が収用されたのでなく、当局により事実上の建築を許されたにとどまる場合でも、利用者は、物権整理法により存続を保護されるのである（前注（13）参照）。

（17）Kadner, a. a. O., S. 101 ; Schnabel, Erste praktische Erfahrungen mit der Schuldrechtsanpassung, NJW 1995, 2661.

債権的利用関係の調整法は、一九九四年の債権調整法 (Schuldrechtsanpassungsgesetz) の一部である。後者は、同年の物権整理法とともに、旧東ドイツの財産関係の整理を目ざして、いくつかの法改正を行った。

さらに、一九九八年にも、一〇月二一日発効の、かなり大規模な財産法の改正がある（Vermögensrechtsbereinigungsgesetz (VermBerG), BGBl. I, 3180.）。これについては、本稿では立ちいらない。Vgl. Rodenbach, Herrman-Josef, Das Vermögensrechtsbereinigungsgesetz und seine Implikationen, NJW 1999, 1425 ; ders., Die Entwicklung der Gesetzgebung im Bereich der offenen Vermögensfragen im Jahr 1998, VIZ 1999, 1.

第四章　所有権の金銭債権化

(1)　返還の制限と補償による金銭化

以上の経過を整理すると、所有権空洞化のプロセスが明らかになろう。当初の原則は、統一のための期待を高める政治的な意図もあって、財産の返還にあった。もっとも、この場合でも、第一に、占領下に行われた財産関係は維持されるものとされ、返還されるべき所有権の多くは、金銭的な補償請求権に転換されることとされた。実質的には、これによる財産関係の安定が意図されたのである。この部分は、わが農地改革の場合と類似しているともいえよう。

第二に、東ドイツ成立後の財産収用については、「返還の原則」が適用されるとされた。しかし、これらの場合でも、戦後四〇年間の財産関係の清算は容易ではない。ここで、現実との妥協がはかられた。すなわち、事物の性質上返還が不可能な場合や目的物が善意取得された場合が除外された。また、投資的な利用による返還が免除される場合の範囲も、しだいに拡大された。これらは、第一の場合とは異なり、民事的な理由にもとづくものであるが、その契機が旧東ドイツ国家の政策にあったことから補償の対象とされることとされ、金銭的な補償請求権に転化したのである。

第三は、旧所有者と利用者との関係で、後者の保護が計られたことである。これは、「返還の原則」の実質的な放棄ともいえる。この場合には、すでに、補償による金銭的な救済も考えられていない。国家による利用の保護が実質的には「収用」的な意味をもつとすれば、少なくとも金銭的な補償の対象となることは避けられない。しかし、負担付での返還にせよ、それが、東西統一後の財産価値のいちじるしい上昇によって、いわば新たな財産が発生したものと構成されれば、補償は必要ではない。こうして、利用者が保護されながらも、これに相当する旧所有者の権利は、もはや補償の対象ともされなかったのである（「折半の原則」）。しかし、利用と所有の調整という関係のもとにも、所有権の把握に対する国家的な対応の影響があることが注目される必要がある。

(2)　所有権の制限と新たな権利

わが法のもとでも、農地改革による土地の収用は、強制買収の形式をとったために、その代金額の相当性が問題とされた[18]。占領下の収用の効力が保存されるという意味では、(1)の第一の場合と対照できよう。対国家的な財産権の制限が問題とされた事例である。他方、利用権の保護は、同じ所有権の制限でも（なしくずし的な）私人間の賃貸借契約の効力の変更という形式をとっていたために、対国家的な問題を生じるものとはされず、もっぱら賃借権の物権化という民法的次元の問題とされた[19]。こちらは、権利内在的な制限の一環と把握されたのである。しかし、権利金による賃借権の買取がないという意味では、収用に近く、所有権への新たな制限であったといえないこともない。

新たな権利の創設によって、個人間の権利の再配分が行われることは少なくない。権利の創設は、所有権が自然権的発想から権利の集合と把握される限りでは、その所有権への制限（収用ともいえる）であるが、もともと一般の所有権に包含されないものとすれば、補償の問題を生じない。たとえば、必ずしも一般の土地所有権の通有性とはいえない権利の場合である。鉱業権や温泉権がそれであり[20]、これらは、一般の土地所有権にプラスの内容をもつにすぎないから、土地所有権に対する制限としての性格は少ない。従来から、土地所有権とは別個の権利と把握されてきたゆえんである。

(3)　自然権的発想から権利の集合としての所有権

これに対し、従来から所有権の内容に包含されてきたものが新たな権利の対象として固定される場合は、より困難な問題を含んでいる。近時では大深度地下の利用権がそれである。自然権的発想のもとでは、土地の地下の利用権は、土地の所有権の内容に包含されるから、その一方的な収用は国家に対しては補償を、利用権者に対しては利用権の設定を必要とすることになろう。(21) 地上の利用権となると、より影響は大きい。道路指定には所有者の同意が必要であり（道路法）(22)、その他収用が補償を必要とすることはいうまでもない。容積率の変更も、場合によっては補償問題を引き起こす可能性がある。(23)

同様な問題は、所有権以外にもある。とくに、従来は包括的な自然権の一部に包含されていた権利から、新たな権利が生成する場合に多くみられる。たとえば、知的所有権がそうである。これを生来的・自然的なものとすれば、その保護はできる限り包括的なものとなろう。しかし、これを新たに法によって保護されるにいたったものと把握すれば、保護の内容と期間は限定的、かつその利用をも公共的な制限に服せしめるものとなる。近時議論のあるＣＯ$_2$や廃棄物の排出権も同様であり、これを生来的・自然的なものとすれば、新たに法によって限定する場合の範囲はできる限り限定的なものとするべきことになろう。しかし、これも法によって新たに再構築されるべきものとすれば、環境的視野や公共的な制限が優先するものとなる。

すなわち、新たな権利の構成によって、新旧の権利者相互間の権利の調整が計られている場合であっても、それは必ずしも当事者間の問題のみに解消されるわけではなく、その背景には、公共的視点による自然権的な権利の制限が問題になっていることが多いのである。所有権は、おそらくその内在的、自然権的把握において、もっとも堅固な分野である。このような意味において、新たな権利の生成にあたって、所有権はその制限とともに、もっとも有益なモデルを提供するものとなろう。

(18)　わが農地改革において、その合憲性が争われたこと、その中心的な議論が、収用価格の相当性にあったことについては、前注（2）に引用の文献②五一頁以下参照。

(19)　賃借権の物権化は、従来もっぱら個人間の問題としてとらえられてきたが、これは、その端緒が明治四二年の建物保護法によってつけられたことと無関係ではない。国家責任を問うには、時代的に熟していなかったからである。また、地震売買を防ぐことそのものは、私人間の問題にすぎなかったからである（契約の遵守）。

逆に、近時の立法である定期借地（一九九二年＝平四年施行）あるいは定期借家（一九九九年成立）は、反対の意味での所有権の形態の変更となる。土地所有者からは利用権の負担からの「解放」であるが、利用権者にとっては、「収用」ともいえるからである。しかし、立法にさいしては、必ずしもこのような国家法的な意味づけが論じられることはなかった。

(20)　温泉権が物権法定主義（一七五条）の例外、あるいは少なくとも同条の「法律」に「慣習法」を含むという形で肯定されたことは、あらためて詳述するまでもないであろう。

(21)　沿革的にプロイセンとオーストリアでは、不動産登記簿の管理は裁判所（Amtgericht）に委ねられた。ドイツ法でも同様である。わが国でも明治初期には、登記事務は、治安裁判所が扱うものとされ、また、明治二三年の裁判所構成法でも、区裁判所において非訟事件として扱われた（一五条）。登記事務が行政事務とされたのは、昭和二二年、日本国憲法の施行後である（小野「司法書士の業際問題に関する一考察・上」ＮＢＬ六一一号一六頁）。〔本書第一部二篇所収〕

今日的な見地では、東ヨーロッパの土地の私有化に伴って、登記簿を司法と行政のいずれが管理するかが問題となっている。一八世紀的な理由は、行政や自由業に対する不信であったが、今日では、手続の安定性に求められるべきであろう。東ヨーロッパの場合、行政の管理による場合には、時々の政権により私有化政策の維持・範囲が必ずしも明確ではなくなるからである。同様の事態は、わが国においても、みられないわけではない。すなわち、登記簿の管轄が法務省にあることから、大深度地下権などで新たな権利の創設が省庁ごとに意図されるのである（かりに、司法の管轄下にある場合であれば、個別の行政省庁ごとの主導で、いわば早いものがちに検討が行われるような事態は生じないであろう)。

(22) 道路認定後にその使用ができなくなる効果について、大判昭一四・三・一〇民集一八巻一四八頁参照。これにつき、小野・民法総合判例研究・危険負担七頁参照・【I】二〇一頁参照。

(23) 一団の土地の区域内において既存建築物を含めて一体的な観点から建築物を建築する場合に、複数建築物が同一敷地内にあるものとみなして、容積率制限、日影規制等を適用するのが、近時議論のある連担建築物設計制度である(もちろん、それ自体は何ら本稿の対象とするものではない)。建築規制の適用の合理化を図るため、近時唱えられているものであるが(一九九七年一二月二二日に建設省から公表された試案)、A地の容積率をB地の容積率に移転する権利は、A地にとっては、所有権の制限となる。その設定にあたって、従来の不動産公示制度との関連づけが不明確にされた結果、いちじるしく利用を制限されるような場合には(たとえば、移転された容積率の制限につき不知のままA地を取得した場合)、補償の問題を生じうる。従来の土地所有権の把握からすれば、これをまったく新たな権利として、個人間の問題のみに転化することはできないであろう(http : //www. moc. go. jp/house/house/press/091222. htm および http : //www. moc. go. jp/house/house/press/091222c. htm)。

この制度が建築基準法の改正のみによって行われ、土地登記簿への記載などが行われないことは、省庁間の縄張り争いの側面もあり、一部の省庁の独走の結果とみられなくもない。改正が民事法規との十分なすりあわせなしに行われる結果となれば、財産権への重大な影響をもつ内容からして問題があるものといわなければならない。

同様の問題は、日照権や定期借地・借家がたんに建築の観点からのみ行われる場合についてもいえる。これらは、ほんらい私権の本質とかかわるものであり、民法との整合性が考慮されるべきであろう。

しかるに、わが法のもとでは、民法典制定後の実質的意義の民法の修正が、必ずしも民法典じたいの改正によらず、種々の特別法によって行われてきたことも、このような不統一の契機になっていることも指摘される必要がある(同様の指摘は、すでに、小野「公正証書遺言と方式」民商一二一巻二号二〇三頁注(50)参照〔本書第二部二篇所収〕)。Cf. Ono, Comparative Law and the Civil Code of Japan (1), Hitotsubashi Journal of Law and Politics, vol. 25, pp. 37, 1997.

返還の可能性

①1933-45年のナチスによる収用＝財産法1条6項

②1949年以後の収用＝財産法1条1項

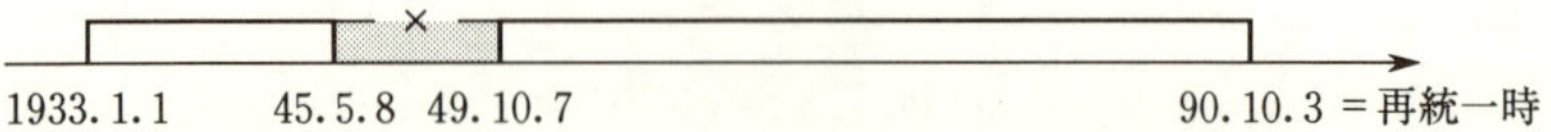

（おもに東ドイツによる収用が回復の対象となる）

③法治国家的な適正手続のないの収用＝財産法1条7項

×④1945-49年の占領軍による収用は回復されない。財産法1条8項

その他，回復のない場合

(1)補償のある場合，(2)性質上不能な場合，(3)善意取得，(4)期間制限，(5)投資の優先

善意取得（Erwerb in redlicher Weise）の可能性　財産法4条2項，3項

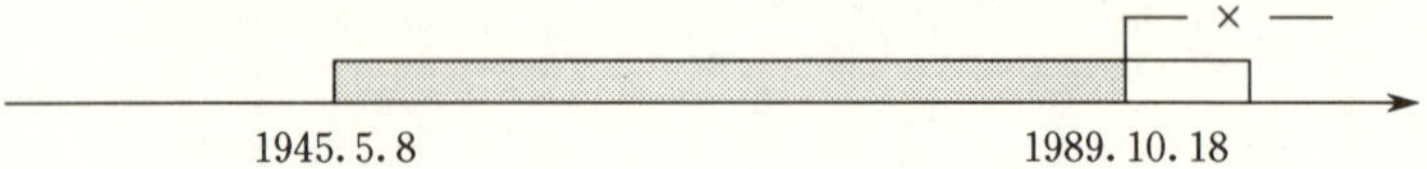

これにとどまらず、種々の民法の改正が、その附属法規のみならず、まったく別個の独立した観点から行われるという事態は、日本法の統一と体系をゆがめ、外部的な見通しのよさをも妨げ、社会的なインフラストラクチュアの一部としての法典の整備をも妨げていることを問題としなければならない（近代法典整備が要請された条約改正以前、部分的な法が集積したにすぎない江戸時代の法状態への回帰ともいえる）。近代の包括的立法は、少なくともその体系を選択した以上は（英米法のような個別立法ではなく）、ほんらいこのような分裂を認めないはずである（近時では、英米法のもとにおいてすら、統一法典やリステイトメントのような包括立法の形式がとられることが多い）。さらには、スイス債務法のように民法、商法、労働法の一部をも統一する法典もあることに注目するべきである。

もっとも、このような不統一は、たんに法規上の問題というだけではなく、古くは戦前の陸海軍の不統一（さらに遡ると、幕藩体制下の権力の分裂）や近時ではバブル期の金融政策に対する各省庁の不統一にもみられる。ある意味では、国家政策から国家構造の不統一にまで遡ることができ、より思想的・根源的なものに由来するものともいえる。また、同様の現象の一側面は、準法曹資格が統一されずに、各種士業が乱立しているということにもみられるのである。〔後者については、本書第一部二篇をも参照。〕

財産回復に関する法の比較

	1990.6.15　共同宣言	返還申請法	財産法
①1933‐45の財産回復	――（対象外）	1条2項a）（適用）	1条6項（適用）
②1945‐49の財産回復	返還しない（1条）（否定）	適用なし（1条5項）（否定）	適用なし（1条8項）（否定）
③1949以後の財産回復	もとの所有者に返還する（3条） 信託，国家管理の廃止（2条）	もとの所有者に返還する（1条1項） 信託，国家管理の廃止	もとの所有者に返還する（1条1ないし4項，3条） 信託，国家管理の廃止（11条ないし15条）
④法治国家的手続に反する措置	財産移転の回復（8条，9条）	1条2項b）	1条7項
⑤返還の例外	性質上返還できない場合（3条a)），善意取得で返還せず（3条b)）	申請された請求に関する決定や，その効果は，具体的には明らかではなく，別個に法律で定めることにされている（5条）。	性質上返還できない場合（4条1項），5条善意取得で返還せず（4条2項）
⑥投資の優先	――		処分制限（3条3項） 投資の優先（旧3a条）
⑦賃貸借	賃貸借保護（5条）		賃貸借保護（17条）
⑧企業	企業の返還（6条，7条）	（1条4項）	企業の返還（6条）
⑨返還期限	Antragsfrist 6月以内（13条b)）。 つまり，1991.1.31	Anmeldefrist（3条） 1990.10.13　③の場合 1991.3.31 ①④の場合 無過失の徒過については法律で定める（5条）	Antrag　期限なし 返還申請法のAnmeldungを，本法のAntragとみなす（30条）＊
⑩金銭による補償	3条a）2文，c）	――	7条，8条，9条

＊第2次改正法では，返還申請の期限は1992.12.31までとされた。また，投資の優先に関する規定は，新たな投資優先法に移された。

《た》

《さ》

事項索引

〈著者紹介〉

小 野 秀 誠（おの・しゅうせい）

1954年　東京に生まれる
1976年　一橋大学卒業
現　在　一橋大学法学部教授

〈主要著作〉

逐条民法特別法講座・契約Ⅰ（共著，ぎょうせい，1986年），危険負担の研究（日本評論社，1995年），反対給付論の展開（信山社，1996年），給付障害と危険の法理（信山社，1996年），債権総論（共著，弘文堂，1997年），叢書民法総合判例研究・危険負担（一粒社，1999年），利息制限法と公序良俗（信山社，1999年），「ドイツにおける大学再建と法学教育の改革１～４」一橋論叢110巻１号～117巻１号（1993-97年），「財産権の返還と投資の保護」国際商事法務27巻１号（1999年），「ツァシウスとフライブルク市法の改革」一橋論叢121巻１号（1999年），「ドイツの法曹養成制度と大学教育」月刊司法改革（2000年），Die Gefahrtragung und der Gläubigerverzug, Hitotsubashi Journal of Law and Politics, vol. 19（1991）；Comparative Law and the Civil Code of Japan, ib., vols. 24-25（1996-97）；The Law of Torts and the Japanese Civil Law, ib., vol. 26（1998）；Modern Developement in Environment and Product Liability, ib., vol. 27（1999）；Strict Liability in Japanese Tort Law, especially Automobile Liability, ib., vol. 28（2000）.

専門家の責任と権能—登記と公証—

2000年（平成12年）６月20日　　初版第１刷発行

著　者　小　野　秀　誠
発行者　今　井　貴
　　　　渡　辺　左　近
発行所　信山社出版株式会社
〔〒113-0033〕　東京都文京区本郷6-2-9-102
電　話　03(3818)1019
FAX　03(3818)0344

Printed in Japan.

印刷・製本／松澤印刷・大三製本

ISBN4-7972-2169-0　C3332